UWE RITZER

ZWISCHEN DÜRRE UND FLUT

Deutschland vor dem Wassernotstand:

Was jetzt passieren muss

PENGUIN VERLAG

Penguin Random House Verlagsgruppe FSC® N001967

2. Auflage 2023
Copyright © 2023 Penguin Verlag
in der Penguin Random House Verlagsgruppe GmbH,
Neumarkter Straße 28, 81673 München
Lektorat: Nina Schnackenbeck
Umschlaggestaltung: total italic / Thierry Wijnberg
Umschlagabbildungen: © Shutterstock / Terdsak L,
Shutterstock / Shvaygert Ekaterina
Satz: Leingärtner, Nabburg
Druck und Bindung: GGP Media GmbH
Printed in Germany 2023
ISBN 978-3-328-11028-6

www.penguin-verlag.de

Für Ohana

Inhalt

I

Prolog

Der alte Mann und das Wasser

Erhard Bendig ist nah am Wasser gebaut, sehr nah. Es zieht ihn an, magisch und pausenlos, so war das schon immer. Andere haben davon gehört oder gelesen, dass der menschliche Körper hauptsächlich aus Wasser besteht. Und natürlich wissen sie auch, dass Menschen ohne zu trinken schneller sterben, als ohne zu essen. Aber sie wissen es eben nur. Erhard Bendig hat es verinnerlicht.

Er nähert sich Wasser mit besonderem Respekt und bisweilen, so wie damals am Rhein, mit Sorge. Er kämpft für naturbelassene Flüsse, sauberes Trinkwasser und ausreichende Wasservorräte. Und wenn es sein muss, auch gegen einen einflussreichen Konzern. Er schreibt sogar Gedichte übers Wasser, illustriert mit abstrakten Wasserwelten, die er bei Sonnenlicht im Spiegel bunter Glasscherben fotografiert. Es sind opulente Bilder, mal in mystischem Nachtblau, mal in kraftvollem Ozeanblau, mit scheinbar tosenden Wellen.

Als Kind, vor bald 80 Jahren, hat er instinktiv begriffen, dass Wasser ihn am Leben hält. Tagelang dauerte am Ende des Zweiten Weltkriegs die Flucht vor der Roten Armee mit der Eisenbahn aus Königsberg in Ostpreußen nach Stralsund. Der Sechsjährige hungerte erbärmlich, aber in jedem Bahnhof füllte Wasser den Magen wenigstens etwas. Diese Zeit habe ihn geprägt, sagt Bendig. »Seit damals trage ich eine unstillbare Sehnsucht in mir nach einer Gesellschaft, in der man in Ruhe leben kann. Und das heißt für mich auch, dass man sich kümmern muss um diese Gesellschaft und um die Art, wie man lebt.« Deshalb sei er Naturschützer geworden, Wasserschützer.

Der alte Mann und das Wasser.

Bendig führt auf den Balkon, Südseite. Ehe er hier sesshaft wurde, ist er 23 Mal umgezogen. 1975 haben er und seine Frau sich dieses Haus am Hang gekauft, etwas oberhalb von Treuchtlingen im bayerischen Altmühltal. Es ist ein perfekter Ort, um für dieses Buch eine Wasserreise durch Deutschland zu starten. Sie wird unter anderem am Main vorbei und über den trockenen Taunus ins niedersächsische Lüneburg bis zur monströsen Tesla-Fabrik nach Brandenburg führen. Die spannendsten und lehrreichsten Geschichten beginnen häufig in der Provinz, in Orten wie Treuchtlingen im Altmühltal. Es wird sich später herausstellen, dass sich auf dieser Reise durch ein Land zwischen Dürre und Flut vieles von dem, was Wasser-Mann Bendig über viele Jahrzehnte hinweg erlebt und bekämpft hat, andernorts genauso wiederfindet. Und dass es immer mehr Bendigs in Deutschland gibt, Menschen ganz nah am Wasser, die sich einbringen und einmischen. In Lüneburg heißt eine solche Wasser-Frau Marianne Temmesfeld, in Grünheide/Brandenburg Manuela Hoyer.

Von Bendigs Balkon aus schweift der Blick über ein Städtchen im Tal, aus dessen Zentrum graue Tanks in die Höhe ragen. Fast verdecken sie die Kirchtürme daneben. Am anderen Ende des Tals steht ein unübersehbar großer, grauer Kasten. Beides, die Tanks mitten in der Stadt und der Kasten außerhalb, gehören zu der Fabrik eines Mineralwasserkonzerns. Mineralwasser ist in den vergangenen Jahren überall in Deutschland von einer

Selbstverständlichkeit zu einem umstrittenen Gut geworden. Das Geschäftsmodell ist ins Gerede gekommen: Wasser, das doch allen gehört, wird aus dem Boden gepumpt, in Flaschen abgefüllt und verkauft. Die Gewinne streichen einige wenige Abfüllunternehmer ein. »Wasser ist nicht nur Hauptnahrungsmittel und Handelsgut, sondern Urquell jedweder Wertschöpfungskette«, sagt Bendig. »Ob bezahlt oder nicht, Wasser ist durch nichts ersetzbar, durch gar nichts. Alles andere schon.«

Sein Leben bildet deutsche Wassergeschichte ab. Als junger Mann, nach nur sechseinhalb Jahren Volksschule, hat Bendig Kfz-Mechaniker und Tankwart gelernt. Er arbeitete für Esso und später in der Chemieproduktion von Bayer in Leverkusen. Kaum eine Industrie braucht mehr Wasser als die Chemieindustrie. Anders als heute stellte damals niemand deren exorbitanten Verbrauch infrage, auch Bendig nicht. An freien Wochenenden paddelte er mit Kumpels in Kanus über die Flüsse. »Manche haben wir gemieden, weil sie zu vergiftet waren.« Stinkende, bizarr verfärbte Gewässer. Bendig hatte Angst, in die giftige Brühe zu fallen.

Er litt mit dem Rhein, überhaupt mit dem miserablen Zustand der Flüsse. Er hat es vor Ort miterlebt, wie die Deutschen vor einem halben Jahrhundert mit Blick auf die zu Kloaken verkommenen Gewässer an ihrem Umgang mit der Ressource Wasser zu zweifeln begannen.

Dann zog Bendig nach Niedersachsen und verpflichtete sich für zwölf Jahre als Soldat bei der Luftwaffe. In seiner Freizeit flog er Segelflugzeuge, und manchmal kam es vor, dass er über das Steinhuder Meer glitt, den größten See Niedersachsens. Wenn ich nicht mehr fliegen kann, dachte er sich, fange ich mit Segeln auf dem Wasser an. Während der Zeit bei der Bundeswehr holte er an der Abendschule in Hannover die Mittlere Reife nach, zog nach München, machte Abitur und studierte Lehramt für die Volksschule. Als Junglehrer kam er mit seiner Frau nach Treuchtlingen und blieb; die Familie wuchs um zwei Kinder.

Als er hier ankam, diskutierte man über einen Gasspeicher, den ein Energieversorger unterirdisch errichten wollte. »Ein Wahnsinn wäre das gewesen, angesichts des karstigen Untergrundes und der geologischen Verwerfungen«, sagt Bendig. Das könne dem Grundwasser nicht guttun. »Man hätte das Grundwasser verdrängt für Gas.« Also fing er an, sich zu wehren. Des Wassers wegen.

1975 war auch das Jahr, in dem ein Buch für Aufsehen sorgte, das bis heute als Klassiker der Umweltliteratur gilt. »Ein Planet wird geplündert – Die Schreckensbilanz unserer Politik« hieß der Bestseller, geschrieben vom CDU-Bundestagsabgeordneten Herbert Gruhl (Frankfurt/Main 1975). So etwas kannte man bis dahin nicht. Umwelt- und Wasserschutz, Kritik an Wachstumspolitik und Kernenergie, der Schutz von und der Umgang mit natürlichen Ressourcen – das alles war bürgerlichen Parteien schwer vermittelbar und erst recht nicht der Union. Gruhl, der schon 1971 als einer der ersten Politiker das Waldsterben angeprangert hatte, eckte an. 1978 kam es zum Zerwürfnis mit seiner Partei. Er avancierte zu einem der Urväter der Grünen, fand sich dort aber nicht wirklich wieder und trat aus. Er gründete die ÖDP, wurde Bundesvorsitzender, warf dann aber wieder hin.

Die neue Umweltbewegung und ihre Themen wurzelten in der Gesellschaft. Bendig sagt, Gruhls Buch habe ihn bewegt und beschäftigt, vielleicht sogar etwas ausgelöst. Er gründete mit seiner Frau Barbara und ein paar Gleichgesinnten in Treuchtlingen eine Ortsgruppe des BUND Naturschutz. In ihrer Freizeit fuhr das Paar im Kanu die Altmühl rauf und runter. Bendig schrieb einen Routenführer für Bootswanderer auf dem Fluss. Auf der Donau lag ihr Segelboot. Wasser nutzen, warum auch nicht? »Es kommt auf das Wie an«, sagt Bendig, und für ihn heiße das bis heute: wenn Boot, dann ohne Motor.

Und dann nahm da dieses gigantische Wasserbauprojekt vor der Haustür immer deutlicher Gestalt an, mit all seinen Möglichkeiten und Nebenwirkungen. Die bayerische Politik vollendete in den 1980er-Jahren eines der größten Wasserbauprojekte in der Geschichte des Freistaates: das Fränkische Seenland. Ein System von sieben künstlichen Stauseen, etwa eine Autostunde südlich von Nürnberg. Mit ihrer Hilfe sollte Wasser aus dem nassen Süden Bayerns über die Wasserscheide hinweg in den trockenen Norden geleitet werden. Bendig gehörte vor Ort zu den Mitbegründern eines Segelklubs. »Diese ganze Region, ein riesiges Stück Landschaft wurde durch den Bau der Stauseen zutiefst verändert, und deshalb habe ich noch intensiver begonnen, mich mit Wasser zu beschäftigen«, sagt er.

Das Seenland wurde gebaut – ohne jeden Protest. Viele erhofften sich erhöhten Tourismus in einer bis dahin touristenfreien und obendrein wirtschaftlich schwachen Region. Und entlang der Altmühl waren sie froh, dass fortan das viele Hochwasser, das der Fluss regelmäßig mit sich führte und das den Dörfern und vor allem den Landwirten arg zusetzte, von den Seen aufgefangen wurde. Bendig sah auch die andere Seite. Er stritt dafür, den Fluss zu renaturieren, seinen Verlauf zu mäandern und natürlich zu gestalten, ihm den Platz zu verschaffen, der ihm von Natur aus gebührt. 1991 wählten die Mitglieder des BUND Naturschutz ihn zum Kreisvorsitzenden. »Der BUND war lange ein CSU-Wahlverein«, sagt Bendig. »Erst Hubert Weinzierl hat daraus einen Naturschutzverband und in der Folge einen Umweltverband gemacht.« Diese Unterscheidung ist ihm wichtig. Ein Naturschutzverband kümmert sich um Flora und Fauna. Ein Umweltverband auch um Wasser.

Nebenher zum Lehrerberuf sattelte Bendig im Fernstudium zwei Semester Ökologie und Umweltschutz drauf; neue, exotische Fächer damals. Als Parteiloser gehörte er zu den Mitbegründern des Arbeitskreis Umwelt in der CSU. Er beschäftigte sich mit Wetterkunde, Wolken- und Regenforschung. Er zog mit anderen Naturschützern los und lief Bäche in der Region ab um zu kartieren, wie der Mensch sie verunstaltet hat, wie er Quellen und Flussbett künstlich eingefasst und eingezwängt hat, wo die Bäche verrohrt wurden und wo sie illegal angezapft werden. Die Daten übergab er den Naturschutzbehörden. Für die war das neu.

Bendigs politisches Engagement nahm Fahrt auf, außerhalb politischer Gremien. Solange er BUND-Kreisvorsitzender war, bis 2012, hat Erhard Bendig 600 Stellungnahmen an Behörden geschrieben. Sehr oft ging es um Wasser. Er hat an Gemeinderäte und Baubehörden appelliert, doch in Bebauungsplänen festzuschreiben, dass mit den Häusern auch Zisternen und Brauchwassersysteme gebaut werden müssen. Er hat Grundwasserschutz eingefordert, als dieser allenfalls wenige Insider interessierte, nicht aber die breite Masse und oft auch nicht die verantwortlichen Politiker. »Die Politik wollte nie etwas von ökologischen Zusammenhängen hören. Ökologie wurde jahrzehntelang als Teil der Ökonomie betrachtet, dabei ist es genau umgekehrt. Ökologie ist die Basis des Wirtschaftens, aller Wirtschaftskreisläufe. Wir Menschen sind reine Naturprodukte«, sagt Bendig. Bestes Beispiel: »Bis in die 1980er-Jahre hinein hat man Ackerflächen mit Drainagen entwässert. Man hatte zu viel Wasser, die Böden waren zu nass. Auch Moore hat man deswegen trockengelegt. Es ging bei alledem nur um Ertragssteigerung um jeden Preis.«

Landwirtschaft, überhaupt Bodennutzung und Wasser – der Zusammenhang wurde umso offenkundiger, desto mehr das nasse Deutschland auszutrocknen begann und desto stärker das durch Düngemittel eingesickerte Nitrat dem Boden zusetzte und Grundwasserschichten verseuchte. Immer tiefer zu bohren, immer stärker geschützte Grundwasserschichten auszubeuten, ob für die Trinkwasserversorgung, für Industrie oder Mineralwasser – das könne es nicht sein, sagt Bendig. »Bis 2019 war beim Thema Grundwasser Stillschweigen, zumindest in der breiten Öffentlichkeit. Wer wie viel Wasser entnahm und was er damit machte, was damit geschah – es interessierte sich sehr lange einfach niemand dafür. Weder in der Kommunalpolitik noch in der Bevölkerung. Die Kommunen haben gegeneinander gearbeitet, nicht miteinander. Fachleute hatten die Brisanz des Themas schon erkannt, nicht aber die Bevölkerung, da fehlte das breite Bewusstsein.«

Dann riefen 2019 plötzlich besorgte Bürgerinnen und Bürger bei Erhard Bendig an. Es ging um Pläne des Mineralwasserkonzerns Altmühltaler, eines der größten in Deutschland, noch mehr Tiefengrundwasser, 10 000 Jahre alt und besonders rein, aus dem Boden zu pumpen und über Discounter als Mineralwasser zu verkaufen. Eine Bürgerinitiative gründete sich. Bendig las positive Gutachten, Gefälligkeitsgutachten für die Firma, sagt er, und zerpflückte sie öffentlich. Er wies nach, dass Daten von Grundwassermessstellen mit sinkenden Pegeln einfach nicht berücksichtigt wurden. Dass die Pläne des Mineralwasserkonzerns vereitelt wurden, lag zu guten Teilen an ihm. Es war der erste große Mineralwasserkonflikt hierzulande.

Bendig sagt: »Wir müssen Wasser aus dem Parteiengezänk heraushalten, dafür ist es zu wichtig. Das ist ein Thema für Fachleute, aber auch für jeden anderen Menschen. Viele machen es sich einfach. Wenn etwas nicht klappt, sind die da oben schuld. In einer Demokratie müssen die Menschen die Dinge selbst in die Hand nehmen. Vor allem beim Wasser.« Deswegen will er auch keine Anklage gegen irgendwen in der Politik. Wasser, sagt Bendig, ist Allgemeingut und damit auch eine Aufgabe für die Allgemeinheit, der sich niemand entziehen dürfe. Weil jeder Verantwortung trage. »Ich habe keine Angst vor der Zukunft«, sagt er. »Aber so können und dürfen wir unter keinen Umständen weitermachen.«

Vielleicht würde er sich, wenn er heute noch einmal jung wäre, auf die Straße kleben. Vermutlich wäre ihm das aber zu plakativ. Anklagen, fragt er sich manchmal, wen sollte ich anklagen? Vor allem, ohne dabei sich selbst im Spiegel zu sehen. Jeder muss schließlich seinen Umgang mit Wasser hinterfragen. Und ist es nicht so, dass die Menschen seit vielen Jahrhunderten in ihren Denkmustern verharren, immer wieder dieselben Lösungen versuchen, politisch, gesellschaftlich, philosophisch, obwohl die Welt sich pausenlos verändert, und das immer rasanter? Warum sollten sie beim Thema Wasser anders handeln?

Mit diesen Gedanken im Kopf ist es an der Zeit, Erhard Bendig in Treuchtlingen zu verlassen und die Wasser-Reise durch Deutschland zu beginnen. Zum Abschied erzählt Bendig, wenn ihn allzu viele bedrückende Gedanken umtrieben, steige er gerne aufs Fahrrad, ein E-Bike neuerdings, schließlich hat er seinen 80. Geburtstag schon ein paar Jahre hinter sich. Dann radelt er los, begleitet von seiner Frau Barbara, und nicht selten landen die beiden an einem Fluss oder einem Seeufer. Am Wasser, von dem Erhard Bendig sagt, es sei ihm sein ganzes Leben lang schon sehr nah. »Man hat Hunderte Jahre gegen das Wasser gekämpft, dann mit dem Wasser und erst jetzt kämpft man für das Wasser«, sagt er.

II

Hotspots überall

Warum das Wasser immer knapper wird und welche Folgen das hat

Liegt Jordanien neuerdings am Main? Bayerns Umweltminister Thorsten Glauber hat den Vergleich in den Raum geworfen. Hat zumindest gewarnt, dass es so weit kommen könnte, klimatisch. Schon im und nach dem Hitzesommer 2018 mussten im Würzburger Stadtgebiet 5000 vertrocknete Bäume gefällt werden. Ende August 2022 weckt die Landschaft nordwestlich der Bischofsstadt beim Besucher tatsächlich Assoziationen in Richtung Wüste, Tal des Todes, Italo-Western. An einer Kuppe ragt ein verkrüppelter Baumstamm nach oben, unter den Schuhen vertrocknetes Gras, dazu ein träger, aber unangenehm heißer Wind, der verdorrte Blätter durch die Gegend schiebt. Vieh grast auf dieser Weide schon lange nicht mehr; was sollten die Kühe auch fressen? Hier wächst nichts mehr. Schwer drückt die Hitze auf diesen von der Sonne braun gebrannten Landstrich nordwestlich von Würzburg. Und die Stadt selbst kommt einem vor wie ein Backofen: Die heiße Luft steht, und jede noch so kleine körperliche Anstrengung lässt den Schweiß fließen.

Gemeinhin verbindet man mit Unterfranken sattgrüne Hänge, prächtige Weinberge, fruchtbares Land. Im Sommer 2022 aber leidet das nordwestliche Bayern unter Sonnenbrand und Hitzschlag. So wenig wie in diesem August habe es in ganz Nordbayern seit 62 Jahren nicht geregnet, rechnen Meteorologen vor. Vier Millimeter pro Quadratmeter, das seien 16 Prozent des durchschnittlichen Niederschlages dort in den Jahren 1971 bis 2000. Und selbst wenn man den vorausgegangenen Winter hinzurechnet, erreicht die Regenmenge in den ersten acht Monaten des Jahres 2022 nur drei Viertel des langjährigen Mittelwertes.

Es ist nach 2018, 2019 und 2020 das vierte Dürrejahr binnen kürzester Zeit in Deutschland. Die Folgen zeigen sich nicht nur in ausgedörrten Landschaften. Der Grundwasserspiegel sinkt, fast die Hälfte der amtlichen Messpegel hierzulande weisen sehr niedrige Wasserstände aus. In einer ganzen Reihe von Gemeinden haben die Verwaltungen verboten, private Schwimmbecken mit Leitungswasser zu befüllen, Spiel-, Sport- und Fußballplätze, überhaupt Rasenflächen zu gießen. Dementsprechend sehen sie aus. Manche Bäche sind zu Rinnsalen mutiert, der Wasserspiegel vieler Teiche ist geschrumpft, und selbst der Main würde gefährlich austrocknen, würden nicht pro Sekunde elf Kubikmeter Wasser über ein Stausystem, bestehend aus dem Main-Donau-Kanal und dem Fränkischen Seenland südlich von Nürnberg, in den Fluss gepumpt. Was den Artenschützern Sorge bereitet: Die Wassertemperatur des Mains ist mit bis zu 25 Grad zu hoch für viele der in dem Fluss lebenden Tiere und Pflanzen. Die Gewässerökologie leidet. 25 Grad Wassertemperatur – das schaffte hier früher kein Freibad ohne Beheizung.

Selbst der Anbau des Frankenweins wird immer schwieriger. In Steillagen vertrocknen Trauben oder bekommen Sonnenbrand, soweit die Weinberge Richtung Süden ausgerichtet sind, funktioniert es ohne Bewässerung nicht mehr. Immer mehr Extremsteillagen in Mainfranken werden von den Winzern aufgegeben; zu aufwendig wäre Bewässerung.

Ist der Zustand, den Heiko Paeth schon seit Jahren vorhersagt, nun eingetreten? Er ist Klimaforscher an der Julius-Maximilians-Universität Würzburg, präziser formuliert: Leiter der Professur für Geografie mit Schwerpunkt Klimatologie am Lehrstuhl für Geomorphologie. Ein renommierter Experte weit über die Region hinaus. Schon 2016 hatte er Unterfranken zu »einem Hotspot des Klimawandels« erklärt. Und im Mai 2019 hat er in einem Interview mit der in Würzburg erscheinenden *Main-Post* präzise vorhergesagt, was dauerhaft geschehen wird. »Wir bekommen in etwa das Klima von Bordeaux, mit vier bis fünf Grad Erwärmung im Maintal, im Winter wie im Sommer. Wir hätten 20 bis 30 Prozent weniger Niederschlag im Sommer und etwa zehn Prozent mehr Niederschlag im Winter.« Immer vorausgesetzt, es ändere sich klimapolitisch nichts Grundlegendes. Und das hat es nicht in den vergangenen Jahren. Die Klimapolitik, die angekündigten diversen Wenden von Energie und Verkehr beispielsweise, sie kommt in Deutschland nicht wirklich voran.

»Unser Planet hat sich seit Beginn der flächendeckenden Messungen im Jahr 1881 um 0,9 Grad erwärmt, Unterfranken im gleichen Zeitraum um zwei Grad«, rechnet Paeth vor. »Das ist mehr als doppelt so viel wie im globalen Durchschnitt. Nur an den Polkappen liegt die Erwärmungsrate jenseits von drei Grad.« Der Ausblick des Professors bezogen auf die Region um Würzburg fällt nicht nur im *Main-Post*-Interview wenig zuversichtlich aus. »Bis Ende des Jahrhunderts, also dem Zeitraum 2070 bis 2099, wird sich die Zahl der Hitzetage an manchen Orten im Vergleich zum Zeitraum 1970 bis 1999 verfünffachen.« Und

Paeth prophezeit: »Wir werden auch mit Dürren kämpfen müssen und haben gleichzeitig einen hohen Wasserbedarf.« Er sei sich, so der Professor, »nicht mehr sicher, ob das rein physikalische Ausmaß des Klimawandels bei uns glimpflicher ablaufen wird als in der Sahelzone oder in Ostafrika«.

Die Klimakrise hat auch in Deutschland immer mehr Auswirkungen auf die Verfügbarkeit von und die Versorgung mit Wasser. Um das zu erkennen, reicht ein Blick auf den *Dürremonitor Deutschland,* den das Helmholtz-Zentrum für Umweltforschung in Potsdam ins Netz gestellt hat und täglich aktualisiert. Landkarten zeigen an, wie es um die Bodenfeuchte steht, im Gesamtboden und im Oberboden. Eine Karte visualisiert das aktuell pflanzenverfügbare Wasser im Erdreich. Ferner lässt sich die Entwicklung der zurückliegenden 14 Tage und des vergangenen Jahres jeweils nachvollziehen. Basis der Karten sind tägliche Daten des Deutschen Wetterdienstes sowie solche der Europäischen Umweltagentur (EEA), der Bundesanstalt für Geowissenschaften und Rohstoffe (BGR), des Bundesamtes für Kartographie und Geodäsie (BKG), des European Water Archives (EWA), der Bundesanstalt für Gewässerkunde (BfG), der NASA (National Aeronautics and Space Administration) und des Global Runoff Data Centres (GRDC), die allesamt in den *Dürremonitor* einfließen. Er ist eine wissenschaftlich fundierte und allgemein zugängliche Informationsquelle, um herauszufinden, wie es mit der Bodenfeuchte vor Ort, in den jeweiligen Bundesländern und deutschlandweit gerade steht.

Dass Deutschland ein Wasserproblem hat und auf eine Krise zusteuert, ist unter Fachleuten und Politikern, die sich mit dem Thema beschäftigen, längst Gewissheit. »Es fehlt uns das Wasser in der Fläche und der Tiefe«, sagte der bayerische Umweltminister Thorsten Glauber am 28. Oktober 2020 in einer Regierungserklärung im Landtag – und er meinte damit nicht nur den Freistaat. »Der hitzegestresste Boden wird zu Knäckebrot, irgendwann zu Sand, er hat kein Wasser mehr und nimmt auch keines mehr auf«, schilderte der Politiker der Freien Wähler und forderte: »Wir müssen weg vom entwässerten Boden, auf den die Sonne knallt. Die Vision ist der speicherfähige Boden mit Schatten spendenden Uferstreifen.« In den vergangenen zehn Jahren, so Glauber, sei die Grundwasserneubildung um fast ein Fünftel zurückgegangen. »Wir sind auf dem besten Weg in einen Grundwassernotstand«, warnte Glauber. Wohlgemerkt: Da spricht kein Klimaaktivist, der sich gerade auf eine Straße geklebt hat. Sondern der Umweltminister einer durch und durch bürgerlich-konservativen Regierung eines Bundeslandes, in dessen Süden es zumindest, verglichen mit anderen Teilen der Bundesrepublik, noch ordentlich Wasservorräte gibt.

Das Deutsche GeoForschungsZentrum in Potsdam meldete bereits für den Dürresommer 2019 ein Wassermassendefizit von 43,7 Milliarden Tonnen in Deutschland. Die Niederschläge reichen nicht mehr aus, um die Speicher wieder zu füllen. Oder sagen wir es so: Die Menge ist übers Jahr gesehen vielleicht gar nicht das Problem, sondern, dass Wasser zur falschen Zeit in zu großen Mengen auf einmal auf den Boden fällt, sodass es gar nicht erst versickern und sich als Grundwasser absetzen kann, sondern abfließt. Verschärft wird die Situation durch ein Problem, das dieses Land seit vielen Jahren nicht in den Griff bekommt, obwohl es weithin bekannt ist und man auch weiß, wo sein Ursprung liegt. Die Rede ist von den Belastungen der Flüsse, Seen und Grundwasserschichten durch schädliche Einträge wie Nitrat, Phosphat oder andere Substanzen. Gebündelt verknappen

Klimawandel und Schadstoffproblem nicht nur das Wasserdargebot (also die Menge an Grund- und Oberflächenwasser, die potenziell genutzt werden kann), sondern sie machen auch die Gewinnung und Aufbereitung von Trinkwasser immer aufwendiger – und damit teurer.

Diese Herausforderungen verschärfen sich gerade schneller als von vielen erwartet. Und wir als Staat und Gesellschaft sind darauf nur sehr unzureichend, in Teilen überhaupt nicht vorbereitet. Deutschland wird nicht von heute auf morgen austrocknen. Doch die Grundwasserpegel sinken, Bäche, Flüsse und Seen führen insgesamt weniger Wasser. Felder und Wälder sind beispielsweise schon jetzt vielerorts zu trocken. Auch wenn Deutschland insgesamt ein wasserreiches Land sei, heiße das nicht, »wir könnten uns auf Dauer darauf verlassen, dass wir immer und überall genug Wasser zur Verfügung hätten«, sagte Professorin Irina Engelhardt, Fachgebietsleiterin Hydrogeologie am Institut für Angewandte Geowissenschaften und zugleich Koordinatorin des Wasserressourcenmanagement-Projektes SpreeWasser:N, in einem Interview mit der *WirtschaftsWoche*. Bei anderer Gelegenheit formulierte sie es drastischer: »Deutschland war immer in einer Luxusposition. Wir hatten einfach immer genug. Wasser war ja quasi Abfall in Deutschland«, sagte Engelhardt. »Und wenn man von etwas genug hat, dann kümmert man sich auch nicht so darum.« Ihre Prophezeiung verbreitet eine trügerische Hoffnung: »Es wird hier nicht so extrem werden wie in Spanien«, sagt sie und schränkt ein: »Zumindest werden wir das nicht mehr erleben.«

2022 ist nicht das erste Jahr mit außergewöhnlicher Hitze, langer Dürre und exorbitanter Trockenheit. Diese Jahre häufen sich. Sieben zählte man allein in den vergangenen zwei Jahrzehnten, die im Durchschnitt wärmer waren als der Temperatur-Mittelwert der Jahre zwischen 1881 und 1910.

Wissenschaftler wie Engelhardt oder Paeth warnen schon lange vor den Folgen des Klimawandels in unseren Breitengraden, und auch die Medienberichte darüber häufen sich. Die Erderwärmung wirkt sich regional zum Teil unterschiedlich aus. Wo der Klimawandel spürbar ist, beeinträchtigt er die Grundwasserneubildung, er entwässert, wenn man so will, Feuchtgebiete und Moore und lässt Böden degenerieren. Das Wissen um die Folgen für unsere Trinkwasserversorgung kommt erst nach und nach im Bewusstsein der breiten Öffentlichkeit, aber auch der Politik an. Als erste Verteilungskämpfe entwickeln sich mancherorts öffentlichkeitswirksame Konflikte um Mineralwasserhersteller. Um die Frage, ob auch in Zukunft sein kann, wofür sich in der Vergangenheit niemand interessierte. Dass Unternehmen ohne Weiteres und für gar kein oder nur sehr wenig Geld entnehmen, in Kunststoffflaschen abfüllen und profitabel weiterverkaufen dürfen, was doch allen gehört, Grundwasser nämlich. Solche Konflikte werden mehr und heftiger werden, und beileibe wird es dann nicht nur um Mineralwasser gehen.

Was dieses Buch will

Niemand in Deutschland muss Angst haben, dass er verdurstet, dass er sich nicht mehr oder nur noch sporadisch waschen kann oder dass Sanitäranlagen abgestellt werden. Deutschland ist ein Land mit verhältnismäßig viel Wasser, nach wie vor. Aber dieses Wasser wird weniger. Und das Ausmaß der Verknappung nimmt schneller zu, als selbst kritische Experten es vor wenigen Jahren noch geglaubt haben. Darauf muss reagiert werden, und zwar schnell und konsequent. Es ist (noch) möglich, die Trinkwasserversorgung auch in vom Klimawandel gebeutelten Deutschland langfristig sicherzustellen. Dafür allerdings muss sie in weiten Teilen neu organisiert werden. Es braucht ein integriertes, vielfältiges Wassermanagement, wie es Deutschland bislang so nicht hat. Dieses Thema muss konsequent und strategisch angegangen werden. Und zwar jetzt. Sofort. Ohne Verzögerung. Es ist noch nicht zu spät, aber höchste Zeit, die Uhr tickt. Dieses Buch will dafür Bewusstsein schaffen, Fakten vermitteln – und Alarm schlagen, ohne alarmistisch zu sein. Es will sensibilisieren, aber nicht Angst machen. Es will problematisieren, aber nicht deprimieren.

Denn es gibt Lösungen. Nicht den einen Knopf, auf den man drückt, und alles wird gut. Aber ein Bündel an Maßnahmen, mit dem das Problem zumindest auf längere Sicht besser beherrschbar wird. Dieses Buch will Mut machen, ein Thema anzugehen, das auf uns alle zukommen wird wie die Energie- und Gaskrise. Die sichere Versorgung mit sauberem Trinkwasser ist eine Zukunftsaufgabe. Sie ist lösbar, vorausgesetzt, wir drücken uns nicht vor dem Thema, sondern gehen es entschlossen an. Denn wir haben das technische Wissen und die kognitive Kraft, um es anzugehen. Dieses Buch will aufrütteln – und motivieren.

Der Zusammenhang zwischen unserer Trinkwasserversorgung und dem Klimaschutz ist keineswegs die neue Erkenntnis, als die sie seit einigen Jahren wahrgenommen wird. Seit Ende des 20. Jahrhunderts warnen Wissenschaftler vor den Folgen der Erderwärmung in all ihren Facetten. Sage keiner, er habe nichts gewusst oder nichts mitbekommen. Die Verbrennung fossiler Brennstoffe, Luft- und Bodenverschmutzung, der Anstieg von Treibhausgas in der Atmosphäre, das Schmelzen der Polkappen, schmelzende Gletscher, die zunehmenden Hochwasser- und Dürrerisiken – all dies hängt untrennbar zusammen. Dass mit Wasserknappheit soziale Fragen eng verknüpft sind, dass Wasserversorgung ein Machtinstrument und ein Grund für Kriege werden kann, dass ideologische und hegemoniale Interessen mit Wasser verbunden in die Katastrophe münden können, steht auch außer Frage. Wir befinden uns in einem Wettlauf um Ressourcen; wer über am meisten verfügt, hat große Macht. Und Wasser ist eine solche Ressource. Ist seine Verteilung ungerecht, hat dies soziale Verwerfungen und weitere Ungerechtigkeiten zur Folge.

»Wir brauchen nicht nur eine Energie-, sondern auch eine Wasserwende«, sagt Professor Paeth. Und hoffentlich kommt sie schneller voran als der mühsam und schwerfällig dahinächzende Umbau unserer Energieversorgung von fossilen, klimaschädlichen Energieträgern und der Kernkraft zu erneuerbaren Energien.

Das deutsche Wasserproblem wird gleichzeitig immer sichtbarer. Das mussten überall in der Republik die Menschen in vergangenen heißen Sommern erfahren, am Seddiner See in Brandenburg, in Ulrichstein und Weilrod in Hessen, in Lauenau in Niedersachsen, in Borgholzhausen bei Gütersloh und in Teilen Brandenburgs, Frankens oder Baden-Württembergs – um nur wenige Beispiele zu nennen. Wasserspiegel gingen zurück, die Versorgung schwächelte, für Gärten, Autos und Planschbecken war nicht mehr genug da. Frachter schipperten halb leer den Rhein rauf und runter, weil Deutschlands längster Fluss einen so niedrigen Wasserstand hatte, dass die Schiffe voll beladen und bei entsprechend größerem Tiefgang auf Grund gelaufen wären. In manchen Gemeinden mussten gar Tankwagen anrücken, um die Einwohner mit frischem Trinkwasser zu versorgen, denn aus den Hähnen kam nichts mehr. Weil Brunnen ausgetrocknet waren, Flüsse, Bäche und Seen nur noch bedenklich wenig Wasser führten und die öffentlichen Versorger an ihre Grenzen kamen. Unvorstellbar war das noch vor wenigen Jahren.

Dieses Buch ist kein wissenschaftliches Fachbuch zum Thema Klima, Meteorologie, Hydrogeologie, auch wenn es selbstverständlich den Anspruch auf Korrektheit der dargestellten Fakten erhebt. Es muss es aber auch kein wissenschaftliches Werk sein, denn für Forscher sind die Zusammenhänge und Ursachen längst klar, wie die Recherche ergab. Dieses Buch lädt vielmehr zu einer journalistischen Deutschlandreise in Sachen Wasser ein, an Orte, wo komplexe und komplizierte Zusammenhänge in Bezug auf die Wasserversorgung sichtbar werden. Sie führt in Städte und Regionen, wo man bereits mit Problemen kämpft, die auf andere Landstriche erst noch zukommen. Sie führt zu ersten Schauplätzen eines Verteilungskampfes, der an Intensität zunehmen wird – und dem wir alle uns in den kommenden Jahren nicht werden entziehen können. Vor Ort lässt sich erfahren, spüren und erahnen, was auf uns zukommen wird. An Dürren und an Fluten, denn das eine hängt mit dem anderen untrennbar zusammen.

Die Reise in diesem Buch führt nach Mainfranken, in eine der trockensten Regionen Deutschlands. In den Hochtaunus, wo bereits mehrfach der Wassernotstand ausgerufen werden musste. Ins Altmühltal, wo sich nach dem ersten Konflikt um Mineralwasser gerade ein zweiter abzeichnet, bei dem der Handelsriese

Aldi eine Rolle spielt. Nach Lüneburg, wo sich ein zunächst lokaler Konflikt zwischen Bürgerinnen und Bürgern mit dem Getränkekonzern Coca-Cola zu einem bundesweiten Fanal in Sachen Endlichkeit unserer Wasserressourcen auswuchs. Nach Stuttgart, wo die Stadt die Trinkwasserversorgung privatisiert hat und das lieber heute als morgen rückgängig machen möchte. Nach Brandenburg, wo sich mit Red Bull und Rauch zwei namhafte Getränkekonzerne einen eigenen Zugang zu Wasser kauften und wo obendrein der Elektro-Autobauer Tesla Raubbau an der Natur und an ohnehin überschaubaren Wasservorräten betreibt. Wie durch ein Brennglas stellt sich am Beispiel Tesla die Frage nach wirtschaftspolitischer Verantwortung beim Ressourcenschutz. Das führt schließlich an den Rhein und weiter nach Berlin, wo Bundesregierung und Bundestag an einer langfristigen Wasserstrategie für Deutschland basteln und Lobbyisten für ihre Interessen kämpfen. An diesen Schauplätzen wird die Dringlichkeit unseres aufkommenden Wasserproblems nachvollziehbar.

Manchmal finden sich dort aber auch schon Ansätze zu und Ideen für Lösungen. Es werden mehrere Lösungen sein müssen, denn den *einen* Hebel, den es sprichwörtlich umzulegen gilt, gibt es nicht. Die Wasserversorgung ist kein Thema für Populisten mit ihren einfachen Rezepten für scheinbar alles. Die Verantwortung liegt nicht nur in Brüssel, in Berlin, bei den Landesregierungen, bei den Kreisbehörden oder Rathäusern und wahrlich auch nicht nur bei jedem Einzelnen. Wasserprobleme dürfen nicht privatisiert werden. Weder in dem Sinne, dass die Trinkwasserversorgung privaten Investoren oder Kapitalgesellschaften überlassen wird. Noch in dem Sinn, dass jeder Einzelne, jeder Privathaushalt also, mit seinem Verhalten das Problem doch lösen könne. Das wäre derselbe Irrglaube wie beim Klimaschutz. Gewiss, es ist richtig, wenn jeder von uns daran arbeitet, seinen eigenen CO_2-Ausstoß zu minimieren und dafür weniger fliegt oder Auto fährt. Doch Klimaschutz lässt sich nicht auf den Einzelnen abwälzen. Es braucht geopolitische Lösungen, die selbst einzelne Regierungen nur begrenzt und niemals im Alleingang erzielen können.

Genauso verhält es sich mit unserer Trinkwasserversorgung. Der Einzelne kann etwas zum Ressourcenschutz beitragen. Jeder kann Wasser sparen, sorgsam damit umgehen, es nicht verschwenden oder verschmutzen. Das allein reicht jedoch bei Weitem nicht. Wassermanagement ist eine komplexe und komplizierte Aufgabe, bei der alle politischen und gesellschaftlichen Ebenen, Regierungen und der Einzelne zusammenarbeiten müssen. Klingt ein wenig wohlfeil, ist aber so. Die Zeit, in der Wasserwirtschaft im weitesten Sinne ein Thema für Insider war, mit dem sich keine politische Wahl gewinnen ließ, sind vorbei. Nach vielen Jahrhunderten, ja, Jahrtausenden können wir uns im Gebiet der heutigen Bundesrepublik Deutschland zum ersten Mal nicht mehr darauf verlassen, dass immer und ununterbrochen genug Wasser für alle und für jeden Zweck da ist.

Als der ägyptische Präsident Mohamed Anwar el-Sadat 1979 prophezeite: »Die einzige Sache, die Ägypten wieder in den Krieg führen könnte, ist Wasser«, und als ein Jahrzehnt darauf der spätere UN-Generalsekretär Boutros-Ghali, damals noch in seiner Rolle als Außenminister Ägyptens, prophezeite, der nächste Krieg in der Region werde wegen der Gewässer des Nils stattfinden, nicht wegen Politik, fühlten sich Mitteleuropäer nicht angesprochen. Klar, solche Verteilungskämpfe, schlimmstenfalls sogar Kriege ums Wasser, konnten wir uns in heißen und trockenen Regionen dieser Welt schon immer vorstellen. Weit weg also, in den Wüstengebieten Afrikas, des Nahen Ostens, in trockenen Regionen Asiens oder auf dem amerikanischen Kontinent. Aber bei uns? In Europa? In Deutschland?

Ja, vorstellbar auch bei uns in Mitteleuropa, in Deutschland.

Nun kommen die Probleme mit immer größerer Dringlichkeit auf uns zu. Nach vielen Recherchen für die *Süddeutsche Zeitung* und für dieses Buch bin ich fest davon überzeugt, dass die sichere Versorgung mit ausreichend sauberem, jederzeit verfügbarem Trinkwasser nach Stromversorgung und Energiesicherheit das nächste große Thema in Deutschland werden wird. Die Strom-, Gas- oder Brennstoffpreise explodierten von heute auf morgen, und ein Krieg, der Überfall Russlands auf die Ukraine im Februar 2022, spielte dabei eine zentrale Rolle. Wenngleich er nicht für alles als Erklärung taugt und schon gar nicht als Rechtfertigung. Denn die viel beschworene Energiewende, weg von fossilen Energieträgern und hin zu erneuerbaren Energien, kam schon vor dem Krieg nicht in Gang. Der Unterschied zum Themenkomplex Energie – und damit der große Vorteil: Die Wasserwende, die Professor Paeth zu Recht fordert, ist noch rechtzeitig machbar. Allerdings nur, wenn *jetzt* gehandelt wird und nicht erst, wenn Deutschland unter Wasserstress leidet. Dann käme die Therapie zu spät.

»Wir sind bei solchen Themen immer gerne spät dran«, sagt der Würzburger Klimaforscher Paeth. »Wir gehen leider nie voran und haben deshalb auch nie die Nase mal vor der Welle.« Und diese Welle wird kommen. In Gestalt von Dürre und Flut. Auch das ist eine wesentliche Erfahrung, eine praktische Lehre aus den vergangenen Jahren. Aber reisen wir zeitlich doch erst einmal zurück in das Jahr 2022.

Der Albtraum im Traumsommer

In Norditalien sorgt man sich um den Po, den großen Strom, der in den Alpen nahe der italienisch-französischen Grenze entspringt und als eine gewaltige Wasserader quer durch Norditalien bis in die Adria fließt und an dem entlang jedwede Form von Landwirtschaft normalerweise prächtig gedeiht. Im Frühjahr 2022 ist sein Wasserstand niedrig, wie der vieler norditalienischer Flüsse. Sogar im fruchtbaren Venetien sind bereits um diese Jahreszeit die Wiesen so braun verbrannt wie sonst allenfalls im Hochsommer. Die Regierung von Ministerpräsident Mario Draghi legt ein viele Millionen Euro schweres Soforthilfeprogramm für besonders Betroffene auf und ruft für fünf italienische Provinzen den Wassernotstand aus. Das ermöglicht lokalen Behörden bei Bedarf Sofortmaßnahmen wie die Rationierung von Wasser. Mancherorts kontingentieren so bereits im Mai die öffentlichen Versorger den Trinkwasserbezug.

Im weiteren Verlauf des Frühjahrs und vor allem im Sommer verschärft sich die Situation. Monatelang regnet es am Alpenrand nicht mehr, in der Po-Ebene, wo beispielsweise in der Region zwischen Novara, Vercelli und Pavia der original italienische Risotto-Reis angebaut wird, sind die Böden nicht fruchtbar und nass, wie sie sein sollen, sondern staubig und trocken. Die Landwirte bangen um ihre Ernten. Der Gardasee und der Lago Maggiore führen deutlich weniger Wasser als sonst, auch der Tiber in Rom führt Niedrigwasser. Die sengende Hitze in Verbindung mit trockenen Böden und ausgedörrten Bäumen und Sträuchern –

eine weggeworfene Zigarette oder ein Funke reicht, um mancherorts Großbrände auszulösen. Auf der Insel Sizilien, wo bereits 2021 in der antiken Stadt Syrakus mit 48,8 Grad Celsius eine historische Rekordtemperatur für Europa gemessen wurde, steigt das Thermometer im Sommer 2022 über Wochen hinweg regelmäßig auf Temperaturen weit über 30, nicht selten auf mehr als 40 Grad Celsius.

Im Westen der USA kennt man das, aber auch dort erweist sich das Jahr 2022, klimatisch und was die Wasserversorgung angeht, als besonders problematisch. Ausgerechnet der Colorado mutiert peu à peu vom mächtigen Strom zum schmalen Rinnsal. Kein Fluss in den Vereinigten Staaten gilt als gefährdeter in seiner Existenz als der Colorado River. Für die US-Amerikaner verkörpert er den Pioniergeist der Siedler, die einst aus dem Osten zu ihm vordrangen und ihn zu nutzen wussten.

Im Sommer 2022 ist es im Südwesten der Vereinigten Staaten extrem trocken; von der schlimmsten Dürre seit dem Mittelalter ist die Rede. In den vergangenen 22 Jahren ist der Pegel des Flusses, gemessen am Lake Mead, einem Stausee unweit von Las Vegas, um 42 Meter gesunken. Der Colorado entspringt in der Nähe von Denver und speist sich aus dem Schmelzwasser der Berge Colorados. 2334 Kilometer südlich mündet er in den Pazifik. Seit Jahren regnet es zu wenig, die Gletscher (und damit deren Schmelzwasser) werden als Folge der Erderwärmung immer weniger.

Der Colorado ist mehr als ein Fluss, er ist eine Lebensader. Sein Einzugsgebiet ist so groß wie Deutschland und Italien zusammen, Millionenstädte hängen wassertechnisch an ihm. Künstliche Stauseen samt Wasserkraftwerken produzieren Strom für die weite Region, etwa 40 Millionen Menschen, unter anderem ganz Las Vegas, versorgt der Colorado River mit Wasser. Nevada, Kalifornien, Arizona – sie streiten darum, wer wie viel Wasser aus dem Colorado entnehmen darf.

Im Sommer 2022 veröffentlicht das Fachmagazin *Nature Geoscience* eine Studie, wonach Spanien und Portugal so trocken sind wie seit eintausend Jahren nicht. Schuld sei eine durch den Klimawandel verursachte Veränderung des Azoren-Hochdruckgebiets. Dieses habe großen Einfluss auf das Wetter und langfristige Klimatrends in Westeuropa, so die Autoren. »Frühere Studien hatten nicht zeigen können, ob der menschengemachte Klimawandel für die Veränderungen des Klimas im Nordatlantik verantwortlich ist«, heißt es auf *tagesschau.de*. »Nun haben die Autoren nach eigenen Angaben den Zusammenhang festgestellt.«

Insgesamt erlebt Europa 2022 den heißesten jemals gemessenen Sommer. Nicht irgendwelche Klimaaktivisten behaupten das; die Daten des EU-Messdienstes Copernicus belegen vielmehr, dass die durchschnittliche Temperatur im Juni, Juli und August um 0,4 Grad über den bisherigen Spitzenwerten lag. Betrachtet man den August für sich, war er sogar um 0,8 Grad heißer. Hinzu kommt eine anhaltende Dürre.

Bereits am 23. August schlägt die EU-Kommission Alarm. »Die anhaltende Dürre scheint die schlimmste seit mindestens 500 Jahren zu sein«, sagt einer ihrer Sprecher in Brüssel. Seit einem halben Jahrtausend also. Er macht sich damit eine vorläufige Expertise der EU-Dürrebeobachtungsstelle zu eigen, einer Forschungseinrichtung der Europäischen Kommission. Wenn auch mit dem Vorbehalt, diese müsse noch durch endgültige Daten bestätigt werden.

In ihrem vorläufigen Bericht kommen die Forscher zu dem Resultat, dass fast die Hälfte Europas, nämlich 47 Prozent, von Dürre betroffen sei. Auf 17 Prozent dieser Fläche sei der Zustand bereits alarmierend. Nicht nur in südlichen Ländern wie Italien, Spanien, Portugal und Frankreich habe die Dürregefahr zugenommen, sondern auch in den Niederlanden, Belgien, Luxemburg, Rumänien, Ungarn, Nordserbien, der Ukraine, Moldau, Irland, im Vereinigten Königreich – und in Deutschland. So geht das vielerorts schon seit Mai. Vor allem Sommerkulturen würden nicht in gewohntem Umfang wachsen; am stärksten betroffen seien Mais, Sojabohnen und Sonnenblumen. Der anhaltende Niederschlagsmangel in Verbindung mit Hitzewellen habe auch Auswirkungen auf den Abfluss von Flüssen. Stark betroffen davon sei auch der Energiesektor, denn »das verringerte gespeicherte Wasservolumen« erschwere die Nutzung von Wasserkraft zur Stromgewinnung und sei ein Problem für die »Kühlsysteme anderer Kraftwerke«, heißt es in dem EU-Bericht.

Zwar gab es Ende August in einigen der betroffenen Länder auch wieder vermehrt Niederschläge, aber vielerorts hätten die damit verbundenen Gewitter Schäden und daraus resultierende Verluste für die Landwirte verursacht, so die Experten weiter.

Für Wasserratten und Strandurlauber, Sonnenanbeter und Hitzebeständige in ganz Europa liefert das Jahr 2022 (von mittäglichen Extremtemperaturen abgesehen) einen Traumsommer. Sonne pur, milde, laue Abende, ideal zum Draußensitzen. Tagsüber sind die Strände und abends die Freiluft-Restaurants und -Bars voll. Die Menschen genießen nicht nur das Wetter, sondern auch die wiedergewonnenen Freiheiten nach zwei Jahren pandemiebedingter Einschränkungen, nach Maskenpflicht und Distanzvorschriften.

Um die andere Seite der Medaille zu erkunden, empfiehlt sich eine Fahrt nach Grävenwiesbach in die Nähe von Frankfurt am Main – und dort ein Besuch bei Roland Seel.

Eine Taunusgemeinde als Notstandsgebiet

Als der ehemalige Kriminalpolizist sich 2017 zur Wiederwahl als Bürgermeister von Grävenwiesbach stellte, tat er für einen Politiker etwas Ungewöhnliches. Er versprach den 5600 Einwohnern der Gemeinde im Hochtaunus im Wahlkampf weder neue Straßen noch Wohngebiete, weder Schule noch Radwege. »Ich habe ihnen nur versprochen, dass ich mich um ein großes Thema kümmern werde«, sagt der CDU-Politiker. »Die Wasserversorgung.«

Bürgermeister Seel erzählt die kleine Geschichte im Wald, nur wenige Meter von einer Straße entfernt, die aus Grävenwiesbach hinausführt. Es ist ein Wochentag Anfang August 2022, das Thermometer hat schon am Vormittag die 30-Grad-Marke locker hinter sich gelassen. Brütende Hitze hat die Landschaft im Griff, und selbst beim bloßen Verweilen im Schatten der Bäume sind die Temperaturen schweißtreibend. Seel führt zu einem Betonsockel mit einem Loch in der Mitte, in dem neben einem Maßband auch ein Schlauch steckt, durch den Wasser hochgepumpt wird. Hydrogeologen glauben, im Gestein unter Grävenwiesbach Blasen mit großen Vorkommen reinen Wassers geortet zu haben. Das wird nun mit der Probebohrung überprüft. Darüber hinaus investiere Grävenwiesbach in neue Leitungen und Hochbehälter, sagt Seel. »Alles in allem stecken wir in den nächsten Jahren mindestens fünf bis sechs Millionen Euro in unsere Wasserversorgung«, sagt er. Für die Bürgerinnen und Bürger heißt das vermutlich, ihr Leitungswasser wird teurer. Das Gesetz schreibt grundsätzlich vor, dass die Gebühren die Kosten decken müssen.

2022 ist nicht das erste Jahr, in dem Deutschland einen Hitzesommer erlebt, das Prädikat »Jahrhundertsommer« haftet noch dem Jahr 2003 an, als der Spitzenwert in Karlsruhe gemessen wurde, 40,2 Grad Celsius. Viel Trockenheit und Hitze gab es also früher auch schon, immer wieder mal. Nun aber werden solche Jahre häufiger. Schon 2018 und 2019 gab es überdurchschnittlich heiße Sommer in Deutschland, und ein Augusttag in Grävenwiesbach ist 2022 bereits auch auf dem Weg, unter die vier heißesten seit Beginn der meteorologischen Aufzeichnungen 1881 zu kommen.

Normalerweise ist der hügelige Hochtaunus eine grüne Landschaft, mit satten Wiesen und lauschigen Wäldern, perfekt eigentlich zum gemütlichen Wandern. Nun ist die Gegend derart verbrannt, dass die Nadelbäume der Wälder vielfach an Weihnachtsbäume erinnern, die zu lange in zu warmen Wohnzimmern standen, bis an ihnen nur noch ein paar nadelfreie Äste hängen. Hunderte Jahre alte Bäume sind schlichtweg verdurstet, ihre kahlen Spitzen ragen in den Himmel.

2000 Hektar Wald habe die Gemeinde, rechnet Bürgermeister Seel vor, etwa 350 Hektar habe man in den vergangenen Jahren fällen müssen. Borkenkäfer waren über die ausgetrockneten Fichten hergefallen, deren Immunsystem gegen Schädlinge ohne ausreichend Wasser nicht mehr funktioniert. Doppelt schlecht: Einige dieser Wälder spendeten den Schüttungen Schatten, aus denen Grävenwiesbach sein Trinkwasser schöpft. Jetzt knallt die Sonne drauf, was eine Schüttung nach der anderen versiegen lässt.

Und nun ist Grävenwiesbach ein Notstandsgebiet. Bereits am 17. Juni musste Roland Seel mit seinem Gemeindevorstand den Trinkwassernotstand ausrufen, Ende Juli hat er ihn zum zweiten Mal verlängert, vorerst bis 30. September 2022. Konkret bedeutet das: Gärten dürfen nicht gegossen, Planschbecken nicht befüllt, Autos nicht gewaschen werden. Es ist verboten, Zisternen mit Leitungswasser zu füllen oder Baustellen zu berieseln, damit es dort nicht staubt. Wer sich nicht an diese Vorgaben hält oder anderweitig Wasser verschwendet, muss mit einem Bußgeld rechnen.

»Bislang halten sich alle daran, die Leute sind sehr vernünftig«, sagt der Bürgermeister. Er rechnet anhand der gemeindlichen Verbrauchszahlen vor, dass ein Grävenwiesbacher momentan durchschnittlich etwa 100 Liter Wasser am Tag verbrauche, das sind knapp 30 Liter weniger als der Pro-Kopf-Verbrauch im Rest der Republik. Das allein reicht aber nicht. Am zurückliegenden Wochenende hat Seel allen Haushalten einen Brief geschickt, in dem er das Problem erklärt. 20 Prozent seines Trinkwassers kauft Grävenwiesbach in einer Nachbargemeinde, aber 80 Prozent schöpft es aus fünf, bis zu 100 Meter tiefen, eigenen Brunnen und vier sogenannten Schürfungen, »neun Gewinnungsanlagen« also, so der Fachbegriff. Schürfungen sind oberflächennahe Grundwasserströme; sie entstehen hauptsächlich durch Schneeschmelze oder Niederschläge, das Wasser drückt von sich aus an die Erdoberfläche. Diese Schürfungen liefern normalerweise mehr als die Hälfte des Gemeindewassers. Aber: »Diese oberflächennahen Anlagen speisen sich aus Niederschlägen, die wir derzeit nicht haben und in den nächsten Wochen auch nicht nennenswert erwarten«, schreibt Seel. Selbst wenn es regnet, würde es der Bodenverhältnisse wegen mindestens 80 Tage dauern, ehe die Schürfungen wieder genug Wasser führten.

Zurück von der Probebohrung im Wald, nimmt der Bürgermeister in seinem Amtszimmer im Rathaus an seinem Schreibtisch Platz. Über ihm baumelt ein selbst gebasteltes Mobile, das die örtlichen Grünen dem CDU-Mann nach dessen erster Wahl vor zehn Jahren gefertigt und geschenkt haben. An den Fäden hängen Kärtchen, und ein jedes davon zeigt auf einer Seite ein Motiv aus der Gemeinde. Auf der Rückseite stehen Begriffe wie »Umweltschutz«, »Bauen und Wohnen«, »Kinder, Jugendliche und Familien« oder »Finanzhaushalt«. Das Mobile soll die notwendige Balance aller Belange symbolisieren, die eine verantwortungsvolle Gemeindepolitik halten muss. Seel, 66, sagt, er finde das Geschenk großartig, aber trotzdem konzentriere er sich seit seiner Wiederwahl vor fünf Jahren auf nichts mehr als die Wasserversorgung. Notgedrungen. Wozu auch, nur als Beispiel, ein neues Baugebiet ausweisen, wenn die Trinkwasserversorgung der Häuser dort nicht gewährleistet wäre?

Grävenwiesbach ist keine besondere Gemeinde, sondern ein kleiner Ort wie Zigtausende in Deutschland. 5600 Einwohner verteilt auf sechs Ortschaften. Sport- und Gesangsvereine, Feuerwehr und Kirche, Bürgerhäuser und Grundschule. Viele der Menschen hier pendeln täglich zur Arbeit nach Bad Homburg oder Frankfurt. Ein Hersteller von Gelenkwellen für Fahrzeuge ist größter Arbeitgeber am Ort; ansonsten weist das örtliche Gewerbeverzeichnis die üblichen Handwerker, Dienstleister und Händler aus.

»Mit mir braucht niemand über Klimawandel zu diskutieren, denn wir erleben ihn hier ja längst«, sagt Roland Seel und holt ein wenig aus: »Uns fehlen die Winter mit Schnee und anschließender Schneeschmelze. Aber auch dem Frost, der den Boden aufbrechen lässt, sodass bei Tauwetter wieder Wasser einsickern kann.« Die Erderwärmung – sie macht sich nicht nur in Hitzesommern bemerkbar.

Vielen Nachbargemeinden geht es ähnlich, nicht jeder Bürgermeister und jede Bürgermeisterin will allerdings so offen über die eigenen Wasserprobleme sprechen wie Roland Seel in Grävenwiesbach. Manch Kommunalpolitiker fürchtet allen Ernstes um das eigene Image. Als wäre das Problem hausgemacht, als würde nicht der laufend aktualisierte *Dürremonitor* des Helmholtz-Zentrums seit Monaten Deutschland als ein Land im anhaltenden Hitzestress abbilden, wo immer mehr Regionen immer trockener werden. Niemand erfasst es bislang in einer zuverlässigen Statistik, aber allein ein Blick in die Medien zeigt, dass von Jahr zu Jahr immer mehr Kommunen mit Problemen bei ihrer Trinkwasserversorgung kämpfen. Weil ihre Brunnen und anderen Wasserfassungen versiegen, in Flüssen und unter der Erde die Pegel sinken.

Wobei es große regionale Unterschiede gibt bei der Verteilung der Niederschläge. Während sich ihre Menge etwa in Unterfranken teilweise deutlich unter 500 Litern pro Quadratmeter und Jahr bewegt (ähnlich sieht es östlich des Harzes und in anderen Teilen Nordostdeutschlands aus), fällt im Südschwarzwald viermal so viel Wasser vom Himmel. Während ganz Deutschland im Hitzesommer 2022 unter Temperaturen von weit über 30 Grad stöhnt, Grünflächen verdorren und man in der Weltkulturerbe-Stadt Quedlinburg im Südwesten Sachsen-Anhalts einen Bodenfeuchte-Wert von gerade noch 19 Prozent misst, nachdem dort bis Mitte August nur 131 Liter Regen gefallen waren (so wenig wie nirgendwo sonst in Deutschland), freut man sich im oberbayerischen Voralpenland über eine stattgrüne Landschaft. »*Bild* am nassesten Ort Deutschlands«, titelt das Boulevardblatt im August 2022 nach einem Besuch in der Gemeinde Schliersee. Während ganz Deutschland unter der Dürre leide, seien dort seit Jahresbeginn bereits mehr als 1000 Liter Regen pro Quadratmeter gefallen. »Wir sind von Gott gesegnet hier«, jubelt Bürgermeister Franz Schnitzenbaumer, »alles wächst, alles ist grün, es ist paradiesisch.«

Knapp 500 Autokilometer nordwestlich in Grävenwiesbach realisieren Schnitzenbaumers Amtskollege Seel und die anderen Gemeindepolitiker erst nach und nach, dass sie mit einem nicht schnell lösbaren Problem kämpfen. »Es steht erst ganz oben auf der kommunalpolitischen Agenda, seit die Lage prekär wurde«, sagt Seel. Gewiss, fährt er fort, in einer Landschaft wie dem Hochtaunus, mit steinigen Böden und Schiefer im Untergrund, sei »das Wasserthema«, wie er es nennt, auch in der Vergangenheit immer häufiger aufgekommen. Aber es war ja nie wirklich dauerhaft schlimm.

Dringlichkeitsstufe eins erhielt es erst nach dem 7. August 2018, als einer der Hochbehälter, aus denen das Trinkwasser in die Leitungen der Grävenwiesbacher Haushalte fließt, plötzlich fast leer war. Schuld war eine defekte Pumpe. So etwas kommt vor, unabhängig von Klimawandel oder Niederschlagsmenge. Mitten in der Nacht schickte der Bürgermeister seine Leute in Lautsprecherwagen durch den Ort, um die Bewohner zum Wassersparen aufzufordern. Gleichzeitig organisierte Roland Seel einen Tankwagen-Shuttle. Für den Transport flüssiger Lebensmittel zugelassene Fahrzeuge fassten Wasser in Nachbargemeinden und pumpten es in den Grävenwiesbacher Hochbehälter. Das war, wenn man so will, eine Generalprobe.

Im Rest des Jahres und im darauffolgenden heißen Sommer 2019 kam die Gemeinde mit ihren Wasserressourcen gerade noch so über die Runden. Als aber im Corona-Jahr 2020 Schwimmbäder und Schulen nicht hitze-, sondern pandemiebedingt geschlossen blieben, viele Grävenwiesbacher im Homeoffice arbeiteten und in den Ferien Urlaub zu Hause machten, kauften sie sich Pools und Planschbecken. »Völlig nachvollziehbar«, sagt der Bürgermeister. Aber eben auch ein Problem, weil bei jedem Haushalt zum alltäglichen Verbrauch die Poolfüllungen hinzukamen. Es kam so weit, dass der Gemeindevorstand zum ersten Mal kurzzeitig den Notstand ausrief, zum Maßhalten aufforderte und Beschränkungen anordnete.

2022 eskaliert die Situation schon früh im Jahr. Am Morgen des 16. Juni, einem Donnerstag, alarmiert ein besorgter Gemeindemitarbeiter den Bürgermeister. Statt der üblichen ein bis zwei Kubikmeter in der Stunde würden die Grävenwiesbacher das Doppelte aus den Wasserleitungen ziehen, sagt er. Das könne nicht gut gehen. Das Wetter ist an dem Tag ungewöhnlich schön, der Donnerstag zudem ein Feiertag, zum Start des verlängerten Wochenendes füllen viele ihre Planschbecken und Pools oder sie sprengen Gärten. »Uns blieb nichts anderes übrig, als wieder den Trinkwassernotstand auszurufen«, sagt Roland Seel.

Viele Kommunen, in denen das Wasser knapp wird, haben das Problem scheinbar einfach gelöst. Sie haben sich an die Netze großer Fernwasserversorger angeschlossen. Manche taten es auch aus Bequemlichkeit heraus, schon lange bevor die Ressourcen zu schwinden begannen. Obwohl das Gesetz prinzipiell vorschreibt, dass Kommunen Wasservorräte auf ihrem eigenen Gebiet suchen und gegebenenfalls auch nutzen sollen, scheuen sie den damit verbundenen Aufwand und die Kosten – und wählen den einfacheren, unkomplizierteren Weg. Wieder andere Städte und Gemeinden haben zwar eigene Wasserfassungen, die sie auch nutzen, aber die geförderte Menge reicht nicht aus. Also kaufen sie das fehlende Volumen bei Nachbarn oder eben bei Fernwasserversorgern hinzu. Und schließlich gibt es auch solche Kommunen, die schlichtweg auf dem Trockenen sitzen.

Trügerische Sicherheit

Insgesamt gibt es in Deutschland knapp 6000 öffentliche Wasserversorger, allein die Hälfte davon in Bayern, wo die Struktur besonders kleinräumig und dezentral ist. Größere Kommunen übernehmen ihre eigene Wasserversorgung, vor allem kleine Landgemeinden schließen sich häufig zu einem Zweckverband zusammen und versorgen die Menschen in ihrem Gebiet gemeinsam. Nach Angaben des BDEW, des Bundesverbands der Energie- und Wasserwirtschaft, in dem 1900 einschlägige Unternehmen bis hin zu den Energiekonzernen RWE, E.ON, EnBW und Vattenfall zusammengeschlossen sind, gibt es – Stand Herbst 2022 – 218 Wasserversorgungsunternehmen, die von ihnen gefördertes Trinkwasser ausschließlich weiterverteilen. Vulgo also Fernwasserversorger. Sie verteilen etwa 22 Prozent des Trinkwasseraufkommens in Deutschland, in BDEW-Zahlen ausgedrückt: 1,176 Milliarden Kubikmeter pro Jahr. Daneben gibt es nach Angaben des BDEW-Sprechers mehrere Hundert Versorgungsunternehmen, die eine »Fernwasserversorgungsunternehmens-Funktion« haben und wenige Endkunden (meist große Kunden aus Gewerbe und Industrie), aber nicht direkt an die Haushalte und das Kleingewerbe liefern, meist auch nur verhältnismäßig kleine Mengen.

Das mit Abstand größte Fernwasserunternehmen ist die Bodensee-Wasserversorgung (BWV), ein 1954 gegründeter Zusammenschluss von 150 Städten und Gemeinden sowie 34 kommunalen Wasserversorgern. Maximal 670 000 Kubikmeter Wasser pro Tag (!) darf der BWV aus dem nördlichen Finger des Bodensees, dem sogenannten Überlinger See, pumpen, was naturgemäß nur an Spitzentagen der Fall ist. Insgesamt versorgt der Verband mit etwa 130 Millionen Kubikmetern pro Jahr etwa vier Millionen Menschen vornehmlich in Baden-Württemberg mit Trinkwasser.

Als zweitgrößter Fernversorger gilt die Hessenwasser GmbH, gefolgt von der Landeswasserversorgung Baden-Württemberg (dem zweiten Großversorger im sprichwörtlichen »Ländle« also), den Harzwasserwerken und dem Oldenburgisch-Ostfriesischen Wasserverband OOWV. Ferner gehören, gemessen an der Wasserabgabemenge, zu den Top Ten: die Wasserversorgung Elbaue-Ostharz, der Zweckverband Fernwasser Südsachsen, der Wahnbachtalsperrenverband, die Trinkwasserversorgung Magdeburg GmbH und die Thüringer Fernwasserversorgung.

Am Beispiel Bodensee lässt sich die Dimension der Fernversorger gut darstellen. Der BWV holt das Rohwasser mithilfe von drei Pumptürmen aus etwa 60 Metern Tiefe aus dem bis zu 147 Meter tiefen Überlinger See. Es sei dort besonders rein und habe das ganze Jahr über eine Temperatur von nur fünf Grad Celsius, heißt es. Das schütze vor bakterieller Verkeimung. Die darüberliegenden Wasserschichten sind wärmer und schützen das tiefere Wasser vor Schadstoffeinträgen. Über Rohre wird das Bodenseewasser zu einem Pumpwerk und schließlich zu einer etwa 300 Meter über dem Gewässer gelegenen Aufbereitungs-anlage gepumpt. Von dort wird es in das Netz verteilt. Ein Netz mit etwa 1700 Kilometern Rohre.

Doch wird dieses System ewig uneingeschränkt funktionieren? Der Bodensee gilt als der größte Trinkwasserspeicher Europas. Zu zwei Dritteln wird er mit Wasser aus den Alpen gespeist. Und weil die Menge der Zuflüsse weitaus größer ist als die der Entnahmen, war man sich beim BMV sicher, dass der Bodensee auch in Zukunft ein probater und ausreichender Wasserlieferant für die öffentliche Versorgung sein wird. Umso größer sind die Irritationen in der Öffentlichkeit, als im August 2022 Medien rund um den Bodensee Alarm schlagen: »Der Wasserstand am Bodensee sinkt und sinkt«, beschreibt etwa der *Bayerische Rundfunk*. Der in Konstanz gemessene Referenz-Pegel für den gesamten See ist auf 3,10 Meter gefallen; ein Wert, der normalerweise Ende November gemessen wird.

Man muss wissen: Normalerweise, sprich: im langjährigen Mittel, liegt der Pegel um diese Jahreszeit bei etwa vier Metern. Im üblichen Jahresverlauf erreicht der Bodensee im Winter mit bisweilen 2,50 Metern am Pegel Konstanz seinen tiefsten Stand, ehe das Schneeschmelzwasser aus den Alpen ihn im Frühjahr anschwellen und den Pegel meist im Juni und Juli auf mehr als vier Meter steigen lässt.

Die Folgen seines niedrigen Stands im Sommer 2022: Bootsbesitzer holen große Schiffe aus den Häfen an die Ufer, weil der niedrige Wasserspiegel die Gefahr bedeutet, dass die Schraube des Motors beschädigt wird. Der niedrige Pegel macht auch an manchen Anlegestellen das Ein- und Aussteigen schwer und für Rollstuhlfahrer (auch bei den Passagierschiffen) vielfach unmöglich. Auch Fauna und Flora geraten durcheinander. In einigen besonders flachen Bereichen des Sees erwärmt sich das Wasser so stark, dass sich Algenteppiche bilden. Unterwasserpflanzen wachsen stärker, Nährstoffe aus der Flora lagern sich ab und sorgen für Gestank. Schwimmen ist mancherorts in Flachwasserzonen nur mehr eingeschränkt möglich.

Doch zurück nach Grävenwiesbach. Das Trinkwasser ganz oder zum Teil von der Hessenwasser GmbH zu kaufen, die den Ballungsraum Frankfurt am Main-Darmstadt-Wiesbaden versorgt, wäre für die Hochtaunus-Gemeinde grundsätzlich ein Thema. Aber wäre das nicht (auch) eine Scheinlösung? Verlagern Kommunen mit solchen Entscheidungen das Problem nicht nur? Ein Anschluss an das Fernwassernetz ändert nichts am Wasserverbrauch insgesamt. Gewiss, solange es Regionen hierzulande gibt, die über genug Wasser verfügen, um es auch zu denen zu pumpen, die keines oder zu wenig haben, funktioniert das System. Das wussten schon die alten Römer.

Trotzdem ist es eine trügerische Sicherheit, »nicht nachhaltig«, nennt sie Grävenwiesbachs Bürgermeister Seel. »Hessenwasser gewinnt sein Wasser hauptsächlich am Vogelsberg, aber dort kommt ja auch immer weniger Niederschlag runter«, sagt er. »Auch diese Vorkommen sind endlich.« Das dürfte stimmen, zumindest deutet Kritik von Forstexperten darauf hin, die sich generell um den Wald in Hessen Sorgen machen, was wiederum von Hessenwasser nicht zu trennen ist. So zählen Experten der Universität Göttingen die Wälder im Hessischen Ried, grob 80 Kilometer von Grävenwiesbach entfernt, südlich von Frankfurt, zu den »forstlichen Brennpunkten in Mitteleuropa«. Vier Prozent der Bäume dort seien bereits abgestorben, darunter Buchen und viele hundertjährige Eichen. Förster vor Ort machen dafür die Wasserrechtsvergabe-Behörden bis hin zum hessischen

Umweltministerium verantwortlich. Denn zu der Misere habe beigetragen, dass man Hessenwasser zugestanden habe, jährlich 44 Millionen Kubikmeter Grundwasser im Hessischen Ried zu fördern. Dadurch seien die Böden zusätzlich ausgetrocknet worden.

In Grävenwiesbach hat man sich dazu entschlossen, die Angelegenheit in die Hand zu nehmen, sich erst einmal selbst um die eigene Wasserversorgung zu kümmern, auch wenn das einige Millionen Euro an Investitionen kosten wird. Grävenwiesbach stellt sich also einer Verantwortung für die eigenen Belange, anstatt das Problem outzusourcen. Das verdient großen Respekt.

Es gibt viele Grävenwiesbachs im Hitzesommer 2022. Jene in Deutschland erfasst niemand in einer zuverlässigen, amtlichen Statistik. Aber allein, wer aufmerksam die Medienberichterstattung der letzten Jahre verfolgt hat, kann nachvollziehen, dass von Jahr zu Jahr immer mehr Kommunen mit Problemen bei ihrer Trinkwasserversorgung kämpfen. Das TV-Magazin *report München* und die Fachzeitschrift *Kommunal* fragen 2022 bei deutschen Kommunen und Wasserzweckverbänden nach: Wie sieht es bei euch mit Wasserknappheit aus? 1480 antworten, davon geben 57 Prozent an, sie litten unter Wasserknappheit, 16 Prozent hätten bereits Maßnahmen ergreifen müssen, ihre Grünflächen nicht mehr gegossen und beispielsweise ihren Bürgerinnen und Bürgern Rasensprengen oder Poolbefüllungen verboten. Im Osten Deutschlands sind es sogar 67 Prozent, und ein Viertel schränke den Wasserverbrauch ein.

Klima ist nicht gleich Wetter

Wobei es an dieser Stelle angebracht erscheint, eine wichtige grundsätzliche Unterscheidung zu machen: Es gibt einen wesentlichen Unterschied zwischen Klima und Wetter, auch wenn beides natürlich zusammenhängt. Klima ist allerdings ein Begriff, dem Langfristigkeit innewohnt. Um die Entwicklung des Klimas zu beurteilen, ist es notwendig, das Wetter über viele Jahre, idealerweise über Jahrzehnte, zu beobachten, Daten zu sammeln und zu vergleichen, um Entwicklungen ablesen und Schlüsse daraus ziehen zu können. Der Begriff Wetter beschreibt hingegen stets einen kurzen Zeitraum, ein kurzes Ereignis. Das, was an einem bestimmten Tag in der Atmosphäre geschieht und Auswirkungen auf einen Landstrich hat: Scheint die Sonne, regnet oder schneit es, wehen Winde oder toben Stürme, ist es heiß und trocken oder nass und kalt? Hängt der Himmel voller Wolken oder ist er klar?

Diese Unterscheidung ist wichtig, denn ein verregneter Juli bedeutet eben noch nicht, dass es Erderwärmung und Klimawandel nicht gibt. Und ein frühlingshafter, schnee- und eisfreier Silvestertag im Gebirge ist für sich genommen kein Beleg für den Klimawandel. Und noch ein wesentlicher Unterschied: Anders als das Wetter von morgen oder der kommenden Woche lässt sich die Klimaentwicklung nicht mit ähnlicher Präzision kurzfristig vorhersagen. Langfristig jedoch erkennen Forscher an der Entwicklung von Temperaturen und Niederschlagsmengen, wie sich das Klima entwickelt, ob die Erde sich erwärmt oder nicht.

Das Bild ändert sich Jahr für Jahr insofern, als dass naturgemäß neue Daten, neue Erkenntnisse hinzukommen. 2022 ist mit Sicherheit eines der heißesten, wenn nicht sogar *das* heißeste Jahr seit Messbeginn 1881.

Das Rekordjahr 2022

Der Deutsche Wetterdienst (DWD) spricht in seiner vorläufigen Jahresbilanz am 30. Dezember 2022 von einem »außergewöhnlichen Wetterjahr« hierzulande. »Der Temperaturrekord des Jahres 2018 von 10,5 Grad Celsius wurde zumindest eingestellt«, so der DWD. »Einen neuen Rekord gab es auch bei der Sonnenscheindauer.« Mit 15 Prozent weniger Niederschlagsmenge ist 2022 in Deutschland ein regenarmes und sehr trockenes Jahr. Was Meteorologen und Klimaforscher beim Blick auf 2022 gleichermaßen beunruhigt, ist der weiter forcierte Anstieg der Durchschnittstemperatur: Seit 1881 ist es in Deutschland inzwischen 1,7 Grad wärmer geworden. Im Vorjahr lag dieser Wert noch bei 1,6 Grad.

Tobias Fuchs, Vorstand Klima und Umwelt des Deutschen Wetterdienstes, nutzt diese Ergebnisse für einen Appell: »Das rekordwarme Jahr 2022 sollte für uns alle ein erneuter Ansporn sein, beim Klimaschutz endlich vom Reden zum Handeln zu kommen. Wir haben es bisher nicht geschafft, wirkungsvoll auf die Treibhausgasbremse zu treten. Die Erderwärmung schreitet nahezu ungebremst voran.«

Bei Vergleichen mit dem Zeitraum 1961 bis 1990 sind sämtliche Monate des Jahres 2022 zu warm. Der August ist der zweitwärmste, der Oktober mit 2001 sogar der wärmste entsprechende Monat. Insgesamt ergibt sich nach DWD-Berechnungen 2022 eine durchschnittliche Temperatur von 10,5 Grad Celsius, 2,3 Grad mehr als im Referenzzeitraum 1961 bis 1990. Verglichen mit den Jahren 1991 bis 2020 beträgt die Abweichung plus 1,2 Grad. Europaweit bedeuten mehrere intensive Hitzewellen im Juni und Juli Temperaturrekorde. In Deutschland wird am 20. Juli in Hamburg-Neuwiedenthal ein neuer Stationsrekord von 40,1 Grad Celsius gemessen – ungewöhnlicherweise an einer norddeutschen Messstation also. Den Jahrestiefstwert meldet Heinersreuth-Vollhof im Landkreis Bayreuth am 18. Dezember mit minus 19,3 Grad.

Im bundesweiten Mittel scheint die Sonne rund 2025 Stunden, etwa 30 Prozent mehr als im Zeitraum 1961 bis 1990 (1544 Stunden) und ein Fünftel mehr als im Mittel der Jahre 1991 bis 2020 (1665 Stunden). Diese meteorologische Entwicklung, die zunehmende Erwärmung also, hängt unmittelbar mit dem Niederschlagsniveau zusammen. Der DWD registriert 2022 ein sommerliches Niederschlagsloch mit 40 Prozent weniger Regen im Vergleich zur Referenzperiode 1961 bis 1990. Das habe zur »geringsten Bodenfeuchte unter Gras seit 1961« geführt. Oder andersrum: Die Böden trocknen aus, woran auch die nassesten Monate des Jahres, der Februar und der September, nichts ändern. »Im Jahresverlauf fielen im Deutschlandmittel rund 670 Liter pro Quadratmeter«, so der DWD. Das ist ein Minus von etwa 15 Prozent, verglichen mit der Referenzperiode 1961 bis 1990 (789 Liter pro Quadratmeter), aber auch mit dem Zeitraum 1991 bis 2020 (791 Liter pro Quadratmeter).

Dass Deutschland tendenziell in den kommenden Jahren immer trockener werden wird, beweisen inzwischen viele Daten. Auswertungen des Deutschen Wetterdienstes zufolge, auf die sich auch das Umweltbundesamt (UBA) stützt, gab es 2018 etwa 25 Prozent, 2019 etwa sieben und 2020 etwa zehn Prozent weniger Niederschläge als im langjährigen Mittel. 2021 war die Bilanz ausgeglichen. Da kam es bekanntlich zu gewaltigen Überflutungen vor allem im Ahrtal, auf die dieses Buch noch ausführlich eingehen wird.

Trockenheit und Dürre sind jedoch nicht nur Folge von weniger verträglichen und ausreichenden Niederschlägen dann, wenn sie gebraucht würden. Sondern auch von Verdunstung. Sie sei ein blinder Fleck in der Klimaforschung, schreibt das Wissenschaftsmagazin *Spektrum.* »Das Unsichtbare wollte niemand sehen und erst das Unübersehbare hat vielen die Augen geöffnet: ausgedörrte Landstriche.« Die seien mit zu wenig Regen allein nicht zu erklären, schreibt das Magazin weiter und beruft sich auf entsprechende Erkenntnisse eines an der renommierten Eidgenössischen Technischen Hochschule (ETH) Zürich angesiedelten Forscherteams. Unter Federführung der Schweizer Professorin Sonia I. Seneviratne, einer Spezialistin für Land-Klima-Dynamik, die in Wissenschaftler-Rankings als eine der weltweit führenden Klimaforscherinnen geführt wird, kamen die Wissenschaftler und Wissenschaftlerinnen zum Resultat, dass bis zu 149 Liter Wasser pro Quadratmeter Erde monatlich verdunsten. Wohlgemerkt, nicht in der Sahara, sondern an einer zwischen Zürich und St. Gallen angesiedelten Messstation.

Der Blumentopf-Effekt

Die Prognosen für die künftige Klimaentwicklung in Deutschland und anderen mitteleuropäischen Ländern bis 2050 sieht, zusammengefasst, so aus: Es wird mehr trockene Sommer geben, deutlich weniger Tage mit Frost, dafür umso mehr mit Hitze. Lange Trockenperioden werden mehr Wasser verdunsten lassen. Gewitter und Platzregen werden ebenso zunehmen wie Dürren und Stürme. Der große Unterschied: Sturzfluten sind ein plötzliches Ereignis. Die Trockenheit und ihre Folgen sind ein schleichender Prozess. Bäume etwa, die nicht genug Wasser erhalten, sterben langsam.

Mehr Verdunstung wiederum führt selbst bei gleichbleibenden Niederschlagsmengen dazu, dass es immer trockener wird. Das erschwert die Grundwasserneubildung. Das gilt umso mehr, wenn es zwar Starkregen gibt, aber eben auch vermehrt Trockenphasen.

Es ist bei alledem das große Ganze, das es zu betrachten gilt. Der Würzburger Klimaprofessor Heiko Paeth zählt zu jenen, die solche hochkomplexen Zusammenhänge allgemeinverständlich auf den Punkt bringen können. Eine Warnung schickt er seiner Beschreibung vorneweg, allein, um auch die Folgen über Klima und Wasserversorgung hinaus zu verdeutlichen: »Man muss stets im Hinterkopf haben, dass Diskrepanzen beim Wasserdargebot immer schon zu kriegerischen Auseinandersetzungen oder mindestens zu politischen Konflikten geführt haben. Das zeigt die Dringlichkeit und die Bedeutung dieses Themas.«

Grob zusammengefasst bedeute der Klimawandel global betrachtet, »dass die trockenen Regionen immer trockener werden und die feuchten immer feuchter«. Deutschland lag geografisch bislang stets im Übergangsbereich zwischen dem trockenen Süden Europas und dem nassen Skandinavien, wo es weitaus häufiger und mehr regnet. Ein Grund, weshalb sich unser Land klimatisch begünstigt in dieser Mittellage bislang auch um die Wasserversorgung keine Sorgen machen musste. Die Mischung zwischen Regen und Sonne hat gestimmt, vereinfacht erklärt.

Künftig aber, erklärt Professor Paeth, werde der Klimawandel nicht nur für längere Hitzeperioden, höhere Temperaturen und damit verbundene Dürren sorgen. Sondern auch für mehr Niederschlag im Winter. Das klingt zunächst einmal beruhigend, könnte man doch meinen, dass mehr Niederschlag im Winter bedeutet, dass sich die Grundwasserspeicher wieder füllen, sodass letztlich für den Sommer genug Wasser da ist.

»So wird es aber nicht sein«, erklärt Paeth. Es sei zwar gut möglich, dass die Niederschlagsmenge im gesamten Jahr gleich bleibe oder sogar ansteige, trotzdem aber das Dargebot sinke und zu wenig Wasser vorhanden sei. Das habe zum einen mit unterschiedlichen Bedarfszeiten zu tun. Natur und Mensch brauchen Wasser vor allem im warmen, mehr noch im heißen Sommer. Sei die Nässe jedoch im Winter zu groß, gäbe es zu viele Niederschläge, seien die Böden damit überfordert. »Die Folge ist, dass sie zwar nass werden, das immer neue Wasser aber irgendwann nicht mehr aufnehmen können, weil sie schlichtweg gesättigt sind. Also schießt das Wasser sofort in die Vorfluter, die Flüsse also, und beispielsweise über den Rhein in die Nordsee oder die Donau ins Schwarze Meer. Dort wird es zu Salzwasser und steht uns als Trinkwasser nicht mehr zur Verfügung.« Also auch nicht in heißen Sommern, wenn es ganz besonders gebraucht würde.

Zum anderen verändere sich, dem Klimaforscher zufolge, die Intensität der Niederschläge im Zuge des Klimawandels. Es regne seltener gleichmäßig und in für den Boden verträglichen Mengen, sondern komme zu heftigem Starkregen. Was dann passiert, schildert Heiko Paeth am Beispiel einer Zimmerpflanze. »Wenn Sie die länger nicht gießen, sodass die Erde im Blumentopf austrocknet, und plötzlich schütten Sie Wasser drauf, sickert das nicht sofort ein. Die Erde braucht ein wenig, um das Wasser aufzunehmen. Wenn Sie da zu schnell gießen, schwappt Ihnen das Wasser oben aus dem Blumentopf, noch ehe es versickern kann.«

Dieser Zusammenhang zwischen Dürre und Flut ist im Kleinen wie im Großen also unstrittig. Wie fatal, ja katastrophal es werden kann, wenn Wassermassen binnen kürzester Zeit auf die Erde prasseln, mussten die Menschen in Deutschland und angrenzenden Ländern im Sommer 2021 leidvoll erfahren.

Die verheerende Flut im Ahrtal

Es ist Mittwoch, der 14. Juli 2021, gegen 14 Uhr. Auf dem Campingplatz Stahlhütte am Ufer der Ahr haben Camper und Beschäftigte gerade damit begonnen, die Gartenmöbel und alles andere von der Uferböschung wegzuräumen, als auf dem Fluss eine Kloschüssel vorbeitreibt. Sie witzeln noch darüber, obwohl ihnen das Lachen eigentlich schon vergangen ist. Seit dem Vormittag regnet es pausenlos und immer stärker. Nun ist es früher

Nachmittag, und die Menschen nicht nur auf diesem Camping-platz unweit des Nürburgrings beschleicht immer stärker das Gefühl, dass dieser Dauerregen bedrohlich werden könnte. Auch wenn fast zeitgleich im Landtag die rheinland-pfälzische Um-weltministerin Anne Spiegel das Land, seine Regierung und letztlich mit alledem auch sich selbst rühmt, in Sachen Starkre-genvorsorge sei man »Spitzenreiter«. Wenige Tage später wird sie einräumen müssen, dass der Hochwasserschutz bei Weitem nicht ausgereicht hat.

Am Wochenende warnten Behörden erstmals vor unmittel-bar drohenden Unwettern. Doch ihre Warnungen wurden igno-riert, nicht ernst genug genommen, oder sie gingen unter. Nie-mand scheint ernsthaft damit zu rechnen, dass sich im Ahrtal und in angrenzenden Regionen im Bergischen Land, im Ruhrge-biet und in der Eifel eine Flutkatastrophe entwickelt, die als die größte seit jener in Hamburg 1962 in die Geschichte eingehen wird. Ausgelöst von einem Tiefdruckgebiet namens Bernd, das von Großbritannien her über Belgien und Deutschland zieht.

Nach drei heißen Sommern in Folge ist das ganze Jahr 2021, meteorologisch betrachtet, sehr unruhig. Seit Mai kommt es in vielen Regionen Deutschlands immer wieder zu Starkregen. Der Deutsche Wetterdienst vermerkt auf das Jahr bezogen, dass 2021 zu den fünf Jahren »mit den meisten aufgetretenen Ein-zelereignissen seit 2001« zählt. Grundsätzlich könne »Starkni-derschlag an jedem Ort in Deutschland auftreten. Es gibt jedoch eine Tendenz, dass Extremereignisse mit steigender Dauerstufe vermehrt in den Mittel- und Hochgebirgsregionen auftreten«, so der DWD.

Anfang Juli braut sich eine besondere Unwetterlage über Eu-ropa zusammen. Starkregen, Gewitter und Hagel sorgen vielerorts für Verwüstungen, für hohe Sachschäden und mancherorts fordern sie auch Menschenleben. Bayern und Baden-Württemberg sind betroffen, Hessen, Thüringen, Sachsen und das Saarland. Aber auch Großbritannien und Frankreich, die Niederlande und Belgien, Österreich und die Schweiz, Italien, Kroatien Rumänien, Tschechien, Ungarn und die Slowakei. Doch nirgendwo bricht eine solche Katastrophe aus wie an jenem 14. Juli im Ahrtal und in den angrenzenden Regionen.

Die Ahr entspringt in Blankenheim in Nordrhein-Westfalen im Keller eines historischen Fachwerkhauses und mündet 85 Kilometer weiter in den Rhein. Nicht nur auf dem Campingplatz Stahlhütte verwandelt sich der an sich überschaubare Fluss an diesem Tag binnen weniger Stunden zu einem reißenden Strom. Die Erde ist bei Weitem nicht in der Lage, die gewaltigen Wassermassen, die vom Himmel kommen, aufzunehmen und versickern zu lassen. Das Wasser fließt einfach davon. Zunächst läuft es nur einige Zentimeter hoch über Wege, Straßen und Grundstücke, dann steigt der Pegel oft binnen weniger Minuten bedrohlich an, und aus einem friedlichen Gewässer wird eine reißende, gefährliche Flut. Die braune Brühe reißt alles mit sich, was ihr im Weg ist: Menschen und Tiere, Häuser samt Mobiliar, Brücken, Straßen, Eisenbahngleise, Autos. Vielerorts fallen in dieser Nacht mehr als 150 Liter Regen pro Quadratmeter. Nicht nur die Ahr, auch kleine Nebenflüsse und Bäche verwandeln sich in kürzester Zeit zu lebensgefährlichen Strömen.

Weil das Hochwasser Umspannwerke und andere Versorgungsanlagen trifft, muss die Stromversorgung für 200 000 Menschen abgeschaltet werden. Mobilfunknetze, die Trinkwasser- und die Abwasserversorgung brechen zusammen, der Bahnverkehr kommt zum Erliegen, und natürlich geht auch auf den Straßen nichts mehr. Heizöl läuft aus beschädigten Tanks, Benzin und Diesel aus zerstörten Autos. Die Wassermassen schieben Müll, Fäkalien, Baumaterial und Schrott mit sich. Menschen schreien um Hilfe, viele werden in den Tod gerissen oder müssen hilflos mit ansehen, wie ihre Liebsten, Nachbarn oder Freunde vom Wasser erfasst werden. »Die Flut fiel über die Menschen her wie ein wildes Tier«, schreibt später *Der Spiegel*.

Die erhoffte, schnelle Rettung bleibt aus. Weil Verantwortliche die Lage zu lange fatal unterschätzen und zu spät reagieren. Weil sie nicht wirklich auf eine solche Katastrophe vorbereitet sind, weil Alarmpläne fehlen und Meldeketten nicht funktionieren. Es ist eine verheerende Melange aus Fehlern und Versäumnissen, Ignoranz und Kommunikationsproblemen. Man hatte es nicht einmal geschafft, die Bevölkerung adäquat zu warnen. Es gibt keinen Evakuierungsplan. Die wenigen Feuerwehren und anderen Helfer, die vor Ort sind, führen einen aussichtslosen Kampf. Einige sterben selbst bei dem Versuch, anderen Menschen das Leben zu retten.

Entlang der Ahr leben einer EU-Erhebung zufolge 56 000 Menschen. Von der Flutkatastrophe am 14. und 15. Juli 2021 sind davon 42 000 in irgendeiner Weise betroffen. 17 000 hätten »Hab und Gut verloren oder stehen vor erheblichen Schäden«, heißt es in einer Dokumentation des SWR. »Die Flut riss mindestens 467 Gebäude mit sich, darunter mindestens 192 Wohnhäuser. Von den 4200 Gebäuden entlang der Ahr sind geschätzt mehr als 3000, also mehr als 70 Prozent aller Gebäude, beschädigt worden.«

Die Bilanz dieser Katastrophe knapp in Zahlen zusammengefasst: 184 Menschen sterben, 134 davon im Ahrtal, 49 kommen im angrenzenden Nordrhein-Westfalen ums Leben, hauptsächlich in der Eifel und der Region südlich von Bonn. Auch dort sind die

Menschen von den Wassermassen überrumpelt worden. Die Opfer ertranken, wurden von mitgerissenen schweren Gegenständen erschlagen, manche nahmen sich aus purer Verzweiflung selbst das Leben. Allein in Rheinland-Pfalz werden 766 Verletzte registriert. Mehr als 330 Menschen werden von Hubschraubern aus der Luft evakuiert.

Der Rückversicherer Münchener Rück beziffert den Gesamtschaden auf 46 Milliarden Euro. Knapp 500 Gebäude sind zerstört, davon 200 Wohnhäuser. Insgesamt wurden 3000 Gebäude zum Teil schwer beschädigt. Die Betriebe der Region melden eine halbe Milliarde Euro Schaden. Allein 365 Millionen Euro kostet es nach Angaben des rheinland-pfälzischen Klimaschutz-Staatssekretärs Erwin Manz, die Schäden im Bereich Wasser- und Abwassernetz zu beheben. Nicht in Zahlen zu fassen sind die menschlichen und psychischen Folgen.

Was macht es mit einem Menschen, dem von heute auf morgen Hab und Gut weggerissen wird, das er sich über Jahrzehnte selbst aufgebaut hat? Oder der, noch schlimmer, einen geliebten Menschen verloren hat? Im Ahrtal und in anderen Regionen spielten sich grausame Szenen ab. Lebenspartner, Kinder, Eltern versanken vor den Augen ihrer hilflosen Liebsten im Wasser. Andere kämpften um ihr Überleben. Man muss die dramatischen Beschreibungen an dieser Stelle nicht fortsetzen, um zu verdeutlichen, dass viele Betroffene binnen weniger Stunden traumatisiert wurden wie sonst nur Leidtragende in Kriegsgebieten. Und es ist ein verheerendes Leid, das über diese Menschen hereinbrach. Hohe Entschädigungszahlungen, so es diese überhaupt gab, können dabei helfen, materielle Verluste erträglicher zu machen. Sie ersetzen aber keine immateriellen Verluste und schon gar keine ums Leben gekommenen Menschen.

Verhindern hätte man die Katastrophe an jenem 14. Juli vermutlich nicht (mehr) können; da war es längst zu spät. Womöglich aber hätte man viele Menschen retten und die Schäden minimieren können. Wer ist schuld daran, dass Warnungen nicht adäquat weitergegeben wurden, Politiker, Krisenstäbe und Hilfsorganisationen nicht vorbereitet waren? Die Staatsanwaltschaft und zwei Untersuchungsausschüsse in den Landtagen von Rheinland-Pfalz und Nordrhein-Westfalen nehmen sich solcher Fragen an.

Nicht nur unter Fachleuten entwickelt sich eine Diskussion darüber, ob die Katastrophe tatsächlich ihre tiefere Ursache im Klimawandel hat. Oder ob solche schlimmen Ereignisse schlicht und ergreifend im Laufe der Jahrhunderte immer wieder passieren. Nicht umsonst gibt es seit Langem den Begriff vom »Jahrhunderthochwasser«. Tatsächlich gab es, historisch betrachtet, im Ahrtal einige davon. Die früheste dokumentierte Flut ist einer regionalen Chronik zufolge im Jahr 1348 datiert. Auch 1601, am 21. Juli 1804 und am 13. Juni 1910 kam es dort zu Sturzfluten mit enormen Verwüstungen und zahlreichen Todesopfern. Weshalb man übrigens in den 1920er-Jahren den Plan entwarf, Rückhaltebecken mit immerhin 11,5 Millionen Kubikmeter Volumen zu bauen, um etwaiges Hochwasser darin auffangen zu können. Die Anlagen wurden aber nie gebaut. Das Geld wurde lieber in den Nürburgring gesteckt, die Rennstrecke ganz in der Nähe.

Extrem, aber nicht einmalig

»Das Hochwasser vom Juli 2021 ist als extremes, aber nicht einmaliges Ereignis einzustufen. Ähnliches hat sich bekanntermaßen bereits in vorindustrieller Zeit ereignet«, sagt Thomas Roggenkamp. Gemeinsam mit seinem Kollegen Jürgen Herget rekonstruiert der Bonner Geograf seit Langem Ursprünge und Verläufe von Hochwasser. Die beiden Wissenschaftler analysieren, wie diese entstehen, und vergleichen die Ergebnisse mit den Daten zu früheren Fluten. »In der historischen Einordung zeigt sich, dass es sich bei dem Hochwasser vom Juli 2021 um eine Wiederholung des Hochwassers vom Juli 1804 handelt«, so Roggenkamp in der *Frankfurter Allgemeinen Zeitung.* Beide Male sei ein sommerlicher Starkregen der Auslöser des Hochwassers gewesen. Aber: »Trotz vergleichbarer Abflussgrößen erreichte das Hochwasser vom Juli 2021 höhere Wasserstände als 1804. In Dernau lag der Wasserstand zirka anderthalb Meter oberhalb des Wasserstandes von 1804. Die heute dichtere Bebauung des Hochwasserbetts verkleinert die durchströmte Fläche und ließ die Wasserstände lokal überproportional ansteigen.«

Die Behauptung, das Hochwasser vom Juli 2021 sei eine direkte Folge des menschengemachten Klimawandels, sieht Roggenkamp der *FAZ* zufolge daher kritisch. Es handele sich um eine selten erreichte Abflussgröße, jedoch innerhalb des natürlichen Schwankungsbereichs, so Roggenkamp weiter. »Eine klimabedingte Zunahme der Häufigkeit ist allerdings möglich.«

Was heißt das nun? Gibt es einen Zusammenhang zwischen extremen Wetterphänomenen und dem Klimawandel?

Für den Hydrologen Prof. Dr. Bruno Merz vom Helmholtz-Zentrum besteht daran kein Zweifel. Gewitter und tagelange Starkregen habe es schon häufiger in der Geschichte gegeben. Aber: »Wir erleben eine Intensivierung des Wasserkreislaufs. Die Atmosphäre und Ozeane sind wärmer, es kann mehr verdunsten und es kann auch mehr Wasser in der Atmosphäre gehalten werden. Und damit steht mehr Wasser zur Verfügung für Starkniederschläge.« Es geht also um großräumige Wetterveränderungen, ausgelöst durch den Klimawandel. Um die Frage etwa, wie Tiefdruckgebiete über Europa ziehen und wie lange sie dazu brauchen. Da gebe es Hinweise, so der Professor im Interview mit dem *Deutschlandfunk*, dass »wir mit längeren Extremwetterkonstellationen rechnen müssen, die dann entweder zu Hochwassern oder zu Dürren führen können«. Die Wahrscheinlichkeit, dass es erneut zu schlimmen Ereignissen wie im Ahrtal kommen werde, sei »gestiegen und wird weiter steigen«.

Unter Klimaforschern und Meteorologen gibt es nur mehr eine ziemlich überschaubare Zahl, die aufgrund ihrer wissenschaftlichen Erkenntnisse *nicht* der Überzeugung ist, dass der Klimawandel extreme Wetterlagen und damit Hitzeperioden genauso wie schwere Unwetter verursacht, begünstigt und verstärkt. Eine Erkenntnis, die sich seit den 1980er-Jahren in der Forschung stetig durchgesetzt hat. Es gilt mittlerweile als Binsenweisheit, dass der menschengemachte Klimawandel die Atmosphäre aufheizt. »Im Jahr 2021 stellt sich nicht mehr die Frage, ob der Klimawandel dazu beigetragen hat«, so Dr. Carl-Friedrich Schleussner, Forschungsgruppenleiter am Geographischen

Institut der Berliner Humboldt-Universität in einem Interview mit der *Deutschen Welle*. »Die Frage ist nur noch, wie viel.« Kurz nach der Flutkatastrophe veröffentlicht der DWD eine erste Analyse, die auf ebendiese großen Zusammenhänge eingeht. »Insbesondere während der letzten Jahrzehnte war weltweit und in Deutschland ein Temperaturanstieg zu beobachten, der nur durch den Anstieg der atmosphärischen Treibhausgaskonzentrationen erklärbar ist«, heißt es da. »Es stellt sich daher die Frage, wie sich dieser Klimawandel regional auf die Häufigkeit und Intensität von Starkregenereignissen auswirkt. Analysen der letzten 70 Jahre auf Basis von Tagesdaten zeigen, dass die Intensität und die Häufigkeit von Starkniederschlagstagen (als solche definiert sind Tage, in denen es mehr als 20 Liter pro Quadratmeter regnet, der Verf.) in Deutschland geringfügig zugenommen haben. Die stärksten Änderungssignale zeigen sich für den Winter. Im Sommer gibt es noch kein klares Bild. Dies liegt vermutlich daran, dass hier zwei Effekte gegenläufig sind. Die Anzahl der Tage mit Niederschlag nimmt eher ab, während sich der Niederschlag selbst an den verbliebenen Tagen intensiviert.«

Auf Basis von Klimaprojektionen, so die DWD-Experten weiter, könne »abgeschätzt werden, dass sich diese Tendenz fortsetzt. Die Niederschlagsmengen an Starkniederschlagstagen im Sommer werden wahrscheinlich weiter steigen.« Was damit zu tun habe, dass mit steigenden Temperaturen das Aufnahmevermögen der Luft für Wasserdampf steige. Gleichzeitig verdunste »über wärmeren Meeresoberflächen mehr Wasser, wodurch sich ein Potenzial für diese zusätzliche Feuchtigkeitsaufnahme der Luft ergibt«. Der DWD verweist auch auf verschiedene Studien, die der Frage nachgehen, ob der im Zuge des

Klimawandels zu verzeichnende, stärkere Temperaturanstieg in der Arktis zu verändertem Verhalten der Wetterlagen führen könne.

Dabei liegt die Annahme zugrunde, dass der Klimawandel den Jetstream verlangsamt, jenes um den Nordpol von West nach Ost verlaufende Höhen-Starkwindband, das großen Einfluss auf das Wetter in unseren Breiten hat. Dim Coumou, Wissenschaftler am Potsdam-Institut für Klimafolgenforschung, erklärte das Grundproblem einmal so: »Die Hitze-Extreme nehmen nicht einfach nur deshalb zu, weil wir den Planeten erwärmen, sondern weil der Klimawandel zusätzlich Luftströme stört, die wichtig sind für die Entstehung unseres Wetters. Die verringerten täglichen Schwankungen, die wir beobachten, führen zu länger anhaltenden Wetterlagen. Und diese lassen Extreme entstehen, die sich über Wochen erstrecken.«

Eine Konsequenz scheint zu sein, dass Hoch- und Tiefdruckgebiete jeweils länger verharren. Der DWD schränkt allerdings ein: »Auch hier kommen Bestandsaufnahmen der vorhandenen Studien nicht zu einer eindeutigen Schlussfolgerung. Allgemein sind extreme Einzelereignisse zunächst kein direkter Beleg für den Klimawandel. Nur langjährige Beobachtungen können zeigen, ob die Häufigkeit bestimmter Ereignisse zugenommen hat oder nicht. Gerade bei extremen Ereignissen, die also nur selten vorkommen, ist es besonders wichtig, einen sehr langen Zeitraum zur betrachten. Ob der Klimawandel nun ein bestimmtes Unwetterereignis verstärkt hat, kann nicht ohne Weiteres oder gar pauschal beantwortet werden.«

Was jedoch unstrittig ist und eine wachsende Zahl von Wissenschaftlern weltweit beschäftigt: Die Wahrscheinlichkeit, dass extreme Wetterereignisse wie Dürre und Flut eintreten, ist durch den Klimawandel größer geworden. »Für den Parameter Niederschlag zeigt eine kürzlich veröffentlichte Studie zu täglichen Maxima des Niederschlags auf globaler Ebene, dass die Intensivierung von Starkniederschlägen, zum Beispiel in Mitteleuropa, zumindest teilweise durch den anthropogenen Klimawandel verstärkt wurde«, so der DWD in seiner Expertise vom Juli 2021, unmittelbar nach der Ahrtal-Katastrophe. Und der Würzburger Professor Heiko Paeth kommt zu dem Schluss: »Wenn sie in der bodennahen Atmosphäre mehr Energie haben, weil die Treibhauskonzentrationen gestiegen sind, dann sollte man allein vom Standpunkt der physikalischen Plausibilität davon ausgehen, dass es in Zukunft mehr extreme Ereignisse gibt.«

Auch der Deutsche Wetterdienst rechnet vor diesem komplexen Hintergrund in Zukunft mit mehr Stürmen, mit extremeren Niederschlägen und ebenso starken, wie lange anhaltenden Hitzewellen. Es gibt also einen Zusammenhang zwischen Extremwetter und Erderwärmung.

Und dass es in unseren mitteleuropäischen Breitengraden immer wärmer wird, ist eine wissenschaftliche Tatsache. Seit dem Beginn der kontinuierlichen Wetteraufzeichnungen 1881 ist die durchschnittliche Temperatur bis 2019 in Deutschland um 1,6 Grad Celsius gestiegen (Quelle: DWD). Ein Grad mehr bedeutet, dass die Luft sieben Prozent mehr Wasser aufnehmen kann.

Forscher in den USA gehen einem Bericht des TV-Senders *ARD-alpha* zufolge davon aus, dass sich die Zahl der Tage mit gefährlicher Hitze in unseren Breitengraden, verglichen mit dem Durchschnittswert im Zeitraum 1979 bis 1998, bis 2050 verdoppeln und bis 2100 sogar maximal verzehnfachen könnte.

Und ab wann gilt Hitze als gefährlich? Die Wissenschaftler nennen eine Grenze von 39,4 Grad Celsius, ab der Hitze gefährlich wird. Ab 51,1 Grad Celsius gilt sie als extrem gefährlich.

Das Jahr 2021 übrigens war nicht nur der Flutkatastrophe im deutschen Ahrtal und in angrenzenden Regionen wegen ein Jahr voller Wetterextreme. Hier nur eine kleine Auswahl: Im Juni und Juli starben Hunderte Menschen infolge mehrerer Hitzewellen im Westen des nordamerikanischen Kontinents. Teilweise lag die Durchschnittstemperatur bis zu sechs Grad über dem langjährigen Mittel. Im kanadischen Lytton wurden am 29. Juni 49,6 Grad Celsius gemessen. Tags darauf wütete ein Feuer in dem Gemeindegebiet. Achtung: Lytton liegt in etwa auf dem Breitengrad wie Boppard in Rheinland-Pfalz oder Coburg im nördlichen Bayern. Auch im Südwesten der USA gab es mehrere Hitzewellen in diesem Sommer, der als heißester in die Geschichte des US-Festlandes einging. Im kalifornischen Tal des Todes wurden am 9. Juli 54,4 Grad Celsius gemessen.

Große Hitze brachte 2021 auch dem Mittelmeer. Am 11. August wurde nicht nur auf Sizilien der bereits erwähnte Hitze-Europarekord von 48,8 Grad gemessen, sondern in Kairouan in Tunesien 50,3 Grad. Am 14. August meldete das andalusische Montoro 47,4 Grad; ein neuer Landesrekord für Spanien. Just am selben Tag regnete er mehrere Stunden lang auf dem 3216 Meter über dem Meeresspiegel gelegenen Gipfel des Grönländischen Eisschilds. Zum ersten Mal seit Aufzeichnung der Wetterdaten. Neun Stunden lang wurden dort Temperaturen über dem Gefrierpunkt gemessen.

Apropos Regen: In der chinesischen Provinz Henan schüttete es ab dem 17. Juni vier Tage lang wie nie zuvor. Die fast 13 Millionen

Einwohner zählende Provinzhauptstadt Zhengzhou registrierte mit 201,9 Millimeter Regen pro Stunde einen chinesischen Rekord. Insgesamt regnete es an einem Tag mehr als sonst in einem ganzen Jahr. 302 Menschen verloren durch Sturzfluten ihr Leben.

Alarmierende Erkenntnisse aus dem Weltraum

Nur wenige Monate später ist es ein Themenabend im ARD-Fernsehen, der viele Deutsche aufrüttelt und ihnen den Zusammenhang zwischen Klimawandel und Wasserversorgung vor Augen führt. Spielerisch, gewissermaßen. »Bis zum letzten Tropfen« heißt der Titel des schauspielerisch glänzend besetzten, packenden Spielfilms im Ersten, der am 16. März 2022 ausgestrahlt wird. Sebastian Bezzel spielt darin einen Bürgermeister, der die Wasserrechte in dem kleinen Ort einem großen Konzern zuschiebt, dessen Repräsentant von Ulrich Tukur gespielt wird. Viel Geld ist bei alledem im Spiel, es geht um Arbeitsplätze. Grundwasservorkommen und ihre Ausbeutung, die damit verbundene Trockenheit und was all dies für die Menschen bedeutet – wer hätte früher gedacht, dass sich daraus ein spannender, dramatischer Spielfilm machen lässt und dieser sich obendrein samt anschließender Doku zu einem ganzen Fernsehabend in der ARD auswachsen würde?

Das Drehbuch für den Spielfilm schrieb Daniel Harrich, der auch Regie führte. Von ihm stammt auch der anschließende investigative Dokumentarfilm »Die große Dürre«. Er enthält wesentliche Erkenntnisse, die der US-Forscher Jay Famiglietti, Direktor des Global Institute for Water Security an der Universität im kanadischen Saskatoon, präsentiert. In den USA ist

Professor Famiglietti, Jahrgang 1962, seit vielen Jahren ein angesehener Gesprächspartner vieler wichtiger und renommierter Medien, etwa auch in der investigativen CBS-Nachrichten-Talkshow *60 Minutes*. Famiglietti, ausgebildet unter anderem an der hoch angesehenen Universität von Princeton, wo er auch promoviert wurde, arbeitete bis 2018 an der University of California. Seine Vita und die Liste seiner Publikationen und Vorträge umfassen ausgedruckt knapp 40 eng beschriebene Seiten.

Famigliettis Erkenntnisse, die Harrichs Dokumentarfilm an jenem Märzabend präsentiert, beruhen auf Daten der amerikanisch-deutschen Satellitenmission *Grace*, die wesentlich von der US-Raumfahrtbehörde NASA und dem Deutschen Zentrum für Luft- und Raumfahrt (DLR) getragen wird.

Wasserrückgang in Deutschland

Im Zuge von *Grace* vermessen zwei Satelliten vom Weltraum aus pausenlos, wie sich die Schwerkraft der Erde verändert und was die Veränderungen im Wassergehalt einzelner Regionen damit zu tun haben. Die Satelliten scannen dabei ohne Unterlass die Erdoberfläche und liefern Daten über in Quadrate eingeteilte Regionen mit etwa 150 Kilometern Seitenlänge.

Bezogen auf Deutschland sind die Aussagen Famigliettis alarmierend. Demnach hat das ehedem wasserreiche Land seit der Jahrtausendwende etwa 2,5 Gigatonnen (2,5 Millionen Kubikkilometer) Wasser verloren – das trockene 2022 noch nicht mit eingerechnet. Das entspricht der Wassermenge des Bodensees. Besonders betroffen sind Regionen im nördlichen Bayern, im Raum Lüneburg südlich von Hamburg und in Teilen Baden-Württembergs.

»Die Auswertung der Daten zeigt uns den negativen Trend«, sagt Famiglietti. »Der Wasserrückgang in Deutschland beträgt etwa 2,5 Gigatonnen im Jahr. Damit gehört es zu den Regionen mit dem höchsten Wasserverlust weltweit.« Das sei auch für ihn »eine schockierende Erfahrung gewesen«, so der Wissenschaftler. »Um die Wassersicherheit in Deutschland und weltweit zu verbessern, sind ein starkes Engagement der Industrie und ein neues Maß an Verantwortung der Unternehmen unerlässlich.«

»Es sind Informationen, die bei uns noch nicht veröffentlicht sind, die aber eigentlich allesamt dieses Bild leider stützen: dass wir letztendlich ein systemisches Defizit haben. Und das Unangenehme dabei ist: Das geht lange, lange Zeit gut. Und wenn es dann aber so quasi merkbar wird, ist es bei Weitem zu spät«, kommentiert Wasserexperte Prof. Martin Grambow aus dem Bayerischen Umweltministerium und zugleich Mitglied der Bund/Länder-Arbeitsgemeinschaft Wasser die Daten. Ebenfalls in der Doku, konfrontiert mit den Erkenntnissen aus der *Grace*-Mission, sagt der Bayerische Umweltminister Thorsten Glauber: Jede Landesregierung müsse »das Thema Wasser als das herausfordernde Thema mit auf der Agenda haben. Wenn ich mir die ersten fünf Themen ansehe, muss das Wasser unter den ersten fünf Themen stehen.«

Professor Famiglietti übrigens will es bei der reinen Beschreibung des Zustandes nicht belassen. Dass der Klimawandel für alles verantwortlich sei, müsse man nicht mehr diskutieren, sagt er, das sei Fakt. »Was wir aber ändern können, ist, wie wir unseren Umgang mit Wasser weltweit langfristig managen.«

Für Deutschland drängt speziell das Umweltbundesamt die Verantwortlichen diesbezüglich seit Jahren und unterfüttert sein Bemühen regelmäßig mit Daten. »Während der Trockenjahre

2018 bis 2020 und 2022 ist der Grundwasserstand in vielen Regionen Deutschlands deutlich gesunken«, schreibt die Behörde in einer im November 2022 veröffentlichten Analyse. Die Experten sagen voraus: »Der Druck auf die Ressource Grundwasser wird in Zukunft weiter steigen, insbesondere, wenn die landwirtschaftliche Bewässerung zunimmt und wasserintensive industrielle Nutzungen hinzukommen.«

In der Vergangenheit habe Grundwasser im Vergleich zu oberirdischen Gewässern als gut geschützt vor vom Menschen verursachten Verunreinigungen gegolten. »Doch Reinigungs- und Rückhaltevermögen der überlagernden Bodenschichten wurden überschätzt. Die systematische Überwachung der Grundwasserbeschaffenheit durch die Bundesländer hat gezeigt, dass der gute Zustand unseres Grundwassers vielerorts gefährdet ist«, so das Umweltbundesamt. »Es sind vor allem die diffusen Einträge von Stickstoff und Pestiziden aus der Landwirtschaft, die das Grundwasser belasten. Weitere Ursachen für Verunreinigungen sind diffuse Einträge aus Industrie und Verkehr sowie aus punktuellen Quellen oder linienförmige Belastungen wie zum Beispiel Altstandorte, Altablagerungen, Unfälle mit wassergefährdenden Stoffen oder undichte Abwasserkanäle.« Über die Folgen vor allem landwirtschaftlicher, aber auch anderer Einträge wird in diesem Buch in anderen Zusammenhängen noch mehr zu lesen sein.

Das Umweltbundesamt leitet aus diesen Umständen eine grundsätzliche Aussage ab. »Der Klimawandel ist die zentrale Herausforderung für die Wasserwirtschaft heute und in Zukunft. Wasserverfügbarkeit für alle und jeden Zweck ist keine Selbstverständlichkeit mehr. Auch der Grundwasserstand unterliegt Schwankungen – je nach geologischen Verhältnissen,

Nutzungsintensität und klimatischer Situation. Eine Sanierung des Grundwassers ist, wenn überhaupt, nur mit großem finanziellen und technischen Aufwand und in langen Zeiträumen möglich. Die konsequente Anwendung des Vorsorgeprinzips ist deshalb von ganz besonderer Bedeutung. Dazu gehört auch eine systematische, regelmäßige Überwachung des Grundwassers, für die in Deutschland die Länder zuständig sind. Dadurch lassen sich Gefährdungen des Grundwassers frühzeitig erkennen, und geeignete Maßnahmen können rechtzeitig ergriffen werden. Aufgrund seiner herausragenden Bedeutung für die Trinkwasserversorgung und wichtigen ökologischen Funktionen ist ein flächendeckender Grundwasserschutz, wie im Wasserhaushaltsgesetz verankert, erforderlich.«

Solche wissenschaftlichen Expertisen, der Spielfilm, die Doku, die vielen Medienberichte, vor allem aber die anschließende, nicht einmal ein Jahr nach der Flutkatastrophe im Ahrtal einsetzende Hitze- und Dürreperiode setzen in den Köpfen von immer mehr Menschen etwas in Bewegung. »2022 markiert tatsächlich eine Zeitenwende, auch im Bewusstsein der Bürgerinnen und Bürger«, sagt Prof. Dr. Renate Köcher vom Institut für Demoskopie Allensbach bei einer Veranstaltung im Herbst des Jahres in Bonn. Dort wartet sie mit überraschenden Zahlen auf. Demnach habe eine Studie ihres Hauses mit dem etwas sperrigen Titel »Qualität und Sicherheit der Trinkwasserversorgung aus Bürgersicht« ergeben, dass in der Bevölkerung große Wissensdefizite vorlägen. Knapp die Hälfte der Deutschen wisse nicht, dass Wasser ein Allgemeingut sei und nicht von irgendwem besessen werden kann. Und das immer knapper wird.

Zu Jahresbeginn 2022 habe sich nur jeder vierte in Deutschland vorstellen können, dass es binnen der kommenden 20 Jahre zu Wasser-Versorgungsengpässen hierzulande kommen könnte, so die Allensbach-Chefin. Nach der Hitze im Frühjahr und Sommer und den daraus resultierenden Folgen vielerorts sei dieser Anteil auf 41 Prozent gestiegen. Dennoch würden viele die Herausforderungen unterschätzen, warnt die Demoskopin. 46 Prozent der Bevölkerung hätten keinerlei Zweifel an einer funktionierenden Trinkwasserversorgung. Wobei allerdings mehr als die Hälfte der Menschen hierzulande der Ansicht sei, nicht genug über das Thema zu wissen, nicht gut genug informiert zu sein.

Im Zuge des noch unter der schwarz-roten Bundesregierung von Kanzlerin Angela Merkel angeschobenen »Nationalen Wasserdialogs« werden weitere aufschlussreiche Zahlen bekannt. 46 Prozent der Befragten hierzulande halten demnach die Wasserqualität in Gewässern für ein ernstes bis sehr ernstes Problem. Fast zwei Drittel der Menschen fühlen sich durch die Veränderung der Ökosysteme und knapp 60 Prozent der Bevölkerung durch die Klimakrise bedroht.

»Die Konfrontation mit Versorgungsrisiken prägt zunehmend die Sorgen und die Agenda der Bevölkerung«, so Renate Köcher. Das strahle auf alle Ressourcen aus, auch auf Wasser, und verändere die Einschätzung der Wasserversorgung. »Wasser war für die Mehrheit über viele Jahre hinweg und noch zu Beginn dieses Jahres kein Thema«, sagt Köcher. Die Trinkwasserqualität stand für die meisten Menschen außer Frage, ebenso die Versorgungssicherheit. »Darüber muss man sich keine Gedanken machen«, so die vorherrschende Meinung. 95 Prozent der von Allensbach repräsentativ Befragten beurteilten die Trinkwasserqualität in Deutschland mit »sehr gut« oder »gut«, bezogen auf die eigene Region lag der Wert in etwa auf demselben

Niveau. Nur 33 Prozent äußern schon zum Jahresbeginn 2022 die Meinung, die Trinkwasserversorgung in Deutschland sei keineswegs so selbstverständlich, dass man sich keine Sorgen machen müsse.

Doch die Hitze des Sommers ließ diese Zuversicht regelrecht erodieren. Im September zweifelten bereits 39 Prozent der Befragten, während nur mehr die Hälfte der Menschen hierzulande die Wasserversorgung noch als etwas bezeichnete, worüber man sich keine Gedanken machen müsse. Und um eine Einschätzung gebeten, wie es wohl in 15 Jahren aussehe, antworteten 46 Prozent, die Versorgung sei auch dann gesichert, während 41 Prozent das bezweifelten. Je weiter die Allensbacher Demoskopen die Befragten in die Zukunft blicken ließen, desto schlechter wurde deren Zuversicht, desto größer vielmehr ihre Skepsis.

Wasser vor Gericht

Die wachsenden Sorgen vieler Menschen gehen einher mit immer mehr Konflikten um Wasser in Deutschland. Investigativjournalisten der gemeinnützigen Rechercheplattform *Correctiv*, die sich seit 2022 mit großer Akribie dem Umgang mit Wasser hierzulande annimmt, durchforsteten die juristische Datenbank *Juris*, um herauszufinden, ob und wie oft das Thema Justizbehörden beschäftigt. *Juris* sammelt die Urteile deutscher Gerichte, soweit diese zur Verfügung gestellt werden. *Correctiv* stieß auf rund 350 Verfahren, in denen um Wasser gekämpft wurde.

Aussagekräftig war allein schon die statistische Auswertung des Materials. »In den vergangenen zehn Jahren haben die gerichtlichen Konflikte um Wasser im Vergleich zu den zehn Jahren davor in elf von 16 Bundesländern zugenommen, zum Teil drastisch«, so *Correctiv.* »In Bayern etwa haben sich die Verfahren in den vergangenen zehn Jahren sogar fast verdoppelt. Wurden zwischen 2002 und 2011 nur 17 Verfahren an den dortigen Verwaltungsgerichten verhandelt, waren es zwischen 2012 und 2021 schon 33. Auch in Baden-Württemberg kam es in dieser Zeitspanne zu einer Verdopplung, von sechs auf 13 Verfahren.« Doch abgesehen von den schieren Zahlen ist bemerkenswert, dass sich nicht nur die klassischen Frontlinien aufmachen lassen, von wegen Naturschützer gegen Politik oder Behörden, oder Landwirte gegen Umweltaktivisten. Gestritten wird quer durch die Gesellschaft. Mal waren es Kommunen, die im Kampf um Wasser gegen Unternehmen zu Felde zogen, mal Bauern, die um die Bewässerung ihrer Felder stritten, mal Umweltverbände, die sich juristisch an Behörden rieben, die aus der Sicht der Naturschützer der Wirtschaft zu viel Wasser zubilligen.

Gestritten wird in der Regel über die Frage, wer wie viel Wasser aus dem Boden pumpen darf. »Unsere Analyse von Prozessen in Hessen, Niedersachsen und Sachsen-Anhalt von 2000 bis 2021 zeigt: In allen drei Bundesländern richten sich die Klagen durchweg gegen Behörden, diejenigen also, die an die Industrie, Landwirtschaft und Wasserverbände sogenannte Entnahmerechte vergeben«, lautet ein Fazit der *Correctiv*-Recherche.

Auch darüber, wie viel Geld Wasser kosten darf, wird immer häufiger gerichtlich gestritten. »Unsere Recherche zeigt, dass Unternehmen immer wieder versuchen, die Preise für Wasser zu drücken. So etwa in Nordrhein-Westfalen, wo 2013 zwei

Unternehmen der Zement- und Kalkindustrie gerichtlich die vom Land festgesetzten Kosten für die Entnahme von Wasser angriffen«, so *Correctiv*. Dabei stellte sich auch heraus, dass die größten Wasserschlucker nicht selten viele Jahre und Jahrzehnte über Rechte verfügen, die ihnen erlauben, bestimmte Garantiemengen aus Grundwasser, Seen oder Flüssen zu entnehmen.

Um einen Blick in die Zukunft zu werfen, erweist sich die Reise zurück nach Unterfranken als aufschlussreich. Denn Vorgänge dort vermitteln einen Eindruck, wie in Zukunft gerangelt werden könnte um die Ressource Wasser. Vorausgesetzt, man tut nichts und lässt alles laufen wie bisher.

Bergtheim in Unterfranken, wenige Kilometer nördlich von Würzburg, 2500 Einwohner, mit eingemeindeten Dörfern sind es knapp 4000. Eine kleine Landgemeinde also, umgeben von an sich fruchtbaren Feldern, auf denen vieles gedeiht: Kohl und Kraut – und natürlich in den Weinbergen der berühmte Frankenwein.

Friedlich allerdings geht es in dieser ländlichen Idylle schon länger nicht mehr zu. Seit Jahren eskaliert hier der Konflikt um Wasser und die Frage, wer wie viel davon verbrauchen darf. Viele Bürgerinnen und Bürger sind empört. Sie sollen Wasser sparen, gleichzeitig entnehmen Gemüsebauern jährlich zig Millionen Liter. Das reicht ihnen aber nicht, sie wollen mehr. Es entfalten sich diverse Zielkonflikte, die Fronten sind für Außenstehende bisweilen etwas unübersichtlich. Biobauern mit konventionellen Anbauern gegen Bürger, alle gegen die Behörden … Die wirken bisweilen hilflos, überfordert und interessengesteuert. Doch der Reihe nach.

Die Bergtheimer Mulde ist eine der trockensten Regionen

Deutschlands. Manche vergleichen das etwa 130 Quadratkilometer große Gebiet während der trockenen Jahreszeit mit Dürreregionen Südeuropas oder gar Afrikas und nennen den Landstrich »die Steppe Bayerns«. Ernsthaft. Trotzdem bauen hier auf etwa 1000 Hektar Landwirte neben den üblichen Feldfrüchten auch Sonderkulturen wie Gemüse und Beeren an. Die Böden dafür sind ideal, sagen Experten, immer vorausgesetzt natürlich, sie erhalten genug Wasser. Und genau das ist das Problem.

Seit Jahren sinken die Grundwasserspiegel, mancherorts sacken sie sogar regelrecht weg. Die wenigen Flüsse und Teiche trocknen aus oder führen zumindest immer weniger Wasser. Der bereits mehrfach erwähnte Klimaforscher Prof. Heiko Paeth rechnet vor: Seit Beginn der Industrialisierung Ende des 19. Jahrhunderts sei die globale Durchschnittstemperatur um 0,95 Grad gestiegen. Im Raum Würzburg jedoch fast doppelt so stark, um 1,7 Grad. Gleichzeitig regne es in der Bergtheimer Mulde nur ein Bruchteil so viel wie andernorts, 450 Liter pro Jahr.

Um den Landwirten bei der Produktion zu helfen, erlaubten ihnen die Behörden bislang Grundwasserentnahmen zur Bewässerung ihrer Felder. Die entsprechenden Entnahmerechte wurden immer wieder verlängert, teilweise auf viele Jahre, um den Betrieben Investitionssicherheit zu verschaffen. Seit 2021 dürfen insgesamt 66 Gemüseanbaubetriebe in der Bergtheimer Mulde insgesamt 550 000 Kubikmeter Grundwasser im Jahr fördern. Bei kleineren Bauern sind das so etwa 5000, bei größeren mehr als 20 000 Kubikmeter pro Jahr. Gratis, wohlgemerkt, Bayern erhebt keinen sogenannten Wassercent, kein Wasserentnahmeentgelt. Mit anderen Worten: Einige wenige Unternehmen dürfen Profit erzielen, indem sie einen Rohstoff, der allen gehört, kostenlos zur Produktion verwenden. Marktwirtschaft? Fair?

Auch hier gilt: Jahrzehntelang hat sich kaum jemand wirklich ernsthaft dafür interessiert, geschweige denn, sich irgendwelche Sorgen gemacht. Inzwischen aber sind alle besorgt, und der Chef des zuständigen Wasserwirtschaftsamtes Aschaffenburg spricht diplomatisch von einer »schwierigen Gemengelage vor Ort«. Je heißer es wird, desto mehr Wasser brauchen alle, natürlich auch die Landwirte, die ihre Ernten retten wollen. Wobei es sich keineswegs um Agrarfabriken handelt, die immer weiter wachsen wollen, um jeden Preis. Große, exportorientierte Betriebe gibt es hier zwar auch, der *Main-Post* zufolge sogar solche, die Pfingstrosen anbauen und nach Abu Dhabi oder Saudi-Arabien verkaufen. Meist handelt es sich aber um kleinere Landwirte, Biobauern und solche, die regionale Kreisläufe bedienen und ihr Gemüse in eigenen Hofläden und auf Märkten im Umland verkaufen.

Seit 2016 herrscht ein Moratorium, ein Entnahmestopp über die bereits zugesagten Mengen hinaus. Neue Brunnen werden nicht mehr genehmigt. Parallel machten sich Kommunalpolitik und Landwirtschaft auf die Suche nach Alternativen. Viele Landwirte sind froh, sich schon vor Jahren bei den Behörden langfristige Entnahmerechte und -kontingente gesichert zu haben. Doch irgendwann läuft jede Genehmigung aus. Die Vergrößerung der Anbauflächen, unternehmerisches Wachstum also, ist für die Betriebe in der Bergtheimer Mulde unter diesen Umständen kaum vorstellbar. Viele behelfen sich längst, indem sie Niederschläge in Zisternen auffangen. 2020 gründeten betroffene Bauern den Bewässerungsverein Bergtheimer Mulde mit dem Ziel, eine Machbarkeitsstudie für alternative Bewässerungen erstellen zu lassen.

Zentrale Überlegung: In regenstarken Monaten soll Mainwasser abgeschöpft und in Zwischenspeichern gesammelt werden. Um damit in Hitzeperioden die Feldfrüchte zu bewässern. Insgesamt ist von 1,4 Millionen Kubikmetern Mainwasser die Rede, das auf den Feldern in der Bergtheimer Mulde landen soll. Das wäre also fast das Dreifache der momentan erlaubten Grundwasserentnahme von 550 000 Kubikmetern. Viele Kommunen vor Ort finden die Idee gut. Sogar die Kühltürme des Kernkraftwerkes Grafenrheinfeld, das im Zuge des Atomausstiegs abgerissen werden soll, wurden von einem Kommunalpolitiker bereits als mögliche Lagertanks ins Gespräch gebracht.

Doch ob mit oder ohne diese Türme – das Mainprojekt ist technisch sehr aufwendig, kilometerlange Wasserpipelines müssten vom Fluss in die Bergtheimer Mulde gezogen werden. Hinzu kommt, dass Naturschützer nicht zu Unrecht davor warnen, dass der Main sein Wasser brauche und im Sommer häufig zu wenig davon habe. Bereits ohne das Projekt werden dem Main netto jährlich vier Millionen Kubikmeter Wasser entnommen. Die Hälfte davon von der Industrie, hauptsächlich zu Kühlzwecken. Die andere Hälfte verteilt sich nach Angaben der Regierung von Unterfranken auf etwa 230 Nutzer, hauptsächlich Winzer, Gemüsebauern und Gemeinden.

Die Meinungen sind also geteilt. Im September 2022 reist Bayerns Umweltminister Glauber in die Region und überbringt die Zusage, dass der Freistaat Bayern etwa drei Viertel der Kosten für eine Machbarkeitsstudie übernehme, insgesamt 153 000 Euro. Weitere 15 Prozent teilen sich fünf Gemeinden, den Rest wollen insgesamt 16 Landwirte übernehmen. Sowohl Minister Glauber als auch Landrat Eberth geht es darum, die Fronten wieder abzubauen, die auch innerhalb der Bevölkerung und unter den Interessengruppen entstanden sind. Man müsse »Nahrungsmittelproduktion, Unterstützung der bäuerlichen Landwirtschaft, Klimawandel und Artenschutz sowie den Erhalt der Kulturlandschaft in Einklang bringen«, so der Landrat. Minister Glauber wird bei seinem Besuch vor Ort grundsätzlich. »Vor Jahren hätte niemand gedacht, dass Wasser einmal so kostbar wird. Doch wir dürfen die einen nicht gegen die anderen ausspielen«, sagt er, und seine Worte gehen im tosenden Applaus der Landwirte fast unter. Glauber sagt weiter: »Wir müssen sowohl die Trinkwasserversorgung als auch die Bewässerung von Lebensmitteln sicherstellen und gemeinsam eine Lösung finden.«

Die Wasseruhr, die rückwärtsläuft

Einfach wird das allerdings nicht, denn im Zuge der Wasserknappheit ist Misstrauen zwischen den unterschiedlichen gesellschaftlichen Gruppen entstanden. Das kommt nicht von ungefähr, wie sich im Sommer 2022 zeigt. Da spielt die Würzburger Umweltgruppe »Wasser am Limit« der *Main-Post* Videos und Fotos zu, die einen bizarren Vorgang dokumentieren: eine rückwärtslaufende Wasseruhr. Sie befindet sich am Brunnen eines Landwirts in der Bergtheimer Mulde. An einem Freitag zeigt sie 1800 Kubikmeter an, also 1,8 Millionen Liter mehr Wasserverbrauch als am darauffolgenden Montag. Diese Menge entspräche etwa dem Viertagesverbrauch eines Ortes mit 3000 Einwohnern. Manipulation?

Später ergibt eine Behördenkontrolle, dass insgesamt sogar

an die 2000 Kubikmeter Differenz zu verzeichnen sind. Der Landwirt spricht von einem »Versehen«, irgendetwas mit einem Regler, der angeblich falsch eingestellt gewesen sei, sodass Wasser statt aus dem Brunnen hinaus- in selbigen zurücklief. Das Landratsamt als Genehmigungsbehörde von Wasserentnahmen glaubt die Story. Außerdem habe der Landwirt doch den »technischen Fehler« umgehend behoben und die Pumpanlage mit der seltsam verdrehten Wasseruhr abgebaut. Einher damit bringt er vorsorglich an seinen anderen Brunnen Kästchen an mit einem Schloss. Aus Furcht vor Manipulationen und Vandalismus, sagt er. Kritische Bürger sind erbost. Der Landwirt komme einfach so davon, ohne Sanktion, monieren sie. Und die Absperraktion sei nichts anderes als der Versuch, Überprüfungen seines Treibens unmöglich zu machen.

Was aber noch weitreichender ist: Das Wasserwirtschaftsamt muss einräumen, dass es – obwohl als Fachbehörde dafür zuständig – ohnehin nur stichprobenhaft Brunnen kontrollieren könne, mangels ausreichend Personal auf der einen und bis zu 400 Brunnen auf der anderen Seite. Von ebenfalls zu kontrollierenden Flüssen wie dem Main, aber auch kleinen Bächen und Quellen gar nicht erst zu reden. In der Bergtheimer Mulde gibt es Gemüsebauern, die erzählen, sie seien in 25 Jahren noch nie kontrolliert worden. Was womöglich auch erklärt, weshalb die vorgeschriebenen Wasseruhren in vielen Fällen vorhanden, jedoch unverplombt sind. Manipulationen sind also Tür und Tor geöffnet.

Landrat Eberth glaubt dennoch ans Gute im Menschen. Die in der Angelegenheit hartnäckige *Main-Post* zitiert ihn mit dem Satz: »Wir gehen prinzipiell davon aus, dass Landwirte wie alle Bürger korrekt handeln.« Echt jetzt? Man muss auch wissen:

»Wasser am Limit« hat den Landrat nach eigenen Angaben Monate bevor das Kuriosum der »rückwärtslaufenden Wasseruhr« bekannt wird, informiert. Nachdem Wasserwirtschaftsamt und Landratsamt verkünden, den Ball flach halten zu wollen, und eine strafrechtliche Verfolgung als unnötig erachten, nimmt schließlich die Würzburger Staatsanwaltschaft strafrechtliche Ermittlungen auf. Dazu bedarf es allerdings einer anonymen Anzeige, die konkrete Anhaltspunkte für eine mögliche Straftat enthalte, wie es heißt. Daneben beschäftigt der Fall auch den Bayerischen Landtag; unterfränkische Grünen-Abgeordnete bringen dort eine Anfrage ein. Die Antworten des Umweltministeriums halten sich über die Sachverhaltsschilderung hinaus bezüglich ihres Aufklärungswertes in Grenzen.

Viele nicht nur in der Bergtheimer Mulde glauben, dass der Fall kein Einzelfall ist. Letztlich weiß niemand zuverlässig, wo von wem wie viel Wasser aus dem Boden geholt wird, über Quellen auf Privatgrundstücken oder private Trinkwasserbrunnen. Nicht nur Politik und Gesellschaft, auch die Behörden sind schlecht auf das Zukunftsthema Wasserversorgung vorbereitet. Es fehlt nicht an notwendiger fachlicher und technischer Kompetenz, sehr häufig aber am Personal und an Beständen relevanter Daten, die dann aber auch laufend aktualisiert werden müssten. So ist es keine Überraschung, dass vielfach Bürgerinnen und Bürger Misstrauen entwickeln und selbst zur Tat schreiten. Sie kontrollieren und fotografieren Felder, fragen nach, lesen sich Kompetenzen an, gehen Behörden auf die Nerven, gründen Initiativen. Vor wenigen Jahren noch undenkbar; Wasser war einfach da, eine Selbstverständlichkeit. Bei den Konflikten um Mineralwasserentnahmen, von denen in diesem Buch noch ausführlich die Rede sein wird, zeigt sich diese aus Sorge geborene, wachsende Anteilnahme von Menschen am Thema Wasser einerseits, andererseits aber auch die Schwachstellen von Behörden.

Bei den Debatten in der Bergtheimer Mulde offenbart sich zudem ein Dilemma, das eine Kommentatorin der *Main-Post* treffend auf den Punkt bringt: »Zahlreiche Gemeinden können sich selbst nicht mehr mit Trinkwasser versorgen, weil ihre Quellen versiegt sind. Bäche und Teiche trocknen im Sommer aus. Das Wasserwirtschaftsamt erlaubt trotzdem weiter, dass Hunderte Millionen Liter Wasser im Jahr aus dem Boden gepumpt werden.« Ganz einfach, weil es immer schon so war. Die Rahmenbedingungen verändern sich also rasant, aber die Schlüsse daraus werden erst nach und nach gezogen. Bergtheim hat sich 2019 für einen Anschluss an das Fernwassernetz entschieden.

Bleiben wir noch kurz in Bayern, aus zwei Gründen. Erstens, weil der Freistaat in Bezug auf seine Wasserressourcen extrem gespalten ist, in einen sehr trockenen Norden und einen außergewöhnlich nassen Süden. Zweitens, weil Bayern trotz der enormen Wasservorräte im Süden auf Probleme zusteuert. Das hat sehr viel mit den Alpen zu tun, zu denen wir thematisch gleich weiterreisen werden, da sie von elementarer Bedeutung für die Wasserversorgung weiter Teile Zentraleuropas sind.

Doch lohnt zunächst ein Blick auf den Freistaat insgesamt. Denn auch dort gilt: Die Trockenjahre häufen sich. Nach Angaben von Christian Wanger, stellvertretender Leiter der Abteilung Wasserwirtschaft im bayerischen Umweltministerium, stieg die jährliche Durchschnittstemperatur im Freistaat verglichen mit 1951 um 1,9 Grad. Gleichzeitig nehmen die Niederschläge ab. 2003 um 30 Prozent, 2015 um 23 Prozent, 2018 um 20 Prozent. Wobei das Nord-Süd-Gefälle sichtbar wird. In Franken und der Oberpfalz fielen im Jahresmittel von 1971 bis 2000 etwa

650 Liter Regen pro Quadratmeter, in den Bayerischen Alpen waren es 2000.

Die jährliche Durchschnittstemperatur in Bayern lag zwischen 1971 und 2000 bei 7,9 Grad Celsius. Experten gehen Zahlen aus dem Umweltministerium zufolge davon aus, dass es bis zum Ende des Jahrhunderts um 3,8 bis 4,8 Grad wärmer wird im Freistaat, falls alles so weitergeht und es nicht zu durchgreifenden Klimaschutzmaßnahmen kommt, welche die Erderwärmung abschwächen. Mit wirksamem Klimaschutz könnte die Erwärmung auf ein Plus von 1,1 bis maximal 1,6 Grad begrenzt werden, so Experte Wanger.

Diese Entwicklung hat auch Folgen für das Grundwasser. Seit 20 Jahren wird es immer knapper. Verglichen mit dem Zeitraum 1971 bis 2000 bildete sich in den Jahren 2011 bis 2020 teilweise nur noch halb so viel Grundwasser neu. Auf ganz Bayern bezogen liegt der Grundwasserrückgang bei 19 Prozent. Die Vorräte sind also binnen weniger Jahre um knapp ein Fünftel geschrumpft. Von 346 amtlichen Messstellen im Freistaat wiesen Zahlen aus dem Bayerischen Staatsministerium für Umwelt und Verbraucherschutz 2021 knapp 80 zum Teil drastisch niedrigere Grundwasserpegel auf.

Lediglich den Rückgang von Grundwasserständen als Maßstab anzulegen, wäre jedoch viel zu kurz gedacht. Es geht nicht nur darum, dass diese Wasservorräte *immer weniger* werden – sie werden auch tendenziell *immer schlechter*. Und das nicht erst seit dem Klimawandel, sondern bereits seit Jahrzehnten. Ein Brunnen nach dem anderen wurde seither vom öffentlichen Netz genommen, eine Quelle nach der anderen fiel zumindest als Trinkwasserspenderin aus. Schuld daran waren und sind bis heute zu hohe Schadstoffeinträge aus der Landwirtschaft.

Gift im Boden

Auch wenn Landwirte dies gern abstreiten und der Bauernverband und andere konventionelle Landwirtschaftslobbyisten latent bemüht sind, das Problem kleinzureden – natürlich gibt es einen Zusammenhang zwischen der Verunreinigung oberflächennaher Grundwasserströme, daraus resultierenden Problemen für die Trinkwasserversorgung und der konventionellen Landwirtschaft. Vor allem wegen eines zu hohen Nitratgehalts. Ab 50 Milligramm Nitrat pro Liter gilt Grundwasser ohne Aufbereitung ungeeignet als Trinkwasser. Im Jahr 2020 wiesen nach Daten des Statistischen Bundesamtes in Wiesbaden 16 Prozent aller Messstellen in Deutschland höhere Werte als 50 Milligramm je Liter auf. Dieser Wert ist über die Jahre betrachtet weitgehend stabil, was nach Angaben von Fachleuten vor allem daran liegt, dass sich der Nitratwert aufgrund hydrologischer Gegebenheiten nur langsam reduzieren kann. Das gilt auch dann, wenn von oben, oberirdisch also, keine neuen Nitrateinträge hinzukommen.

Was die künftige Versorgung mit der Ressource Wasser angeht, habe Deutschland aktuell »eher ein qualitatives als ein quantitatives Grundwasserproblem«, sagt Experte Jörg Rechenberg, Leiter des Grundwasser-Fachgebiets beim Umweltbundesamt. Er verweist auf »anhaltend große Probleme bei oberflächennahen Grundwasserschichten«. Anfang Dezember 2022 veröffentlicht das Deutsche Institut für Wirtschaftsforschung (DIW) mit Sitz in Berlin dazu eine Studie. »Hauptverursacher der Nitratbelastung des Grundwassers ist die Landwirtschaft und die Überdüngung mit Stickstoff. Dieser wird im Boden durch biochemische Prozesse in Nitrat umgewandelt, das das Grund- und Oberflächenwasser verunreinigt«, erläuterte DIW-Ökonomin Greta Sundermann.

Wird zu viel gedüngt, sammeln sich Rückstände von Nitrat nicht nur im Grundwasser, sondern landen auch in Seen, Bächen, Flüssen und im Meer. Ähnlich übrigens ist es mit Pestiziden. Im Vinschgau in Südtirol, wo Apfelbauern ihre Felder einer gemeinsamen Recherche von *Süddeutscher Zeitung* und *Bayerischem Rundfunk* zufolge während der siebenmonatigen Aufzuchtsaison bis zu 38-mal mit Pflanzenschutzmitteln behandeln, wurden Rückstände dieser Chemikalien nach Angaben von Naturschützern sogar in einem Bergsee samt dort lebenden Fischen auf 1800 Höhenmetern festgestellt. Denn der Wind treibt die Pestizid-Aerosole die Hänge hinauf.

Die empirischen Untersuchungen des DIW Berlin ergaben, dass die Verunreinigung des Grundwassers hierzulande die Kosten der Wasserversorgung in die Höhe treibt. Es ist auch logisch: Schöpfen Trinkwasserversorger aus oberflächennahen, nitratbelasteten Schichten, müssen sie das so gewonnene Wasser mit unbelastetem Rohwasser vermischen. Das stammt nicht selten aus weit tiefer im Boden gelegenen Vorräten, die zu erschließen technisch aufwendiger und damit teurer ist. Nicht selten kommen auch aufwendige (und ebenfalls kostenintensive) Reinigungsverfahren zum Einsatz, um das Wasser vom Nitrat zu reinigen. Die Folge von alledem: Der Preis für Trinkwasser steigt.

»Die Nitratverschmutzung des Wassers führt zu hohen sozialen und ökologischen Kosten«, sagt Claudia Kemfert, Leiterin der DIW-Abteilung Energie, Verkehr, Umwelt. Sie fordert darum:

»Das Problem der Wasserknappheit und Wasserverschmutzung muss auch auf der politischen Agenda weiter nach oben rücken.« Dazu gehöre es, verschärfte Vorgaben zur landwirtschaftlichen Düngung zu machen. Ein Dauerthema in Deutschland, über das seit vielen Jahren auf allen politischen Ebenen bis hin zur EU diskutiert wird. Seit 2012 drängt die EU-Kommission Deutschland zu schärferen Vorgaben gegen den Nitrateintrag der Landwirtschaft. Weil das offenbar wenig Eindruck auf die Bundesregierung macht, verklagte die Kommission Deutschland 2016 vor dem Gerichtshof der Europäischen Union (EuGH) wegen unzureichender Umsetzung der Nitratrichtlinie, die Teil eines umfassenden rechtlichen EU-Rahmenwerkes zum Schutz der Umwelt ist.

Am 21. Juni 2018 gab der EuGH der Klägerin recht. Die Bundesrepublik tue zu wenig gegen das Nitratproblem und verstoße damit gegen EU-Recht. Die Richter folgten sämtlichen Vorwürfen der Europäischen Kommission, was für Deutschland geradezu peinlich gerät. Die Kommission hatte kurz vor dem Urteil einmal mehr auf die aus ihrer Sicht extreme Nitratbelastung des deutschen Grundwassers hingewiesen. Zwischen 2012 und 2015 sei der geltende Grenzwert von 50 Milligramm Nitrat pro einem Liter Wasser an 28 Prozent der Messstellen überschritten worden. Innerhalb der EU wies nur Malta einen schlechteren Wert auf, nämlich 71 Prozent.

Kritiker vom Bundesverband der Energie- und Wasserwirtschaft (BDEW) bis zu Greenpeace waren sich einig: Die Bundesrepublik tut zu wenig im Kampf gegen Nitrat und für den Schutz des Trinkwassers. Der BDEW legte eine Studie vor, die Forscher der Universität Kiel in seinem Auftrag erstellt hatten. Sie hatten eine Novelle der Düngemittelverordnung überprüft, mit der die

Bundesregierung versucht hatte, durch neue, scheinbar strengere Düngeregeln dem Konflikt mit der EU die Schärfe zu nehmen und mindestens guten Willen zu zeigen, die europäischen Vorgaben einzuhalten. Den Kieler Forschern zufolge ermöglichten die damals neuen Regelungen aber bizarrerweise sogar, dass bei gleichen Ertragswerten teilweise mehr Dünger auf den Feldern ausgebracht wird als zuvor. Der zwischenzeitlich verstorbene Greenpeace-Landwirtschaftsexperte Dirk Zimmermann warf Deutschlands Agrarpolitikern damals vor, sie würden den Schutz unseres Trinkwassers der Massentierhaltung opfern. Dabei hatte das Bundeslandwirtschaftsministerium angekündigt, das novellierte Düngerecht würde dem Gewässerschutz zugutekommen, zugleich aber auch »die Machbarkeit im landwirtschaftlichen Alltag« berücksichtigen.

Auch in den Folgejahren gelang es nicht, die Vorgaben der EU mit der Praxis deutscher Düngepolitik in Einklang zu bringen. Im Juni 2021 verlangte die EU-Kommission einmal mehr von Berlin deutliche Nachbesserungen. Deutschland steht in der Frage unter Druck. Im Falle weiterer Verurteilungen drohen nach Angaben des Bundesministeriums für Ernährung und Landwirtschaft Strafzahlungen von elf Millionen Euro, plus ein Zwangsgeld von 800 000 Euro täglich. Und zwar rückwirkend seit dem Urteil 2018.

Die Studie, welche das DIW Anfang Dezember 2022 zum Zusammenhang von Trinkwasserschutz und Nitratbelastung vorlegt, lässt keinen Zweifel daran, wohin die Reise nach Ansicht der Berliner Wirtschaftsforscher gehen muss. Sie verweisen auf »erste Ergebnisse einer ökonometrischen Analyse am DIW Berlin« mit dem Resultat, »dass ökologische Landwirtschaft im Vergleich zu konventioneller Landwirtschaft das Grundwasser weniger mit Nitrat belastet«. Ökolandbau leiste einen wertvollen Beitrag, die Überdüngung zu reduzieren, und sollte daher ausgeweitet werden, so das DIW. »Eine einprozentige Zunahme der ökologisch bewirtschafteten Landwirtschaftsfläche geht mit einer geringeren Nitratkonzentration von 0,3 Milligramm je Liter einher«, so Studienautorin Nicole Wägner.

Der Anklagefinger richtet sich also schnell und durchaus berechtigt gegen die konventionelle Landwirtschaft. Die Bauern wiederum fühlen sich oft zu Unrecht in die Ecke gedrängt. Im Lauf der Jahrzehnte sind die Fronten verhärtet. Zwischen konventionellen Erzeugern und Biobauern zum Beispiel, auch wenn Organisationen wie der Deutsche Bauernverband versuchen, das ganze Spektrum des Berufsstandes zusammenzuhalten. Was ihm allerdings immer weniger gelingt.

Obwohl der Nitrat-Vorwurf gegen die Bauern berechtigt ist, sei doch ein kleiner grundsätzlicher Zwischenruf gestattet. Er soll die Auswüchse der konventionellen Landwirtschaft weder beschönigen noch die nitratbedingte Grundwasserverschmutzung negieren. Doch der Fairness halber muss auch festgehalten werden, dass Landwirte nicht per se oder kraft ihres Berufes Umweltzerstörer sind, sondern die schwächsten Glieder in einem fatalen, völlig fehlentwickelten, agrarindustriellen System. Jahrzehntelang wurden die Bauern von der europäischen Agrarpolitik, aber auch von der nationalen Politik, von Landwirtschaftsbehörden, aber auch dcm Bauernverband und anderen berufsständischen Organisationen in ein Dilemma gedrängt, das irgendwer einmal in einer Floskel zuspitzte, die tatsächlich die Situation perfekt beschreibt: wachsen oder weichen. Nur wer als Bauer immer mehr produziert, immer mehr Tiere im Stall stehen hat, immer größere Felder bewirtschaftet und aus diesen immer noch mehr Erträge herausholt, hat eine Zukunftschance. Und, ob einem das gefällt oder nicht – es ist auch so. Abgesehen von jenen, die in der Biolandwirtschaft eine ertragreiche Nische gefunden haben.

Die vielfach beklagte Massenproduktion, samt der Massentierhaltung, fiel aber nicht vom Himmel. Sie hat auch mit Verbraucherverhalten zu tun, damit, dass die Menschen im Supermarkt eben am liebsten nach dem billigsten Gemüse und dem günstigsten Fleisch greifen. Erst nach und nach, sehr langsam, setzt hier ein Umdenken ein.

Sichtbar wurde die verheerende Fehlentwicklung durch die Flurbereinigung und ihre Folgen in den 1970er- und 1980er-Jahren. Als Instrument der Flächenpolitik kleine, zerstückelte Flurstücke zu größeren Einheiten zusammenzulegen, war damals keine neue Idee. Solche Flurbereinigungen gab es seit dem Mittelalter immer wieder. Dahinter stand und steht bis heute die Idee, landwirtschaftliche Produktion zu vereinfachen und effizienter zu machen. Zu diesem Zweck werden nicht nur Ackerflächen zusammengelegt, sondern auch Wege und Straßen so durch die Landschaft gezogen, dass letztlich alles einem Ziel dient: Landwirte sollen noch intensiver wirtschaften können. Das wurde umso wichtiger, je mehr Maschinen in die Agrarproduktion Einzug hielten. Das eine bedingt das andere: Große Landmaschinen lohnen sich nur, wenn sie auch auf großen Flächen effizient eingesetzt werden. Und je mehr große Flächen es gibt, desto besser verkaufen sich große Erntemaschinen.

In den 1970er- und 1980er-Jahren erlebte die Flurbereinigung vielerorts also einen Schub, angetrieben von Agrarpolitikern, Landwirtschaftsbehörden und dem Bauernverband. Die Landwirtschaft wurde auf Größe und Massenproduktion getrimmt. Damit einhergehend wurden nicht nur größere Felder geschaffen. Der Einsatz von Pestiziden und Dünger trug zu enormen Ertragssteigerungen bei. Vor allem aber wurde Natur zerstört. Die Flurbereinigung jener Jahrzehnte ist eines der großen ökologischen Verbrechen, das im wahrsten Sinne des Wortes den Boden dafür schuf, damit Grundwasser verschmutzt wurde. Sie trug ganz wesentlich dazu bei, dass eine intensive Landwirtschaft um sich griff, die bis heute dafür verantwortlich ist, dass Nitrat oberflächennahe Grundwasserschichten vergiftet.

Flüsse wurden gewaltsam begradigt, Hecken und Büsche herausgerissen, Bäume abgeholzt. So wurde ein ökologisch vielfältiger Lebensraum für Tiere und Pflanzen zerstört. Die Flurbereinigung sorgte vielerorts für eine Verödung der Landschaft, sie ließ Monokulturen entstehen, trug zum Artensterben bei, förderte die Bodenerosion und vernichtete ökologisch Wertvolles wie Ackerrandstreifen. Die deutsche Kulturlandschaft, sie wurde vielerorts von Bürokraten und gierigen Landwirtschaftsfunktionären zerstört.

Selbst in, was Hochwasser angeht, hochgefährdeten Regionen wie dem engen Ahrtal wurden Bäche begradigt und Abflussrinnen durch die Weinberge gezogen, damit Niederschlagswasser senkrecht nach unten stürzt. Was in nassen Zeiten die Pegelstände zusätzlich ansteigen ließ. Im Ahrtal kommt die Besonderheit hinzu, dass das Schiefergestein dort nahezu wasserundurchlässig ist und Regen daher nicht in den Boden sickert, sondern nur abfließt. Eine Erhebung im Zuge des Nationalen Wasserdialogs verdeutlicht einen fatalen Raubbau: »Zwei Drittel aller Flussauen in Deutschland stehen bei Hochwasser nicht mehr als Überschwemmungsflächen zur Verfügung. An den großen

Flüssen existieren an vielen Abschnitten nur noch zehn bis 20 Prozent der ehemaligen Auen.«

Moderne Flurbereinigungsverfahren laufen Gott sei Dank weitgehend anders ab; inzwischen wird auf Belange des Naturschutzes Rücksicht genommen.

Alpen in Gefahr

Eigentlich sind es absurde Bilder, die uns das Fernsehen zum Jahreswechsel 2022/2023 zeigt. Bei der Vierschanzentournee hüpfen die Sportler in Oberstdorf oder Garmisch-Partenkirchen in künstlich mit Schnee präparierte Landezonen. Bäume und Felder ringsum sind in dunklem Wintergrün. Nicht anders sieht es bei vielen alpinen Skiwettbewerben aus. Rennen in ehedem um diese Jahreszeit als schneesicher geltenden Orten wie Zermatt, Gröden, Lech oder Sölden werden abgesagt. Für die berühmt-berüchtigte Herrenabfahrt auf der legendären Streif werden unglaubliche Schneemassen zum Teil mit Hubschraubern transportiert, um die Piste renntauglich zu machen – ein gigantischer Aufwand, gemessen an früher. Und wenn Biathleten oder Langläufer in diesem Winter durch die Loipen fahren, dann sind diese in nur wenige Meter breiten Schneebahnen angelegt, daneben flankieren Wiesen und Nadelwald in winterlichem Dunkelgrün eine skurrile Szenerie. Der Profiwintersport ist zu einer ziemlich künstlichen Veranstaltung mutiert. Einher damit stornieren Tausende Skiurlauber ihre Buchungen in den Weihnachtsferien und im Januar 2023. Es ist ganz einfach zu warm, selbst für Kunstschnee. Andere fahren zu ihren Destinationen, gehen dort aber bei zweistelligen Temperaturen wandern, anstatt bei Frost die Hänge talwärts zu wedeln.

»Es gibt messbare Veränderungen, der Wintersport wird sich verändern«, sagt ein Sprecher des Deutschen Skiverbands. Der Trend ist eindeutig: Es wird in Zukunft mehr solcher Arten von Winter geben. Übrigens ein Grund, weshalb immer mehr Schulen die früher üblichen Skikurse aufgeben und stattdessen Wanderwochen oder andere Gemeinschaftsaktivitäten anbieten.

Wenn aber immer weniger oder gar kein Schnee mehr fällt, wenn Gletscher dauerhaft schmelzen, sich also nicht mehr regenerieren und irgendwann ganz verschwunden sind – was bedeutet das für die 170 Millionen Menschen, deren Trinkwasserversorgung an den Alpen hängt?

Nirgendwo wird die Dimension des Wasserproblems deutlicher als in den Alpen. Jenem 1200 Kilometer breiten Gebirgsband zwischen Frankreich im Westen und Slowenien im Osten Europas. Die Alpen teilen nicht nur den Kontinent in Nord und Süd, sie sind die »Quelle Europas«, wie es das Magazin *National Geographic* im Juli 2022 treffend formuliert.

Die Alpen versorgen unter anderem große Städte wie München, Wien, Turin, Mailand, Innsbruck, Ljubljana und Genf mit Wasser. Etwa 40 Prozent des Süßwassers in Europa kommt aus diesem mächtigen Gebirge. In den Alpen selbst leben und arbeiten etwa 80 Millionen Menschen; das entspricht in etwa der Einwohnerzahl Deutschlands.

Warum aber sind die Alpen ein solch immens wichtiger Wasserlieferant? Weil sich dort feuchte Luftmassen vor allem aus dem Mittelmeerraum und dem Atlantik abregnen, wobei auf der Nordseite bis zu dreimal mehr Regen fällt als auf der Südseite. Und dann sind da noch die Gletscher und die Bergkämme. In den Wintern der Vergangenheit waren sie meist dicht mit Schnee bedeckt, der naturgemäß im Frühjahr zu schmelzen begann und ins Tal stürzte. Etwa die Hälfte des Rheinwassers in den Monaten Mai bis August ist Schmelzwasser aus den Alpen. Der norditalienische Po und die französische Rhône speisen sich zu jeweils 20 Prozent aus Gletscherschmelzwasser.

Doch der Wasserlieferant hat über den schneearmen Jahreswechsel 2022/23 hinaus zu schwächeln begonnen. Das Wasser, das die Alpen abgeben, wird weniger. Das hat sehr viel mit dem Klimawandel, der Erderwärmung also, zu tun. *National Geographic* verweist auf Hannes Vogelmann vom Institut für Meteorologie und Klimaforschung des Karlsruher Instituts für Technologie in Garmisch-Partenkirchen, der von einer »mindestens doppelt so starken Erwärmung wie im globalen Mittel« ausgeht. So sei es in Berchtesgaden heute im Jahresschnitt 3,7 Grad wärmer als vor zehn Jahren. »Im gleichen Zeitraum ist die Temperatur global im Durchschnitt um 0,39 Grad gestiegen. Wir reden hier also vom Faktor zehn«, zitiert das Magazin den nach eigenem Bekunden »ziemlich beunruhigten« Wissenschaftler. Auf die gesamten Alpen bezogen ist die Temperatur seit dem späten 19. Jahrhundert verglichen mit dem globalen Durchschnitt um zwei Grad gestiegen.

Wissenschaftler verschiedener Institutionen und Organisationen haben herausgefunden, dass allein die Schweizer Alpengletscher zwischen 2015 und 2019 zehn Prozent und von 1850 bis heute etwa 60 Prozent ihres ursprünglichen Volumens verloren haben. Die österreichischen Gletscher schrumpften *National Geographic* zufolge im Messjahr 2020/2021 um 92 Prozent und verloren im Mittel elf Meter Länge. Mancherorts, wie auf dem Rettenbachferner, einem Gletscher im Ötztal/Tirol in Österreich, wird der Schnee im Sommer mit speziellen Planen abgedeckt, die das Sonnenlicht reflektieren, damit er nicht schmilzt. Weil der Klimakrise wegen also weniger Gletscherwasser produziert wird, wird zum Beispiel die Rofenache, ein bei Bergwanderern beliebter Gletscherfluss, ebenfalls in den Ötztaler Alpen, Forschern zufolge 2050 bis 2060 etwa 75 Prozent weniger Wasser führen.

Die Lage ist unberechenbar geworden. Mancherorts im Alpenraum fällt bisweilen monatelang kein Regen, was eine Ursache für die enorme Trockenheit ist, die Norditalien bereits im Frühjahr 2022 heimsucht. Schon im Winter zuvor hatten Skifahrer vielerorts erleben müssen, dass die künstliche Beschneiung von Pisten durch Schneekanonen nicht mehr möglich war, weil die in eigens angelegten Speicherbecken zu diesem Zweck gesammelten Wasservorräte erschöpft waren.

In anderen Teilen der Alpen tobten hingegen Unwetter mit gewaltigen Regenmengen, die kleine Gebirgsbäche und Wasserfälle zu unkontrollierbaren Strömen werden ließen, die alles mitrissen, was in ihre Bahnen fiel. Tauender Permafrost und schmelzende Gletscher taten ein Übriges. Am augenfälligsten wurde dies an der berühmten Bob- und Rodelbahn am Königssee im Landkreis Berchtesgadener Land. Sintflutartige Regenfälle mit enormen Wassermassen hatten die Erde am Berghang ins Rutschen gebracht. Eine gewaltige Mure aus Schlamm, Wasser und Gestein wälzte sich hinab ins Tal und riss am 17. und 18. Juli 2021 große Teile der seit 1960 bestehenden Kunsteisbahn ins Tal. Der Wiederaufbau kostet einen hohen zweistelligen Millionenbetrag.

Früher galten die Alpen als ebenso gewaltiger wie zuverlässiger Wasserlieferant. Das sind sie heute noch – aber wie wird es in naher, in mittlerer, in fernerer Zukunft sein?

Und überhaupt: War früher alles besser mit dem Wasser?

Der »Baschtl« und eine kleine Wassergeschichte

Der Deutsche, der konsequenter als jeder andere in seiner Zeit an die gesundheitsfördernde, ja heilende Kraft des Wassers glaubte und es in einer Zeit ohne Telefon, ohne Fernsehen und Rundfunk, geschweige denn Internet oder soziale Medien damit zu Weltruhm brachte, wuchs in ärmlichen Verhältnissen auf. Als Sohn eines Webers wurde er am 17. Mai 1821 im bayerischen Stephansried geboren. Der »Baschtl«, wie sie ihn überall riefen, musste bereits mit zwölf Jahren hart schuften, am Webstuhl oder als Viehhirte, um zum Familieneinkommen beizutragen. Später arbeitete er als Knecht. Ein entfernt mit ihm verwandter, katholischer Kaplan wurde auf ihn aufmerksam, denn der Bub war auffallend intelligent und wissensdurstig, und dem Geistlichen dürfte auch Baschtls Berufswunsch nicht verborgen geblieben sein: Er wollte Pfarrer werden.

Doch Sebastian Anton Kneipp hatte nur die Volksschule besucht, ein Theologiestudium und eine Priesterweihe schienen undenkbar. Bildung im 19. Jahrhundert war dem Bürgertum und Menschen mit Geld vorbehalten. Mithilfe des Kaplans, der ihm unter anderem Latein beibrachte, schaffte er es zum Abitur – im Alter von 27 Jahren. Außergewöhnlich genug, doch Kneipp gelang es anschließend auch, ein Theologiestudium aufzunehmen, erfolgreich zu beenden und 1852 Geistlicher zu werden.

Noch während des Studiums erkrankte er an der Lunge; mutmaßlich an Tuberkulose. Im fiel ein altes Buch über Wasser in die Hände. Kneipp badete wöchentlich zwei, drei Mal in der nicht selten eiskalten Donau. Er wurde gesund und schrieb das wesentlich der Heilkraft des Wassers zu. Fortan praktizierte Kneipp in doppelter Hinsicht: klassisch als katholischer Seelsorger und als »Wasserpfarrer«, wie er im Volksmund genannt wurde, als Heiler. Weshalb zu ihm nicht nur die Sünden- und Kummerbeladenen kamen, sondern auch Menschen mit profanen körperlichen Leiden. Das brachte ihm vielerlei Anfeindungen von Schulmedizinern ein, weshalb sein Bischof ihn ins beschauliche Wörishofen versetzte. Nicht ahnend, dass der kleine Ort im Allgäu, der sich heute »Stadt« und obendrein »Bad« nennen darf, zu einem Wasserkurzentrum werden würde. Dank des Priesters Sebastian Kneipp.

Vom armen, mittellosen Knecht bis zum Maharadscha von Baroda, vom Erzherzog von Österreich und den Infanten von Spanien bis hin zum Papst kurierte Kneipp Tausende Menschen mit seinen Wasserkuren von diversen Leiden. Nicht allein mit Wasser, aber hauptsächlich. »Das vom Schöpfer der Menschheit verliehene Wasser und die aus dem Pflanzenreich ausgewählten Kräuter machen das Wesentliche aus, Krankheiten zu heilen und den Körper gesund zu machen«, lautete Kneipps Credo.

Wasser ist ein in vielfacher Hinsicht nutzbares Gut, nicht nur für die Gesundheitsförderung, Heilung oder Kur. Sondern auch für die wirtschaftliche Entwicklung oder die Energiegewinnung. Achtung, Binsenweisheit: Wo es kein Wasser gibt, gibt es auch keine Zukunft.

Von jeher entwickelten sich Siedlungen und deren Wirtschaft entlang von Flüssen. Vor etwa viereinhalb- bis fünftausend Jahren begann man in Ägypten damit, Brunnen zu bohren, um

Grundwasservorräte zu erschließen, und Kanäle zu bauen, um mit Wasser aus dem Nil Felder zu bewässern. In Mesopotamien nutzte man das Wasser von Euphrat und Tigris in ähnlicher Weise. Sowohl das Nildelta als auch das Zweistromland erwiesen sich nicht zuletzt dank der guten Wasserversorgung über die Flüsse als sehr fruchtbare Anbaugebiete. Im gebirgigen Iran begannen die Menschen ein wenig später damit, Gefälle zu nutzen und dementsprechend Stollen mit vertikalen Zuleitungsschächten zu bauen. Sie transportierten Wasser aus niederschlagsreichen Gebirgen und feuchten höheren Lagen in die Täler, in denen die Menschen lebten. »Qanat« heißt diese Technik der Frischwasserversorgung in Regionen Persiens, die auch in anderen Teilen der Welt nach und nach kopiert wurde. Qanate gelten als Vorläufer der Aquädukte (*Aqua* = Wasser, *Ductus* = Leitung), die es zwar schon im Alten Ägypten, in Regionen, die heute zu Syrien, der Türkei und dem Irak gehören, sowie im antiken Griechenland gab, die aber von den Römern etwa zwischen 312 und 455 vor Christus perfektioniert und entsprechend benannt wurden.

Die Römer erwiesen sich als große (Bau-)Meister darin, Wasser über viele Kilometer lange und nicht selten kunstvoll mit Brückenbogen gebaute Aquädukte aus Stein aus nassen Regionen dorthin zu transportieren, wo es benötigt wurde. Bevorzugt in ihre Städte, in denen die meisten Menschen lebten. Selbst Rom wurde so mit frischem Quellwasser versorgt. Innerhalb ihrer Hauptstadt verlegten die Römer Kanäle und ein Rohrsystem, das öffentliche Badeanstalten, aber auch private Häuser vor allem wohlhabender Bürger erschloss.

Die Römer perfektionierten auch den Umstand, dass Wasser für die Menschen bis heute nicht nur ein lebenswichtiges

Getränk ist, sondern kulturgeschichtliche Bedeutung hat. Wie die Römer bauten auch Ägypter und Griechen Badehäuser, in denen sich die Menschen trafen, um im warmen Wasser zu plaudern und soziale Kontakte zu pflegen und – natürlich – um sich zu waschen. Die öffentlichen Bäder dienten der Hygiene und dazu, den neuesten Klatsch zu erfahren, Geschäfte zu machen, zu politisieren oder sich anderweitig zu entspannen und zu vergnügen. Wasser war, damit einher, natürlich auch ein Zeichen von Wohlstand, ein Luxusgut, denn längst nicht überall entstanden Badehäuser.

Und auch an die Ableitung von Abwasser dachte man in Rom und errichtete die sogenannte Cloaca Maxima, das erste umfangreiche Abwassernetz der Geschichte, über das eine Großstadt mithilfe eines Kanalsystems ihr Schmutzwasser entsorgte. Denn eng verbunden mit der Wasserversorgung ist bis heute die Beseitigung von schmutzigem Wasser. Bereits vor 5000 Jahren soll es auch in Mohenjo-Daro am Fluss Indus im heutigen Pakistan solche Abwasserkanäle gegeben haben. Ebenso in Ur, der Hauptstadt Mesopotamiens, kannte man Historikern zufolge bereits eine geschlossene Kanalisation.

Anders als im Orient wussten die Menschen in Mitteleuropa mit den von den Römern hinterlassenen Aquädukten zur Versorgung mit Trinkwasser auf Dauer wenig bis gar nichts anzufangen. Zumindest gilt das für das Gebiet des heutigen Deutschlands. Die Germanen ließen die Aquädukte verfallen. Oder man brach sie ab und verwendete die Steine für Hausbefestigungen oder zu anderen baulichen Zwecken. Etwa zwischen 800 und 1500 nach Christus ging das Wissen um die Technik, aber auch um die Bedeutung von systematischer Trinkwasserversorgung ziemlich verloren. Das Thema scheint im Rückblick niemanden wirklich interessiert zu haben. Vielmehr versorgten sich Bauernhöfe im Mittelalter einfach immer häufiger über eigene Brunnen mit Nutz- und Trinkwasser.

Auch die Badekultur ging nach und nach unter. Und mit der körperlichen Hygiene stand es in den folgenden Jahrhunderten generell nicht zum Besten. Krankheiten, wie etwa die Pest, konnten sich ausbreiten und ihre verheerende Wirkung entfalten, weil es eben keine zuverlässige Versorgung mit sauberem Wasser gab und keine Kanalisation. In mittelalterlichen Städten war es üblich, die Notdurft einfach auf die Straße zu kippen. In Flüssen, aus denen man Trinkwasser holte, landeten nicht selten Abfälle oder Tierkadaver.

Das Thema Wasserversorgung sickerte wieder stärker in das öffentliche Bewusstsein, als europaweit der Bau von Burgen begann. Meist auf Bergen oder Hügeln gelegen, mussten die Baumeister diese Herausforderung im Auge haben, auch unter militärischen Gesichtspunkten. Denn ohne garantierte Wasserversorgung für ihre Bewohner ließ sich auch die mächtigste und wehrhafteste Burg binnen weniger Tage mühelos erobern. Also begann man damit, mit nicht selten großem Aufwand von den Burgen aus tief in die Hügel hinein Brunnen zu bohren. Und es wurden Zisternen gebaut, in denen man Regenwasser auffing. Letzteres entwickelte sich zu einer Methode, mit der man auch abseits von Fluss- oder Seeufern Trink- und Nutzwasser gewann.

In den Städten führte meist kein Weg daran vorbei, Wasser aus öffentlichen Brunnen zu schöpfen (deren Errichtung die Stadtverantwortlichen immerhin als Notwendigkeit für ihr Gemeinwesen erkannten). Brunnen zu verschmutzen oder gar zu vergiften, wurde schwer bestraft. Für die Menschen bedeutete diese Art der Versorgung, dass sie täglich Wasser in Eimern und Trögen nicht selten über weite Strecken nach Hause transportieren mussten.

Mit der Zeit, Historiker sprechen oder schreiben vom 12. Jahrhundert, erlebte auch die Badekultur eine Renaissance. Öffentliche Badehäuser entstanden und wurden, wie schon unter den Römern in der Antike, über das Bedürfnis der Reinlichkeit hinaus gesellschaftliche Treffpunkte, in denen auch geredet, gegessen, getrunken und gefeiert wurde. Bisweilen boten Bader, die Angestellten eines Badehauses, weitreichende Dienste an und zogen beispielsweise malade Zähne. Vielerorts wurde auch Prostitution in den Badehäusern betrieben.

Als vor allem im 15. und 16. Jahrhundert ansteckende Krankheiten wie Pest und Cholera grassierten, denen sehr viele Menschen zum Opfer fielen, geschah aus heutiger Sicht Kurioses: Ärzte sprachen sich gegen Waschen und (öffentliches) Baden aus und verbreiteten die These, die Krankheiten gelangten mit dem Wasser durch Hautporen in die menschlichen Körper. Viele Menschen wurden daraufhin wasserscheu und verzichteten auf Körperhygiene und Badespaß. Sie begannen zu stinken, und um die unangenehmen Gerüche zu bekämpfen, wechselten die, die es sich leisten konnten und eben nicht nur über eine Garnitur verfügten, häufiger ihre Kleidung. Unterwäsche kam, weil schweißaufsaugend, in Mode und vor allem in adeligen Kreisen Puder und Parfüms.

Im 18. und im 19. Jahrhundert kehrte sich alles um. Ärzte erkannten nun den Zusammenhang zwischen Gesundheit und Hygiene, dass Waschen mit sauberem Wasser also zu weniger und nicht zu mehr Krankheiten führt. Oder dass es sinnvoll ist, wenn sich ein Arzt die Hände wäscht, bevor er einen anderen

Menschen berührt oder womöglich gar operiert. Einher damit wurden in den Städten wieder Badehäuser eröffnet, und das wachsende Bürgertum begann vereinzelt damit, Badezimmer in seine repräsentativen Häuser einzubauen.

Wasser allerdings war niemals »nur« ein Getränk und ein, nein *das* wichtigste Hygieneprodukt. Sondern, wie schon erwähnt, auch Wirtschaftsgut und damit unentbehrlich für ökonomische Entwicklung. Nur dort, wo es ausreichend vorhanden war, konnten Obst und Gemüse angebaut werden. Entlang von Flüssen entstanden Mühlen, die ihre Räder mit der natürlichen Wasserkraft aus der Fließgeschwindigkeit der Flüsse antrieben und damit beispielsweise Getreide zu Mehl mahlten. Ohne Wasser wäre das Aufkommen des Handwerks etwa zwischen 1500 und 1700 nicht möglich gewesen. Jeder Schmied, jeder Maurer und jeder Schreiner brauchte Wasser bei seiner täglichen Arbeit.

Auch Bergbau und Manufakturen entstanden dort, wo es Wasser gab. Die Industrialisierung im 19. Jahrhundert wäre ohne Wasser nicht denkbar gewesen. Es machte den Einsatz von Dampfturbinen möglich und diente zur mechanischen Kühlung. Und auch um das Thema an sich entwickelte sich wirtschaftliche und technologische Innovation. Wassertürme wurden als Vorratsspeicher gebaut, die Leitungssysteme pausenlos modernisiert und optimiert. Die Pumpsysteme, um Wasser über weite Strecken oder in die Höhe zu befördern, wurden immer professioneller, erste Wasserwerke entstanden. Und damit auch die Möglichkeit, Häuser höher zu bauen, weil Wasser in obere Etagen befördert werden konnte.

Wasser trug dazu bei, die Industrialisierung und damit in der Folge auch den Wohlstand der Menschen zu vergrößern. Einher damit wuchs allerdings auch die Bevölkerung vor allem in den

Städten. Noch war der Aufwand, etwa um sich zu baden, für den Einzelnen enorm. Wasser musste in Eimern ins Haus geschafft, erwärmt und in die Wanne gefüllt werden. Und natürlich nutzte es dort nicht nur eine Person, sondern meist die ganze Familie. Danach wurde das Wasser wieder mühsam aus dem Haus geschafft, nicht selten erneut Eimer für Eimer.

Je mehr Menschen in die Städte zogen, je mehr Wasser Handwerk, Gewerbe und Industrie benötigten – und je mehr Abwasser alle zusammen produzierten –, desto größer die Notwendigkeit, Systeme zu schaffen, um eine Versorgung mit sauberem Trink- und Nutzwasser zu garantieren und verschmutztes Wasser vernünftig zu entsorgen. Und weil die Flüsse zunehmend verunreinigt waren, begann man damit, Grundwasser für die Versorgung zu erschließen und zu nutzen.

Mitunter trieben auch Katastrophen die Entwicklung an. In Hamburg entstand das erste Wasserversorgungs- und -entsorgungsnetz Europas. Bei einem Großbrand war 1842 die Altstadt weitgehend zerstört worden. 1800 Häuser brannten nieder, 51 Menschen kamen ums Leben, etwa 150 wurden verletzt und 20000 waren obdachlos geworden, als das Feuer nach vier Tagen endlich unter Kontrolle war. Beim Versuch, den Flammen Herr zu werden, hatte sich die Versorgung mit ausreichend Löschwasser als großes Problem erwiesen. Die Hamburger waren gezwungen, zusammen mit dem Wiederaufbau der zu einem Drittel zerstörten Hansestadt, die Trink- und Löschwasserversorgung neu zu organisieren und zu bauen. 1848 hatte man es geschafft. Fortan wurde das System pausenlos erweitert und verbessert. 1850 zogen sich 62 Kilometer lange Leitungen durch die Stadt, 4000 von damals etwa 11500 Haushalten verfügten über einen eigenen Wasseranschluss.

Mit jener Leitung und jedem Kanal wurde das alltägliche Leben der Menschen einfacher, sauberer und, ja, es stank auch weniger. Das galt nicht nur für Hamburg, das galt überall. Davon, dass ständiger Zugang zu sauberem Trink- und Waschwasser das Leben verlängert, gar nicht erst zu sprechen. In Berlin erkannte man die Zusammenhänge früher als anderswo. Als die Stadt Mitte des 19. Jahrhunderts daranging, zum Zweck der Stadthygiene ein Abwassersystem zu entwerfen, saßen nicht nur Techniker, Stadtplaner und Architekten zusammen, sondern auch Rudolf Virchow, Arzt und Leiter des damals schon berühmten Klinikums Charité.

Kanäle für Berlin

In seiner medizinischen Forschung und Praxis hatte der 1821 geborene Virchow früh den Zusammenhang zwischen Krankheiten und Epidemien einerseits und verunreinigtem Trinkwasser andererseits erkannt. Und er hatte realisiert, dass die Wasserversorgung dort besonders schlecht ist, wo arme Menschen leben. Virchow trieb die Entwicklung eines modernen Gesundheitswesens für alle Menschen voran. Passend dazu übernahm er 1867, acht Jahre nach seinem Einzug in die Berliner Stadtverordnetenversammlung, den Vorsitz jener Kommission, die ein Abwassernetz für die Stadt entwickeln sollte.

Eine Stadt, in der es auf den Straßen vielerorts erbärmlich stank, wo Abwasser und Exkremente über Rinnsteine oder gleich direkt in die Spree entsorgt wurden. Kurzum: Der Kommission um Virchow gelang es, Berlin mit dem damals modernsten

Kanalisations- und Abwassersystem Europas auszustatten. 1878 ging das erste Teilstück in Betrieb, 1890 war der Bau weitgehend abgeschlossen. Die Folgen für die Stadt waren statistisch messbar: Die Sterberate ging spürbar zurück, das Durchschnittsalter der Berlinerinnen und Berliner stieg.

Die Wasserversorgung und Abwasserentsorgung heutiger Prägung entwickelte sich ab Ende des 19. und vor allem im Lauf des 20. Jahrhunderts. Immer häufiger schöpfte man neben Wasser aus Flüssen, Bächen und Seen Grundwasser ab, das zunächst ungereinigt blieb. Nach den massiven Zerstörungen des Zweiten Weltkriegs vor allem in Großstädten wurde das Thema beim Wiederaufbau konsequent angegangen. In die Wohnungen wurden Waschbecken, Toiletten, Badewannen und immer häufiger Duschen eingebaut. In manchen Mehrfamilienhäusern gab es anfangs noch Klos in Treppenhäusern und Badewannen in Gemeinschaftswaschräumen, doch spätestens ab den 1960er-Jahren galt ein Badezimmer in jeder Wohnung als Standard.

Inzwischen sind nahezu 100 Prozent der Haushalte hierzulande an öffentliche Wasser- und Abwassernetze angeschlossen. Zuständig sind in erster Linie die Kommunen. Sie betreiben eigene Wasserversorgungsanlagen oder über Genossenschaften und Zweckverbände gemeinsam mit benachbarten Städten und Gemeinden. Die Bundesländer sind verantwortlich für die Aufsicht. Neben kommunalen Versorgern gibt es seit den 1950er- und verstärkt den 1960er-Jahren die bereits beschriebenen Fernwasserversorger, die solche Regionen beliefern, die selbst nicht genügend Trinkwasser fördern können – oder es bisweilen auch einfach nicht wollen.

Die Überlegung, dass Wasser als Ressource geschützt werden muss und dies auch ein Beitrag zu Hygiene und Gesundheit ist, führte 1948 zum ersten großen Gesetz zur Bekämpfung der Wasserverschmutzung in den Vereinigten Staaten. Damit sollte der Bau von Abwasseranlagen gefördert werden, zum Schutz vor allem der Flüsse. Allerdings waren die darin festgeschriebenen Instrumente für Sanktionen, nun ja, überschaubar. Konkrete Grenzwerte für Verschmutzung gab es nicht. Die Spielräume waren für die ausführenden und kontrollierenden Behörden entsprechend groß, die Definitionen für den Umgang mit Wasser unscharf.

Im März 1967 erschütterte ein aufsehenerregender Zwischenfall die Welt und setzte damit unfreiwillig das Thema Wasser in Relation zu einem Thema, das so nur sehr wenige Menschen auf der Agenda hatten: Umwelt- und Naturschutz. Der vom Ölmulti BP gecharterte Tanker *Torrey Canyon* schrammte ein Riff vor der südwestlichen Spitze Großbritanniens. Bei der Havarie liefen etwa 115 000 Tonnen Rohöl ins Meer und verseuchten nicht nur die Nordsee, sondern auch Hunderte Kilometer britische und französische Küste. Es war das erste große Tankerunglück. Hunderttausende Tiere, Seevögel vor allem, verendeten qualvoll. Niemand hatte damals Erfahrungen in der umweltschonenden Bergung eines havarierten Öltankers. In ihrer Verzweiflung ließen die Verantwortlichen die *Torrey Canyon* sogar von Militärmaschinen der Royal Navy bombardieren. Dies und chemische Löschmittel richteten zusätzlich gewaltige Schäden an.

Der Rhein als »Kloake Europas«

In Deutschland selbst ist es kein Meer, sondern ein Fluss, der unausgesprochen zum Gradmesser für Naturschutz und sauberes Trinkwasser ist: der Rhein.

PR-Aktionen von führenden Politikern gab und gibt es unzählige. Jene von Klaus Töpfer jedoch ging in die deutsche Geschichte ein. Am 14. September 1988 ließ sich der CDU-Politiker von einem Polizeiboot auf dem Rhein an eine Stelle zwischen Gustavsburg und Mainz-Weisenau fahren. Im Mai 1987 war Töpfer von Bundeskanzler Helmut Kohl zum Bundesumweltminister berufen worden, eine politische Reaktion auf das Reaktorunglück von Tschernobyl 13 Monate zuvor und auf die neue Partei der Grünen, die den Einzug in ein Parlament nach dem anderen schaffte.

An jenem Septembertag 1988 nun stürzte sich Umweltminister Töpfer in einem schwarzen, ärmelfreien Neoprenanzug mit Flossen und einer pinkfarbenen Badekappe auf dem Kopf vom Polizeiboot aus in das noch 19,5 Grad warme Rheinwasser. Acht Minuten lang kraulte und schwamm er rücklings etwa 350 Meter, ehe er wieder aus dem Fluss stieg. Mit »Augen gerötet wie Lackmuspapier im sauren Regen«, wie *Der Spiegel* beobachtet haben will.

Töpfers legendär gewordenes Rheinschwimmen war eigentlich das Einlösen einer Wettschuld, die der pfiffige Christdemokrat zur politischen Botschaft umfunktionierte: Seht her, der Rhein ist so sauber, dass selbst ich mich darin zu schwimmen traue.

Man muss die Vorgeschichte kennen, um die Aktion zu verstehen. Lange war der Rhein ein kranker Fluss. Im November 1986 waren im Zuge von Löscharbeiten an einem Werk des Chemiekonzerns Sandoz mit angeblich 20 Tonnen Gift verseuchtes Löschwasser in den Rhein geflossen und hatten ein Fischsterben ausgelöst. Kurz danach kam es bei BASF zu einem Störfall: 2000 Tonnen Herbizide gelangten in den Rhein. Das alles waren keineswegs Einzelfälle, auch wenn die Industrie das behauptete und Kritikern Panikmache unterstellte. Wo doch der große Strom jeden Giftstoff, der in ihn gelangt, bis zur Harmlosigkeit verdünne.

Doch die Umweltkatastrophe 1986 hatte die öffentliche Aufmerksamkeit auf den Zustand von Deutschlands Flüssen gelenkt, denen es schon länger schlecht ging. Von Grundwasserschutz redete noch kaum jemand, doch erstmals nahm in der Bundesrepublik das Thema »Sauberes Wasser« in der breiten Öffentlichkeit Fahrt auf. Während der Wirtschaftswunderjahre hatte sich kaum jemand dafür interessiert. Am Beispiel des Rheins lässt sich das Dilemma besonders augenfällig illustrieren.

Bereits drei Jahre nach Kriegsende hatte sich zwar die internationale »Rheinkommission zum Schutz des Rheins vor Verschmutzungen« gegründet, der alle Anrainerstaaten angehören. Immer wieder wies sie auf Verschmutzung hin, nur interessierte das niemanden. Vor allem in den Niederlanden wuchs die Sorge, bezog das Land doch einen Großteil seines Trinkwassers aus dem Fluss, und Gemüsebauern bewässerten damit ihre Felder. Wie wenig Rücksicht lange Zeit auf solche Themen genommen wurde, zeigt eine Meldung der Zeitung *Die Welt* von 1961: »Deutsche und holländische Wasserwerke haben seit Jahren große Schwierigkeiten, Rheinwasser in Trinkwasser umzuwandeln. Sogar das Vieh weigert sich oft, Wasser aus dem Rhein zu trinken.«

Schon Jahre davor hatte der Präsident der Industrie- und Handelskammer Rotterdam, Van der Mandele, mittels eines Gutachtens herausgefunden, dass der Rhein an der deutsch-holländischen Grenze täglich 29 000 Tonnen Chloride mitführte. Es sei für alle Anlieger des Rheins »eine Lebensfrage, das Wasser vor einer weiteren Verunreinigung zu schützen«. Wirklich reagiert hat niemand auf die Warnung van der Mandeles.

Das Gutachten ist heute nicht mehr aufzutreiben; Journalisten des Deutschlandfunks haben es versucht. Dennoch markiert es einen entscheidenden Einschnitt. Zum ersten Mal wurde in aller Öffentlichkeit von einem Vertreter der Wirtschaft auf die drastisch gestiegene Verschmutzung des Rheins hingewiesen.

Es war ein gefährliches Gemisch aus Ignoranz, Sorglosigkeit und Gewinnstreben, das sich da zusammengebraut hatte. Die Industrie boomte, vor allem Pharmafirmen und Zellstoffhersteller leiteten ihre Abwässer in den Fluss. Die Kläranlagen entlang des Rheins waren schon damals veraltet. Ist ja auch egal, ein Industrielobbyist erklärte prinzipiell »jeden Aufwand für die Reinigung von Abwässern« zur »Vergeudung von Volksvermögen«. Nur sehr wenige Politiker erkannten die Problematik, wie der nicht nur für Atomenergie, sondern 1961 und 1962 auch für Wasserwirtschaft zuständige Bundesminister Siegfried Balke: »Vater Rhein ist die größte Kloake Europas«, sagt er Ende 1962.

Dabei sollte es noch gut drei Jahrzehnte bleiben. Zwar bauten die Kommunen modernere Kläranlagen, doch deren Planung und Bau dauerten Jahre. Immer wieder trieben derweil Zigtausende

Fische mit dem Bauch nach oben auf dem Wasser, weil wieder irgendwo irgendetwas passiert war. Oder ausgelaufene Chemikalien verfärbten die Wasseroberfläche surreal. Häufig spielte auch Umweltkriminalität eine Rolle (wobei man diesen Begriff damals noch nicht kannte), etwa wenn Rheinschiffe Altöl oder anderen Dreck im Rhein verklappten. Die Bevölkerung wurde davor gewarnt, im Rhein zu baden. Am besten sollte man sich nicht einmal die Hände mit Rheinwasser waschen.

Das alles war umso fataler, als dass aus dem Rhein und seinem Uferfiltrat Trinkwasser für Millionen Menschen in Köln, Duisburg, Krefeld und anderen Städten gewonnen wurde.

Es kursierten auch Überlegungen, entlang des 1232,7 Kilometer langen Stroms Atomkraftwerke aneinanderzureihen und sie vom Rheinwasser kühlen zu lassen. Würden diese allerdings ihre Abwärmelast in den Rhein einleiten, brächten sie den Fluss damit zum Kochen. 1971 wurden Regeln zur Wärmebelastung von Wasser eingeführt, woraufhin die Behörden beim Bau von Atomkraftwerken Kühltürme verlangen konnten, statt einfach nur Kühlwasser aus dem Rhein zu zapfen. In dem Jahr verabschiedete die sozial-liberale Bundesregierung von Kanzler Willy Brandt erstmals ein Umweltprogramm, das auch eine Verbesserung der Gewässergüte zum Ziel hatte. Die positiven Folgen: Landauf, landab wurde mit dem Bau von erst zwei-, dann dreistufigen Kläranlagen begonnen. Auch die Industrie begann damit, ihre Abwässer zu reinigen, ehe sie diese in Flüsse pumpte.

Gewässerschutz – und damit Trinkwasserschutz – rückte immer mehr auf die gesellschaftliche und politische Agenda. Ein Wasserabgabengesetz wurde erlassen; ab sofort kostete es Kommunen und Firmen Strafgebühren, wenn sie Schadstoffe ins Wasser leiteten. 1985 machte Greenpeace die Probe aufs Exempel.

Die für ihre spektakulären Protestaktionen bekannte Umwelt-organisation schickte das Laborschiff *Beluga* über den Rhein, um direkt an den Abwasserrohren vor allem der großen Chemie-konzerne und Papierfabriken Wasserproben ziehen zu lassen. *Der Spiegel* berichtete und schrieb: »Was da fließt, weiß nur der liebe Gott«. Der Ton wurde rauer. Die Debatte erregte mediale Aufmerksamkeit, was wiederum das Thema immer mehr in die Bevölkerung trug. Die Öffentlichkeit wurde allmählich kritischer und stellte Forderungen. Dann kam die Antiatomkraftbewegung, und aus ihr heraus wurde die neue Partei der Grünen gegründet, die das Thema Rheinwasser für sich entdeckte. Bürgerinitiative um Bürgerinitiative gründete sich, nicht nur entlang des Rheins, sondern vielerorts in Deutschland, wo ökologisch etliches im Argen lag. In der BRD, aber auch in der DDR, wo die Umwelt-bewegung zur Keimzelle für die friedliche Revolution wurde, welche 1989 die Mauer einstürzen ließ.

Kurz: Die Sauberkeit von Flüssen, von Wasser allgemein, wird im Lauf der Jahre immer mehr zum gesellschaftlichen Thema. Gesetze werden verschärft, die Liste verbotener Stoffe ergänzt und verlängert, eine Meldepflicht für Unfälle eingeführt. Als Umweltminister Töpfer 1988 bei Mainz in den Rhein sprang, war dieser längst noch kein sauberer Fluss. Ein paar Jahre vorher wäre eine solche Aktion aber akut lebensgefährlich gewesen.

Es dauert aber auch nach Töpfers Sprung noch viele Jahre, ehe Gewässerökologen den Rhein für sauber erklären. Oder soll man lieber vorsichtiger formulieren – bis sie ihm unter den ge-gebenen Umständen einen ordentlichen Wasserzustand attestie-ren. Vor allem die Einträge von Kadmium, Blei und Quecksilber haben seit den 1980er-Jahren enorm abgenommen, übrigens nicht nur im Rhein, sondern bei allen Zuflüssen von Deutschland aus in die Nord- oder Ostsee. Denn eines ist auch klar: Klinisch rein ist und wird der Rhein nie sein. Auch wenn das Wasser wieder vielerorts Badequalität hat. Das zumindest attestiert ein großes Gutachten 2008. 50 Jahre nach dem ersten großen Gutachten, das eine drastische Verschmutzung des Rheins konstatierte, kann man im Fluss also wieder bedenkenlos baden.

Und trotzdem: Mehr als 91 Prozent der Oberflächengewässer in Deutschland sind Unterlagen aus dem Nationalen Wasserdialog zufolge in keinem guten ökologischen Zustand und verfügen nach den Vorgaben der geltenden Wasserrahmenrichtlinie über kein gutes ökologisches Potenzial. »Ein wesentlicher Grund hierfür sind die fehlenden Lebensräume für die Flora und Fauna«, heißt es in dem Expertenpapier.

III

Der Verteilungskampf beginnt

Wem gehört eigentlich das Wasser und wer verteilt es?

Für viele Gourmets und Genießer ist Frankreich das Käseland schlechthin. Und um diesen Ruf zu pflegen, tun die Verantwortlichen in unserem westlichen Nachbarland sehr viel. 46 französische Käsesorten tragen das Siegel »Appellation d'origine protégée« (AOP), eine geschützte Herkunftsbezeichnung, die gleichzeitig ein Gütesiegel ist. Egal, ob ein Cantal aus der Auvergne, der Reblochon aus Savoyen, Camembert aus der Normandie oder ein Comté aus der Franche-Comté – die Hersteller von AOP-Käse müssen strenge Produktionsauflagen erfüllen. So muss die zugrunde liegende Milch nicht selten von Kühen genau festgelegter Rassen kommen, die in der jeweiligen Region traditionell angesiedelt sind. Im Gourmetland Frankreich ist man stolz auf diese Vorgaben und dementsprechend auch bereit, für AOP-zertifizierten Käse deutlich mehr zu bezahlen. Schließlich garantieren die strengen Auflagen besondere Identität und Qualität.

Umso größer der Schock im Herbst 2022. Vom alpinen Tarentaise-Gebiet bis nach Südfrankreich beklagen die Hersteller von Edelkäse weitaus geringere Erträge als in der Vergangenheit. Die Kühe, Ziegen und Schafe hätten das ganze Jahr über weniger Milch gegeben, sagen sie, entsprechend konnten sie daraus nicht so viel Käse machen wie üblich. Schuld daran sind die langen Dürreperioden und daraus resultierende ausgetrocknete Weiden. »Im Juli war die Hitze besonders krass, das Grün kriegte einen Gelbstich, die Sonne versengte unsere Weiden regelrecht«, schildert Sonia Albert, die mit ihrem Bruder Damien einen Milchviehhof mit 30 Kühen im Tarentaise-Gebiet bewirtschaftet, eine hochalpine Provinz in Savoyen unweit des Mont Blanc. Ihre Kühe – den AOP-Vorgaben folgend ausschließlich Tiere der Rassen Abondance oder Tarine – hätten den ganzen Sommer über »weniger gefressen, weil das Gras weniger frisch und saftig war«.

Der Klimawandel lässt grüßen; darin waren sich die Experten in Frankreich einig. Ausbleibender Regen habe vielerorts im Land dazu geführt, dass »unsere Wiesen im Sommer gelb statt grün waren«, sagt der Vorsitzende des französischen Comté-Verbandes, Alain Mathieu. Und keine sattgrünen Wiesen bedeutet für die Kühe, nix Gescheites zum Fressen. Nicht nur während der wärmeren Jahreszeit, sondern sogar noch im November 2022 konstatiert das französische Umweltministerium, man erlebe »eine Phase intensiver Dürre, die das gesamte Staatsgebiet betrifft«, stuft 23 Departements diesbezüglich als Krisengebiete ein und klassifiziert weitere zehn als »in Alarmbereitschaft«. Ein Umstand, der unter Käseproduzenten die Forderung laut werden lässt, die strengen AOP-Vorgaben zu lockern.

Ob es so weit kommen wird oder nicht – das Beispiel führt an einem Alltagsprodukt vor, wie alles ineinandergreift. Wie Hitze und daraus resultierende Dürre über längere Zeit sowie damit verbundener Wassermangel im Alltag der Menschen nachwirkt. Und zwar in einer Art und Weise, die sich uns oft erst auf den zweiten Blick erschließt. Das ist auch kein Wunder. Eine gefühlte Ewigkeit war Wassermangel ein allenfalls regional punktuelles und zeitlich vereinzeltes Problem. Aber kein systemisches. Nicht wie in den Wüstenregionen Afrikas oder in Teilen Lateinamerikas und Südasiens. Mitteleuropa war stets eine nasse Region, wo man sich über die Trinkwasserversorgung keine Gedanken machen musste. Uns ging und geht es gut, verglichen mit anderen Teilen der Welt.

Es ist Zeit, einmal das große Ganze zu betrachten, die Erde insgesamt. Beginnen wir mit drei viel zitierten Binsenweisheiten.

Die Welt und das Wasser

Binsenweisheit Nummer eins: Wasser ist Leben. Der Körper eines Neugeborenen besteht in der Regel zu etwa 80 Prozent aus Wasser, bei einem Erwachsenen liegt der Anteil zwischen 50 und 75 Prozent, je nach Alter und Geschlecht. Abhängig von Gewicht und Lebensumständen braucht der menschliche Körper mindestes zwei Liter Trinkwasser pro Tag. Klar: Wer insbesondere im Hochsommer körperlich schwer arbeitet oder sportlich unterwegs ist, benötigt mehr. Schließlich verliert der Körper über Schweiß und andere Ausscheidungen laufend an Flüssigkeit. Ohne Wasserzufuhr stirbt ein Mensch binnen weniger Tage, und auch Tiere und Pflanzen können nicht überleben. Wir nutzen Wasser aber nicht nur für unsere Ernährung, sondern auch für die tägliche Hygiene, als Energiequelle, Transportmedium, zu Produktion und Kühlung in der Industrie, zur Bewässerung in der Landwirtschaft sowie für Erholung und Tourismus. Diese

Nutzungen sind auch im Entwurf der Bundesregierung für die künftige Nationale Wasserstrategie festgeschrieben, verbunden mit einer unmissverständlichen Hervorhebung: »Der Sektor Wasser (Wasserversorgung, Abwasserbehandlung) zählt in Deutschland zu den Kritischen Infrastrukturen.«

Binsenweisheit Nummer zwei: Viele Regionen der Erde haben nicht genug Wasser. Der sprichwörtliche »Blaue Planet« Erde besteht zwar zu einem gewaltigen Teil aus Wasser, doch nur drei Prozent davon ist Süßwasser. Von dem wiederum ist das meiste gefroren an Nord- und Südpol gebunden. Letztendlich bleiben der Menschheit zum Leben 0,3 Prozent der Süßwasservorkommen, also drei Tausendstel der vorhandenen Ressourcen.

Binsenweisheit Nummer drei: Der Zugang zu sicherem Wasser und sanitären Dienstleistungen ist ein Menschenrecht. Er zählt zu den 17 Zielen der Vereinten Nationen (UN) für nachhaltige Entwicklung. So weit die Theorie, die Absicht, der Wille.

Die Wirklichkeit sieht so aus: 2,2 Milliarden Menschen haben keinen Zugang zu sauberem Trinkwasser. »Etwa vier Milliarden Menschen leben in Regionen, die in mindestens einem Monat pro Jahr von großer Wasserknappheit betroffen sind«, so die UNESCO, die Organisation der Vereinten Nationen für Erziehung, Wissenschaft, Bildung und Kultur, in einem 2022 veröffentlichten Bericht. 1,42 Milliarden Menschen leben in Regionen mit hoher Unsicherheit, was die Trinkwasserversorgung angeht. Diese Regionen finden sich vor allem in Teilen Afrikas, Lateinamerikas und Asiens. Trinkwassersicherheit wiederum hängt eng zusammen mit einer hygienisch einwandfreien Abwasserentsorgung. Gemessen an den 1990er-Jahren sind fast alle Flüsse Afrikas, Asiens und Lateinamerikas von ihrer Wasserqualität her heute in einem schlechteren Zustand, sagen Experten der Vereinten Nationen. Etwa vier Milliarden Menschen, die Hälfte der Weltbevölkerung also, können keine sauberen und sicheren Sanitäranlagen nutzen, und 500 Millionen haben nicht einmal Zugang zu einfachsten Latrinen.

Der Zuwachs der Weltbevölkerung in den vergangenen Jahrzehnten hat das Problem verschärft. Allein im vergangenen Jahrhundert vervierfachte sich die Zahl der Menschen auf dem Erdball. Der Wasserverbrauch wuchs um den Faktor sieben. 2018 stellten die Vereinten Nationen fest, dass alle Staaten zwischen dem 10. und dem 40. nördlichen Breitengrad ein Wasserproblem haben. Sie gehen davon aus, dass die Zahl der Menschen auf der Erde von aktuell acht Milliarden bis 2050 auf 9,7 Milliarden steigen wird. Damit einher werde die Nachfrage nach Trinkwasser um 55 Prozent steigen. Mehr als zwei Drittel der Weltbevölkerung, so die Vereinten Nationen weiter, werde 2050 in Städten leben, deren Abwässer Grundwasser, Flüsse und Seen verschmutzen.

Experten sagen seit Jahren vorher, dass der Klimawandel diese Probleme noch weiter verschärfen wird. Das Weltwirtschaftsforum (WEF) in Davos zählt Wasserkrisen seit Jahren zu den fünf größten Risiken auf der Erde. Die Weltbank warnte bereits 2016 davor, dass Wassermangel die Volkswirtschaften vieler Staaten in eine Abwärtsspirale ziehen könnte. In der 2015 von der UN-Generalversammlung verabschiedeten »Agenda 2030« gehört zu den 17 dort festgelegten Nachhaltigkeitszielen auch der Zugang zu sauberem Wasser und Sanitäranlagen für alle Menschen. Davon jedoch ist die Weltgemeinschaft weit entfernt. Selbst die deutsche UNESCO-Kommission bemängelte bereits, dass den Erkenntnissen zu wenig Konsequenzen folgten.

So werde zu wenig in die notwendige wasserwirtschaftliche Infrastruktur investiert. Die UNESCO stützt diese Einschätzung unter anderem auf die Ergebnisse einer Weltbankstudie, wonach lediglich bei einem Drittel der weltweiten Versorgungsunternehmen die Einnahmen aus den Wassergebühren dafür ausreichen, die für den Betrieb notwendigen Leistungs- und Verteilersysteme ordentlich zu warten und die Betriebskosten zu decken.

Das deckt sich mit den Erkenntnissen von Wissenschaftlern. Der norwegische Forscher, Autor und Dokumentarfilmer Terje Tvedt warnte 2013, dass sich bis 2050 voraussichtlich mehr als die Hälfte der Gletscher im Himalaja-Gebirge verflüssigen würden. Das kann fatale, um nicht zu sagen verheerende Auswirkungen haben. Denn auf dem umgangssprachlichen »Dach der Welt« entspringen die großen asiatischen Ströme Ganges, Jangtse, Indus, Brahmaputra und Mekong. Schmelzen die Himalaja-Gletscher stärker als üblich, führen diese gewaltigen Flüsse dramatisch mehr Wasser mit sich. Tvedt prophezeite anschaulich, wie das zunächst gewaltige Überschwemmungen auslösen werde. Und wie die genannten Flüsse danach langfristig zu Rinnsalen verkommen würden, weil eben nicht mehr genug Schmelzwasser von oben nachkomme. Für Mensch und Natur könnte sich beides gleichermaßen zu einer Katastrophe biblischen Ausmaßes auswachsen; schließlich leben entlang der Flüsse weit mehr als eine Milliarde Menschen. Sie wären zunächst von Fluten betroffen – und später vom Wassermangel.

Aber auch unsere Breitengrade werden einiges aushalten müssen. Eine im Wissenschaftsjournal *Nature* veröffentlichte Studie geht davon aus, dass sich in Mitteleuropa die Anzahl sommerlicher Dürreperioden in der zweiten Hälfte dieses Jahrhunderts um das Siebenfache steigern wird. »Die Wasserrechte wurden und werden aber vergeben, als bliebe Deutschland ein Land mit unbegrenztem Wasser, als wäre dieses Allgemeingut unendlich verfügbar wie Sauerstoff in der Luft«, kritisiert das gemeinnützige Recherchezentrum *Correctiv.*

Pünktlich zum Weltwassertag am 22. März veröffentlicht jedes Jahr die UNESCO einen Weltwasserbericht. Sie erstellt ihn gemeinsam mit dem World Water Assessment Programme (WWAP) für UN-Water, eine Unterorganisation der Vereinten Nationen, in der 31 UN-Organisationen zusammenarbeiten. Die Themenschwerpunkte werden zwar jedes Jahr neu gesetzt, doch in einigen zentralen Punkten wiederholen sich die Botschaften zwangsläufig: Wasser wird weltweit viel zu oft als selbstverständlich angesehen. Es besteht einerseits ein globaler Konsens darüber, dass es überlebenswichtig ist und der Zugang zu Wasser ein Menschenrecht. Was aber nichts daran ändert, dass Wasser im Alltag einen zu geringen Stellenwert hat. Es wird verschmutzt und verschwendet, so überhaupt genug davon da ist.

2022 befasste sich die UNESCO in ihrem Weltwasserbericht schwerpunktmäßig mit den Ressourcen. Sie forderte wenig überraschend dazu auf, mit Grundwasservorräten nachhaltiger, sparsamer also und vorsichtiger umzugehen. Ein berechtigter Appell, der nicht nur für arme, unterentwickelte Länder gilt, sondern ganz genauso auch für Mitteleuropa und das reiche Deutschland.

Global betrachtet ist nach UNESCO-Angaben »Grundwasser die Quelle von etwa der Hälfte des weltweit durch Privathaushalte genutzten Wassers. Die Bewässerung in der Landwirtschaft hängt zu etwa einem Viertel vom Grundwasser ab. Trotz dieser enormen Bedeutung wird Grundwasser vielerorts in seiner Relevanz kaum verstanden und schlecht verwaltet. Dies hat sehr unterschiedliche Folgen: in manchen Erdteilen eine dramatische Übernutzung und Verschmutzung, in anderen Regionen wie Afrika eine viel zu geringe Nutzung.« Weshalb der Weltwasserbericht 2022 »höhere Investitionen und bessere Regulierung durch Regierungen zum Schutz des Grundwassers« fordert.

Das ist allein aus Vorsorgegründen wichtig, denn die UN-Experten gehen davon aus, dass der globale Wasserverbrauch »in den nächsten 30 Jahren aufgrund von Bevölkerungs- und Wirtschaftswachstum sowie veränderten Konsumgewohnheiten jährlich um etwa ein Prozent steigen« wird.

Der Weltwasserbericht 2022 ist auch insofern besonders bemerkenswert, weil er »verheerende Wissens- und Regulierungslücken beim Grundwasser« aufdeckt, wie Ulla Burchardt, Vorstandsmitglied der deutschen UNESCO-Kommission, bei der Präsentation sagt. Ihre Zusammenfassung der weltweit gesammelten Erkenntnisse gerät deprimierend, auch mit Blick auf die Situation hierzulande. »In vielen Weltregionen wird Grundwasser ohne Rücksicht auf die Folgen übermäßig aus der Erde gepumpt. Teils erneuern sich die Vorräte nicht, teils sinkt dadurch der Boden ab. In anderen Gegenden könnte man dagegen mehr Grundwasser nutzen und damit die Ernährungssicherheit erhöhen. In Deutschland wiederum werden die Grenzwerte für Nitrat im Grundwasser an jeder sechsten Messstelle überschritten, weshalb der Europäische Gerichtshof Deutschland 2018 verurteilt hat. Gerade die Landwirtschaft als wichtigster Verursacher der Nitratkonzentrationen hierzulande muss endlich eine echte Transformation durchlaufen«, fordert Burchardt.

Wobei Asien den UNESCO-Feststellungen zufolge der Kontinent mit der intensivsten Grundwassernutzung ist. Allein die Landwirtschaft dort verbraucht doppelt so viel davon wie auf allen anderen Kontinenten zusammengenommen. »Dadurch erschöpften sich die großen Vorräte in Teilen Chinas und Südasiens sehr schnell«, so die UNESCO-Mitteilung. Zugleich werde das Grundwasser dort teils stark verschmutzt.

Europa ist demnach deutlich sparsamer und entnimmt sechs Prozent der weltweiten Menge. Eine Übernutzung drohe in Europa vergleichsweise selten, doch dafür seien 38 Prozent aller grundwasserleitenden Erdschichten (Grundwasserleiter) durch landwirtschaftliche Einträge verschmutzt. In Afrika, speziell in vielen Ländern südlich der Sahara, werden nach UNESCO-Angaben »die riesigen Grundwasserreserven dagegen kaum genutzt«. Nur drei Prozent der Ackerflächen dort seien mit entsprechenden Bewässerungssystemen ausgestattet, davon nutzen wiederum nur fünf Prozent Grundwasser. Die Erschließung der Grundwasservorkommen könnte laut des Weltwasserberichts »gerade in Afrika ein Katalysator für wirtschaftliche Entwicklung sein, indem die bewässerten Flächen vergrößert und damit die landwirtschaftlichen Erträge und die Vielfalt der Anbaukulturen erhöht werden«. Eine weitere Erkenntnis der UN-Experten: »Wegen des Klimawandels ist immer weniger Oberflächenwasser verfügbar.«

Woher kommt unser Trinkwasser – und wer verbraucht es?

Und in Deutschland? Zwischen 60 und 65 Prozent des Trinkwassers zwischen Flensburg und Garmisch-Partenkirchen wird aus Grundwasser gewonnen, etwa 16 Prozent aus Uferfiltrat oder angereichertem Grundwasser. Unter Uferfiltrat verstehen die Fachleute Wasser, das durch das Ufer eines Flusses oder Sees in den Untergrund sickert und sich dort mit Grundwasser vermischt. Seine Qualität wird wesentlich von der Beschaffenheit des Oberflächenwassers bestimmt. Angereichertes Grundwasser besteht hingegen überwiegend aus planmäßig versickertem Oberflächenwasser, das sich mit echtem Grundwasser und bisweilen auch Uferfiltrat vermengt. Knapp 14 Prozent unseres Wassers stammt aus Flüssen, Seen und Talsperren, der Rest aus klassischen Quellen.

Den aktuellen Zahlen des Statistischen Bundesamtes in Wiesbaden zum Zeitpunkt der Drucklegung dieses Buches zufolge entnahmen die Menschen in Deutschland im Jahr 2019 insgesamt 20 Milliarden Kubikmeter Wasser aus Grund- und Oberflächengewässern. Wohlgemerkt ist das nicht nur der Verbrauch privater Haushalte, sondern auch jener von Unternehmen, öffentlichen und sozialen Einrichtungen – kurzum: des ganzen Landes. Die größten Wasserschlucker sind die Energieversorger, die 44,2 Prozent, also annähernd die Hälfte der Gesamtmenge, benötigen. Mit jeweils 26,8 Prozent folgen dahinter Bergbau/verarbeitendes Gewerbe sowie die öffentliche Wasserversorger. Auf die Landwirtschaft entfallen 2,2 Prozent des Wasserverbrauchs.

Über die reinen Zahlen hinaus lassen sich aus der Statistik Trends ablesen. So sinken die Wasserentnahmen von Bergbau und verarbeitendem Gewerbe seit 1991. Dafür gibt es zwei Gründe. Erstens: Innovationen in der Prozess- und der Membrantechnik, die den Unternehmen beim Wassersparen helfen. Zweitens: Verglichen mit den 1990er-Jahren gibt es einige damals noch bedeutende Fertigungen nicht mehr oder nur noch in weit geringerem Umfang. So ist die wasserintensive Textilindustrie weitgehend aus Deutschland verschwunden, ebenso Teile der Elektronikfertigung. Umgekehrt schöpfen die Hersteller von Glas, Keramik oder Papiererzeugnissen heute mehr Wasser ab als früher. Genauso die Landwirtschaft, die immer häufiger Felder künstlich bewässern muss. Überhaupt ergibt der Wasserverbrauch nach Branchen aufgeteilt ein interessantes Bild. So saugt die chemische Industrie mehr als die Hälfte des Gesamtvolumens ab, welches das gesamte verarbeitende Gewerbe hierzulande benötigt. Die Metallbranche ist mit elf Prozent Verbraucher Nummer zwei, gefolgt von der Nahrungsmittel- und Getränkeindustrie (neun Prozent) und der Papierindustrie (acht Prozent). Glaswaren, Keramik, Steine und Erden kommen zusammen auf 3,6 Prozent, für Kokereien und Mineralölerzeugnisse fallen 2,8 Prozent an, dahinter folgen die Hersteller von Maschinen und Fahrzeugen mit 2,3 Prozent. Die restlichen fünf Prozent verteilen sich auf kleinere Unternehmen.

Knapp 85 Prozent ihres Wassers verwenden die Unternehmen zur Kühlung von Produktionsanlagen. Wobei Kühlwasser in vielen industriellen Betriebsabläufen weitgehend unverschmutzt bleibt und allein schon aus betriebswirtschaftlichen Gründen immer häufiger über entsprechende Kreislaufsysteme mehrfach genutzt wird. Der Vorteil: Danach kann es meistens unbehandelt oder nur mit überschaubarem Aufwand aufbereitet in die Natur zurückgeleitet werden. Der Nachteil: Häufig wird das Wasser durch seine Verwendung im Kühlprozess erwärmt. Zu warmes Wasser kann jedoch in Flüssen zu einer Belastung der Gewässerökologie führen.

Wie viel Wasser verbraucht wer in Deutschland?

»Das zu anderen Zwecken als der Kühlung eingesetzte Wasser diente hauptsächlich Produktionszwecken (10,7 %). Die übrige Wassermenge wurde für die Bewässerung insbesondere in der Landwirtschaft verwendet (2,5 %) oder ging in die hergestellten Produkte ein (1,4 %). Weitere 0,6 % entfielen zudem auf sogenannte Belegschaftszwecke. Darin ist zum Beispiel Wasser für sanitäre Einrichtungen oder den Betrieb von Kantinen enthalten«, so das Statistische Bundesamt im August 2022. Mehr als zwei Drittel ihres Wassers gewannen die Betriebe direkt aus Oberflächengewässern wie Flüssen, Seen oder Talsperren. Etwa 13 Prozent nutzten Grundwasser; Uferfiltrat, Meer- und Brackwasser oder Quellwasser spielen kaum eine Rolle. »Einen Teil ihres Wassers erhielten die Betriebe zudem von anderen Unternehmen (9,3 %) sowie aus dem öffentlichen Leitungsnetz (2,9 %)«, so die Wiesbadener Statistiker.

Niemand braucht jedoch mehr Wasser als die Energieversorger, die hauptsächlich ihre Kraftwerke oder andere großtechnische Anlagen damit kühlen. Allein der Energieriese RWE benötigt für seine Kohle-Tagebaue etwa 500 Millionen Kubikmeter pro Jahr. Dazu später mehr.

Ein wichtiger Indikator, um seriös zu beurteilen, wie sparsam oder verschwenderisch Unternehmen mit Wasser umgehen, ist die sogenannte Wasserintensität. Sie setzt die Verbrauchsmenge in ein Verhältnis zur damit erzielten Bruttowertschöpfung. Legt man diesen Maßstab an, haben vor allem die optische und elektronische Industrie (minus 80 Prozent), der Fahrzeugbau (minus 60 Prozent) und der Maschinenbau (minus 40 Prozent) ihre Wasserintensität enorm reduziert. Ganz anders sieht es verglichen mit der Jahrtausendwende bei der Papierindustrie, der Glas, Keramik sowie der Steine und Erden verarbeitenden Industrie aus, deren Wasserintensität stieg. Was nach Angaben des Umweltbundesamtes nicht automatisch heißen muss, dass für jede erzeugte Tonne auch mehr Wasser verwendet wird. »Eine wesentliche Ursache für die höhere Wasserintensität ist auch eine gesunkene Wertschöpfung durch höhere Rohstoff- und Energiekosten in den Vorleistungen in diesen Branchen«, so die Behörde.

Gut möglich, dass Industrie und verarbeitendes Gewerbe in Zukunft – allen Sparbemühungen zum Trotz – mehr Wasser benötigen werden. Denn auch hier lässt der Klimawandel grüßen. »Der Bedarf an Kühlenergie für industrielle Prozesse und für Raumklimatisierung wird aufgrund steigender Temperaturen voraussichtlich zunehmen«, prognostiziert das Umweltbundesamt. Und weil Hitzeperioden auch die Wassertemperaturen in Flüssen in die Höhe treiben, werde Flusswasser zum Kühlen immer ungeeigneter.

»Bisher gibt es in Deutschland keinen flächendeckenden Wasserstress«, so das Umweltbundesamt. Von dem würde man erst sprechen, wenn die gesamte Wasserentnahme eines Jahres mehr als 20 Prozent des langjährigen Wasserdargebots übersteigen wurde. 2019 wurden hierzulande 11,4 Prozent entnommen – insofern ist Deutschland von Wasserstress noch weit entfernt.

Doch auch diese Statistik hat eine zweite Seite. Das Wasserdargebot liegt im langjährigen Mittel bei 176 Milliarden Kubikmetern (Zeitraum 1991 bis 2020). Verglichen mit den Jahren 1961 bis 1990 ist es um 6,4 Prozent geschrumpft. Mit anderen Worten: Die Wasservorräte werden immer knapper.

Der Wasserfußabdruck

Rein statistisch verbrauchen jede Einwohnerin und jeder Einwohner dieses Landes etwa 128 Liter Wasser am Tag. Doch dieser Wert bemisst nur das Wasser, das jeder Einzelne von uns täglich trinkt, zum Kochen, mit der Klospülung, zum Putzen oder für sonstige Zwecke verwendet. Nicht aber das Wasser, das benötigt wurde, um die Lebensmittel herzustellen, die wir verzehren. Oder das für die Produktion unserer Küchenmaschinen, des Autos oder unserer Kleidung draufging. Entweder bei der eigentlichen Produktion oder weil es in direktem Zusammenhang mit der Herstellung verdunstet ist oder verschmutzt wurde. Experten sprechen von »virtuellem Wasser«. Erst die Summe aus dem tatsächlich verbrauchten und diesem virtuellen Wasser ergibt unseren realen Wasserverbrauch – unseren Wasserfußabdruck.

Was nach einfacher Begrifflichkeit klingt und im Ergebnis dazu verleitet, auch einfache Rechnungen anzustellen und (vielleicht sogar populistische) Schlüsse zu ziehen, ist in Wahrheit ein komplexes und vielschichtiges Thema. Im August 2022 veröffentlicht das Umweltbundesamt eine fundierte und allgemein verständliche Zusammenfassung der wesentlichsten Aspekte zum Thema »Wasserfußabdruck«, die ich im Folgenden ausführlich zitieren will, da sie den Stand der Wissenschaft prägnant darstellt.

Sie beginnt mit einer klaren Definition: »Der Wasserfußabdruck ist die gesamte Menge Wasser, die Nationen, Unternehmen oder Verbraucherinnen und Verbraucher in Anspruch nehmen.« Er sei »ein Indikator für die Wassernutzung«. Die Behörde unterscheidet in drei Kategorien: »Grünes Wasser« ist das natürlich vorkommende Boden- und Regenwasser, welches im Boden gespeichert ist und das von Pflanzen aufgenommen und verdunstet wird. Es ist relevant für landwirtschaftliche Produkte. »Blaues Wasser« ist Grund- oder Oberflächenwasser, das im Haushalt verwendet oder zur Herstellung eines Produktes genutzt wird. Es wird also nicht mehr in ein Gewässer zurückgeführt. In der Landwirtschaft wird es verwendet, wenn Felder künstlich bewässert werden müssen. »Graues Wasser« beschreibt die Wassermenge, die nötig wäre, um Gewässerverunreinigungen so weit zu verdünnen, dass die Wasserqualität den gesetzlichen oder vereinbarten Anforderungen entspricht. Letzteres fällt vor allem in Industrie und Landwirtschaft an, etwa wenn – nur ein Beispiel – Apfelbauern allzu viele Pestizide spritzen und diese nicht nur an die Apfelblüten, sondern auch in den Boden und das Grundwasser gelangen. Gleiches gilt für Dünger, die im Boden versickern und die Nitratbelastung oberflächennaher Grundwasserschichten vielerorts so gewaltig erhöht haben, dass diese zur Trinkwassergewinnung überhaupt nicht mehr oder aber erst nach aufwendigen und entsprechend teuren und unwirtschaftlichen Reinigungsverfahren nutzbar sind. Zweifellos haben Landwirte und auch wasserintensive Industrien (man denke nur an die Papierhersteller) viele Produktionsabläufe optimiert, wodurch weniger Schadstoffe in den Boden gelangen. Doch das reicht bei Weitem noch nicht.

Der grüne und der blaue Wasserfußabdruck beschreibe die quantitative Nutzung, so das UBA weiter, der graue Wasserfußabdruck veranschauliche den Einfluss der Nutzungen auf die Wasserqualität. Wobei der Wasserfußabdruck nur für Süßwasser gelte und etwa die Verschmutzung der Ozeane nicht einbeziehe. Originalton Umweltbundesamt: »Für eine Bewertung des direkten und indirekten Wasserverbrauchs ist die lokale Verfügbarkeit von Wasser entscheidend: Ein hoher Wasserfußabdruck in wasserreichen Regionen ist weniger problematisch als in wasserarmen Regionen oder Wüstengebieten, in denen man häufig ›blaues‹ Wasser verwenden muss. Aufgrund unserer internationalen Verantwortung ist es daher wichtig, Gebiete mit Wasserknappheit zu bestimmen, um einen übermäßigen Wasserverbrauch am Produktionsort zulasten wasserarmer Länder transparent zu machen.«

Es gehe also nicht darum, die Menge des genutzten Wassers generell zu reduzieren, so die Experten des Umweltbundesamtes. »Vielmehr sollte man verhindern, dass die Übernutzung von Wasserressourcen für Exportgüter, deren Produktion wasserintensiv ist, negative ökologische und soziale Auswirkungen hat: Werden große Plantagen intensiv bewässert, müssen kleine Bauernhöfe mitunter ihre Felder aufgeben. Die Produktion landwirtschaftlicher und industrieller Güter kann Gewässer verschmutzen und so die Umwelt und die Gesundheit der dort lebenden Menschen schädigen. All diese Auswirkungen kann man der gekauften Ware nicht ansehen. Für bewusste Kaufentscheidungen, die gezielt weltweiten Wasserproblemen entgegenwirken sollen, sind somit zusätzliche Informationen nötig.«

Neue wissenschaftliche Methoden gewichten die Auswirkungen von Wassermangel und Verschmutzung stärker als bisher. Das UBA verweist in diesem Zusammenhang auf die im Internet abrufbare Water Footprint Toolbox der Technischen Universität (TU) Berlin, die einen Überblick über die komplexen und nicht immer offensichtlichen Zusammenhänge liefere. So hätten Nüsse, Baumwolle und Reis nur einen Massenanteil von drei Prozent an den nach Deutschland importierten Agrarprodukten. Ihr Anteil am sogenannten knappheitsgewichteten Wasserfußabdruck liege aber bei mehr als 50 Prozent – mit den größ ten Auswirkungen in den USA, Spanien, Usbekistan und dem Iran.

Der Wasserfußabdruck deutscher Agrarimporte sei »zwischen 2000 und 2015 um mehr als zwanzig Prozent gesunken, weil vor allem weniger Baumwolle importiert wurde, die besonders intensiv bewässert werden muss. Es könnten aber statt des Rohstoffs mehr fertige Textilien, Garn oder Stoffe mit noch höherem Wasserfußabdruck eingeführt worden sein«, so das UBA. Es verweist zudem auf Forschungsprojekte, wonach »das Wasser, das Unternehmen direkt an ihren Produktionsstandorten gebrauchen, weniger als fünf Prozent ihres Wasserfußabdrucks ausmacht. Güter dagegen, die Betriebe für ihre Produktion weltweit beziehen, tragen den wesentlich größeren Teil bei.«

Ein wahrhaft komplexes Thema.

Im Auftrag des Umweltbundesamtes hat die Berliner TU speziell die Wassernutzung Deutschlands im In- und Ausland analysiert und dabei »die globalen Folgen und lokalen Konsequenzen deutlich gemacht«, wie das UBA schreibt. Ergebnis: »Während jede Person in Deutschland zum Trinken, Waschen, Putzen und Kochen um die 130 Liter Wasser am Tag verwendet, beträgt der konsuminduzierte Wasserverbrauch täglich rund 7200 Liter pro Kopf oder für ganz Deutschland 219 Milliarden Kubikmeter pro Jahr. Davon stammen nur 14 Prozent des Wassers aus Deutschland selbst, aber 86 Prozent aus dem Ausland. Je nach Berechnungsweise und Datengrundlage können solche Angaben zwar stark schwanken, aber grundlegende Aussagen behalten in der Tendenz ihre Gültigkeit.«

Im Forschungsvorhaben der TU Berlin im Auftrag des Umweltbundesamtes lag der Schwerpunkt »wegen seiner großen Bedeutung für die Wasservorräte im In- und Ausland auf Deutschlands blauem Wasserfußabdruck, also der Entnahme von Wasser aus Flüssen, Seen und dem Grundwasser. Ihn dominieren vor allem Agrarprodukte wie Gemüse, Früchte, Nüsse und verschiedene Nutzpflanzen wie zum Beispiel Baumwolle; außerdem Weizen, Reis, Getreide, Zuckerrohr, Zuckerrüben und Ölsamen. Regionen, die einen großen Anteil daran haben, sind Asien – vor allem Pakistan, Indien, China sowie die Umgebung des Aralsees –, Nordafrika – insbesondere am Nil –, Irak und Iran, Spanien und die Mississippi-Region in den USA.«

Den höchsten Beitrag am inländischen konsuminduzierten Wasserfußabdruck, so fanden die Berliner Wissenschaftler heraus, habe Deutschland selbst: »Um die 9,7 Prozent des konsuminduzierten blauen Wasserverbrauchs von Deutschland überschreiten die lokalen Belastbarkeitsgrenzen von Einzugsgebieten und sind somit nicht nachhaltig – vor allem im Mittleren Osten, in Spanien und Asien, aber auch in Afrika, in den USA, in Mexiko und Griechenland.«

Setzen wir diese wissenschaftlichen Erkenntnisse doch einmal um in einige wenige, aber einprägsame Zahlen, bezogen auf unseren Alltag. Um eine Tasse Kaffee herzustellen, werden statistisch/virtuell 132 Liter Wasser benötigt. Hauptsächlich für die Bewässerung der Pflanzen; ebenfalls eingerechnet ist auch der Wasserverbrauch entlang der Lieferkette von der Kaffeebohnenplantage bis zu unsereins als Verbraucher. Ebenso die Verunreinigungen von Boden und Grundwasser. Ein anderes Beispiel, das vor allem Vegetarier und Veganer argumentativ in die Karten spielt: Um ein Kilogramm Rindfleisch zu produzieren werden etwa 15 000 Liter Wasser benötigt.

Die segensreiche Stiftung des früheren Profifußballers Neven Subotić, die Menschen in Äthiopien, Kenia und Tansania zu sauberem Trinkwasser und Hygiene und damit zu einem »selbstbestimmten Leben in Gesundheit und Würde« verhilft, nennt einige andere Zahlen, die das Thema Wasserfußabdruck anschaulich machen: Zehn Liter sind für ein Blatt Papier nötig. 110 Liter für ein Kilogramm Tomaten. 1300 Liter für ein Kilogramm Weizen. 2400 Liter für einen Hamburger. 4100 Liter für ein T-Shirt. 13 000 Liter für ein Smartphone. 20 000 Liter für einen Computer. 400 000 Liter für ein Auto.

Wem gehört das Wasser?

Aber wem gehört eigentlich das Wasser, das in Flüssen fließt, Seen füllt oder unterirdisch sickert, strömt oder ruht? In Deutschland gehöre »Wasser niemandem und allen«, sagt Professor Michael Reinhardt, Direktor des Instituts für deutsches und europäisches Wasserwirtschaftsrecht der Universität Trier. »Es ist nicht eigentumsfähig, sondern Allgemeingut, und die Gesetze sehen vor, dass der Staat über die Zuteilung wacht und bestimmt.«

Das übernehmen die Landesbehörden. Sie müssen »auf eine sorgsame Bewirtschaftung im Interesse der Allgemeinheit achten«, so Reinhardt. Dabei habe »niemand einen Rechtsanspruch auf Wasser. Am Ende ist es immer eine Ermessenssache der zuständigen Behörden, wer wie viel bekommt.« Grundsätzlich habe die öffentliche Versorgung Vorrang vor privatwirtschaftlichen Interessen und damit auch vor denen der Industrie oder von Getränkeherstellern.

So weit, so einfach. Im Detail ist die Sache allerdings komplizierter, juristisch zumindest. Ein kleiner, theoretischer Exkurs ist daher an dieser Stelle unvermeidbar. Es gibt das Wasserrecht, was an sich ein ziemlich weit gefasster Begriff ist. Als Teil des Umweltrechtes beinhaltet es die Themen Bewirtschaftung von Gewässern und Umgang mit Grundwasser im weitesten Sinne. Über allem steht die Prämisse, Wasser sauber zu halten oder sauber zu machen, aber auch, Menschen vor Gefahren zu schützen (beispielsweise vor Hochwasser) und Versorgungssicherheit für private Haushalte und die Wirtschaft herzustellen. Das Umweltbundesamt beschreibt die Gemengelage so: »Wenn wir Wasser nutzen, konkurrieren häufig wirtschaftliche und ökologische Interessen miteinander. Einerseits brauchen wir Wasser zum Trinken, zur Energiegewinnung und zum Transport unserer Waren. Andererseits ist auch die Natur (Tiere und Pflanzen) auf ausreichend Wasser in guter Qualität angewiesen. Das Wasserrecht versucht, zwischen diesen unterschiedlichen Ansprüchen zu vermitteln.«

Die Konkurrenz wird umso größer, je knapper die Ressource Wasser wird. Dann konkurrieren öffentliche Interessen mit wirtschaftlichen, ökologischen und privaten. Aufgabe des Gesetzgebers und in der Folge der zuständigen Behörden ist es, diese Interessen möglichst gerecht und im Sinne der Allgemeinheit auszubalancieren. Wobei Gewässerschutz allein auf nationaler oder auf Länderebene weder vorstellbar noch organisierbar ist, mehr noch, es ist unrealistisch. Denn Wasser, ob es nun in Flüssen fließt oder unterirdisch, orientiert sich nicht an von Menschen gezogenen staatlichen Grenzen.

Fußend auf dieser an sich banalen Erkenntnis, hat sich die EU seit Mitte der 1970er-Jahre das Thema Gewässerschutz immer mehr zu eigen gemacht und europäische Vorgaben und Richtlinien erlassen. Sie alle an dieser Stelle en détail aufzulisten und zu beschreiben, würde zu weit führen und den Rahmen dieses Buches bei Weitem sprengen. Einschlägige Informationen finden sich auf Internetseiten der EU, der deutschen Umweltministerien und des Umweltbundesamtes. Nur so viel sei noch festgehalten: Die am 23. Oktober 2020 erlassene Wasserschutzrichtlinie der EU ist die fundamentale Grundlage für den staatlichen Umgang mit Wasservorkommen in Europa.

Nicht zum Wasserrecht zählt hierzulande die Trinkwasserverordnung. »Die deutsche Trinkwasserverordnung ist die Grundlage dafür, dass das Trinkwasser in Deutschland zu den weltweit besten zählt«, schreibt der DVGW, der Deutsche Verband des Gas- und Wasserfaches. Seit 2001 definiert die Verordnung die einschlägigen Standards, sei es für die Beschaffenheit von Trinkwasser als solches oder auch die Pflichten und anderen Vorgaben für die Versorgungsunternehmen und die Überwachungsbehörden. Auch die deutsche Trinkwasserverordnung, die – wie alle Vorschriften – ständig überarbeitet wird, steht im Einklang mit einer europäischen Vorgabe, der EU-Trinkwasserschutzrichtlinie.

Das Wasserhaushaltsgesetz regelt in seinem § 50 eindeutig: »Die der Allgemeinheit dienende Wasserversorgung (öffentliche

Wasserversorgung) ist eine Aufgabe der Daseinsvorsorge. Hierzu gehört auch, dass Trinkwasser aus dem Leitungsnetz an öffentlichen Orten durch Innen- und Außenanlagen bereitgestellt wird, soweit dies technisch durchführbar und unter Berücksichtigung des Bedarfs und der örtlichen Gegebenheiten, wie Klima und Geografie, verhältnismäßig ist.«

Und was noch wichtiger ist und viel zu häufig in Vergessenheit gerät oder bewusst verdrängt wird: Es gilt laut Gesetz das Prinzip der Ortsnähe: »Der Wasserbedarf der öffentlichen Wasserversorgung ist vorrangig aus ortsnahen Wasservorkommen zu decken, soweit überwiegende Gründe des Wohls der Allgemeinheit dem nicht entgegenstehen«, heißt es im zweiten Absatz des Paragrafen 50. »Der Bedarf darf insbesondere dann mit Wasser aus ortsfernen Wasservorkommen gedeckt werden, wenn eine Versorgung aus ortsnahen Wasservorkommen nicht in ausreichender Menge oder Güte oder nicht mit vertretbarem Aufwand sichergestellt werden kann.«

Nur um ein Gefühl zu entwickeln, ein, zwei Zahlen: Das Kanalnetz in Deutschland ist 608 052 Kilometer lang, das Trinkwassernetz immerhin 544 000 Kilometer.

Der Mineralwasserstreit im Altmühltal

Doch was heißt es in der Praxis, wenn der Trierer Wasserrechtsprofessor Michael Reinhardt davon spricht, Wasser sei »nicht eigentumsfähig, sondern Allgemeingut«, gehöre »niemanden und allen«, wobei keiner »einen Rechtsanspruch auf Wasser« habe? Wie kann es vor diesem Hintergrund sein, dass Landwirte mancherorts Wasser aus dem Boden oder aus Flüssen pumpen dürfen, ohne dafür zu bezahlen? Oder wer regelt, dass Mineralwasserfirmen dieses Allgemeingut profitabel nutzen dürfen? Können Bauern und Mineralwasserhersteller einfach so behaupten, sie würden schließlich für das Allgemeinwohl wirtschaften?

Es gibt aktuell wohl keinen Bereich, wo der Verteilungskampf seit geraumer Zeit derart eskaliert wie in der Mineralwasserwirtschaft.

Im Herbst 2022 erregt ein Geschmackswettbewerb internationales Aufsehen, der die Absurdität, die dem Mineralwassergeschäft innewohnt, auf die Spitze treibt. Das International Taste Institute in Brüssel zeichnet mehrere Dutzend angebliche Spitzen-Mineralwässer aus, die einen mit einem Diamond Taste Award, die anderen mit dem Crystal Taste Award und schließlich wiederum andere mit dem Superior Taste Award. Wässerchen, die nicht selten in homöopathischen Mengen in aufwendige Flakons abgefüllt und entsprechend teuer angeboten werden. Die teuersten von ihnen kosten locker 100, 200 oder noch mehr Euro – pro Liter, wohlgemerkt.

Die besonders prämierten Wässer kommen aus Paraguay und Saudi-Arabien, aus Uruguay, Griechenland, Finnland, von den Fidschi-Inseln und natürlich aus Japan, wo gleich mehrere der angeblich besten Mineralwässer der Welt aus der Erde sprudeln sollen. Hinter dem skurrilen Treiben steckt der Plan der Mineralwasserindustrie, einen ähnlichen Geschmackskult zu inszenieren, wie es Winzer beim Wein oder Craft-Bier-Brauer bei ihren Spezialmischungen tun. Nicht umsonst gibt es auch Mineralwasser-Sommeliers, die in Spitzenhotels Dienst tun, oder eben für scheinbar neutrale und mit einem wissenschaftlichen Touch (von wegen »Institut«) versehene Unternehmen arbeiten. Auch das International Taste Institute ist ein solches. Mineralwasserhersteller, die ihre Produkte dort von eigens engagierten Juroren testen und prämieren lassen wollen, zahlen dafür. Was als Auszeichnung augenscheinlich neutral und unbestechlich rüberkommt, ist nicht selten gekauft. So funktioniert das vielfach im gesamten Lebensmittelsektor.

Hier sind zweifellos Marketingprofis am Werk, die hübsche Erzählungen kreieren, mit denen Verbraucher angelockt und zum Kauf animiert werden sollen. »Mineralwasser Nyne gewinnt Geschmackspreis« lautet die Überschrift über einer Pressemitteilung der Firma Nyne Waters, als sie im Herbst 2022 von besagter Brüsseler Geschmacksbude mit einem Superior Taste Award belohnt wird. Das Mineralwasser Nyne, erfährt man in der von zahllosen Internetportalen und in sozialen Netzwerken weiterverbreiteten Meldung, komme »aus dem südamerikanischen Paraguay, wo es durch einen feinen Riss in einer Gesteinsformation gewonnen wird. Durch das mehrfache Filtern durch Basaltgestein vulkanischen Ursprungs kommt das Wasser mit einem natürlichen pH-Wert von 9,6 aus dem Boden und ist somit deutlich alkalisch, eine Seltenheit in der Welt.« Mit einem solchen pH-Wert, ätzt daraufhin ein Glossist des *Bayerischen Rundfunks* durchaus ernsthaft allerdings, sei das Wässerchen chemisch eine »in etwa so starke Lauge wie Schmierseife oder PVC-Reiniger«. Carsten Pfau hingegen, der Chef der Firma Nyne Waters, nennt den pH-Wert von über neun »sehr selten und sehr wertvoll«, denn Nahrungsmittel mit hohen pH-Werten könnten »grundsätzlich einer Übersäuerung des Körpers entgegenwirken, einem Phänomen der modernen Zeit. Fest steht, dass Wasser mit einem hohen pH-Wert zu einer sehr viel schnelleren

Hydrierung des Körpers führt, daher ist es bei Sportlern sehr beliebt. Aber auch andere Gesundheitsvorteile soll eine basische Ernährung mit sich bringen, es wird in dieser Hinsicht eifrig geforscht.« Pfaus exklusives Mineralwasser habe außerdem »einen sehr hohen Anteil an Silizium, was allein für sich genommen bereits unzählige Gesundheitsvorteile mit sich bringt, aber es verleiht dem Wasser eben auch einen seidig-sanften Geschmack, die Leute sind begeistert«. Und weiter: »Alkalisches Wasser ist oftmals leicht bitter oder metallisch im Geschmack, das ist bei uns zum Glück nicht der Fall. Bei aller Gesundheit – schmecken soll es schließlich auch.« Und so weiter und so weiter im PR-Sprech.

Was die Geschichte ethisch fragwürdig macht, ist der Herkunftsort des teuren Nyne-Wässerchens: Paraguay nämlich, einerseits das wasserreichste Land Lateinamerikas. Andererseits hat dort ein Drittel der Einwohner keinen Zugang zu sauberem Trinkwasser, wie die angesehene französische Zeitung *Le Monde diplomatique* schrieb. Selbst armen Menschen bleibt angesichts von unsauberem Leitungswasser nichts anderes übrig, als Trinkwasser in 20-Liter-Kanistern zu kaufen. Sie kosten 180-mal so viel wie das »angeblich saubere Leitungswasser, das tatsächlich immer erst abgekocht werden muss«, schreibt das Blatt. »500 Unternehmen entnehmen kostenlos Wasser aus den unterirdischen Speichern und leiten es an Orte, die nicht ans staatliche Leitungsnetz angeschlossen sind, vor allem im Bezirk Central, außerhalb von Asunción, wo 70 Prozent der Bevölkerung Paraguays leben. Das ist eine absurde Situation in einem so wasserreichen Land wie Paraguay«, schrieb *Le Monde diplomatique*.

Vor diesem Hintergrund grenzt es an Unanständigkeit, Wasser, das allen Paraguayern gehört, aus dem Boden zu holen und es für Unsummen als Luxusgut exklusiv an Menschen mit sehr großem Geldbeutel zu verkaufen (andere können es sich nicht leisten). BR-Journalist Peter Jungblut spitzte es in einer Hörfunk-Glosse wundervoll zu:»Die erwähnte Marke aus Paraguay gibt es als ›Geschenk der Erde‹, wie es auf dem schicken Glas mit 600 Millimetern Inhalt heißt, was aber vermutlich nicht bedeutet, dass der Rechnungsbetrag nicht abgebucht wird. Weil der Inhalt ja offenkundig ein Geschenk ist, müssen Sie vermutlich das ›Y‹ im Namen bezahlen, denn das ist laut Eigenwerbung nicht nur ein Buchstabe, sondern in der Sprache der Guarani auch ein Wort, nämlich das für Wasser, und wenn Sie Ihren Arzt oder Anwalt auf ein Wort besuchen, ist das ja auch nicht kostenlos, obwohl das Gespräch als solches manchmal umsonst ist.«

Nyne ist ein Extrembeispiel für Profitmaximierung mit Mineralwasser. Ein fragwürdiges Geschäftsmodell, bei dem einige wenige großen Reibach machen und ein Großteil der Menschen leer ausgeht. Sauberes Trinkwasser als Luxusgut? Geschmacksrankings mit der (von den Firmen gekauften) Kür angeblicher Spitzen-Mineralwässer kann man getrost vergessen, sie sind ohne jede Aussagekraft. Der Kernvorwurf jedoch, nämlich die Bereicherung am Allgemeingut Wasser zum Zwecke privater Profitmaximierung, trifft immer häufiger auch Mineralwasserhersteller in Europa – und vor allem Deutschland. Auch hier gilt: Jahrzehntelang interessierte sich die breite Öffentlichkeit nicht für dieses Geschäftsmodell. Das ändert sich allerdings seit geraumer Zeit. Endlich.

Denn die Mineralwasserhersteller betreiben ein schon auf den ersten Blick zweifelhaftes Geschäftsmodell: Sie fördern umsonst oder für einen Bruchteil dessen, was Verbraucherinnen und Verbraucher für ihr Leitungswasser bezahlen, das Allgemeingut Wasser und privatisieren es gewinnbringend. Sie füllen es in Flaschen ab, verkaufen es weiter und streichen selbstverständlich die Gewinne daraus ein. Jahrzehntelang stellte das niemand infrage. Die etwa 200 Mineralbrunnen hierzulande, die meisten davon Familienunternehmen, konnten ungehindert aus dem Vollen schöpfen, ihre Wässerchen und Limonaden als Selbstverständlichkeiten verkaufen, ohne vom Radar der kritischen Öffentlichkeit erfasst zu werden. Und speziell Bayern ist ein Paradies für Mineralwassererzeuger; der Freistaat ist eines von drei Bundesländern, in denen kein sogenannter Wassercent erhoben wird, kein Entgelt dafür, dass die Unternehmen sich am Allgemeingut Wasser bedienen. Hinzu kommt häufig die Ökobilanz. Sie fällt zwangsläufig schlecht aus, wenn Mineralwasser Hunderte Kilometer durch die Lande gefahren, womöglich sogar aus dem Ausland herangekarrt wird.

Sommer 2018. Deutschland erlebt eine Hitzeperiode wie selten. Mancherorts rücken Tankwagen aus, um die Bevölkerung in von besonderer Trockenheit heimgesuchten Dörfern und Gemeinden mit Trinkwasser zu versorgen, nachdem ihre eigene Versorgung mangels ausreichend Wassernachschub zusammengebrochen ist. Die Fernsehbilder davon irritieren. Man kennt so etwas aus Afrika – aber in Deutschland? Erstmals setzt hierzulande eine nennenswerte, öffentliche Diskussion um die Wasserversorgung ein. Und mittendrin, im August 2018, gibt Günter Kutschera in der Lokalzeitung *Treuchtlinger Lokalzeitung* ein Interview. Er spricht darüber, dass Altmühltaler seine Abfüllanlagen aus der Innenstadt an den Stadtrand verlagern könnte. Dazu muss man wissen: Das Firmengelände von Altmühltaler, einem der größten Mineralwasserhersteller Deutschlands, grenzt am Stammsitz Treuchtlingen, einem 13 000 Einwohner zählenden Städtchen im bayerischen Altmühltal, unmittelbar an das Rathaus an und reicht bis kurz vor eine Schule. Ein städtebauliches Filetstück mitten im Ortskern, das voll ist mit hohen, grauen Edelstahltanks, Fabrikanlagen und Rampen für Lastwagen, die das abgefüllte Mineralwasser von hier aus in ganz Deutschland verteilen. Für die Anwohner und die Besucher der Treuchtlinger Innenstadt bedeutet dies enormen Lieferverkehr von frühmorgens bis spätabends.

Deswegen stoßen Kutscheras Gedankenspiele auch auf grundsätzliches Wohlwollen in Treuchtlingen. Zumal der oberste familienfremde Manager im Getränkeimperium der Familie Schäff einen weiteren Köder auswirft, um die Treuchtlinger zu locken. Käme es tatsächlich zur Aussiedlung an die Peripherie, wo Altmühltaler seit 2018 bereits einen zweiten Standort betreibt, werde das Unternehmen dort weitere 65 Millionen Euro investieren. Die Aussicht auf Ruhe und städtebauliches Entwicklungspotenzial in der Innenstadt sowie eine enorme Investition, die zweifellos Arbeitsplätze und Gewerbesteuereinnahmen für das im Übrigen hoch verschuldete Städtchen sichern würde, sind vermutlich die Gründe, weshalb der zweite Teil von Kutscheras Botschaft in ihrer Brisanz lange nicht erkannt wird. Altmühltaler, sagt er nämlich, stelle für all dies »massive Bedingungen, die erst erfüllt werden müssen«.

Was genau Kutschera damit meint, erfährt die Öffentlichkeit zunächst nicht. Es fragt auch niemand nach, zumindest nicht öffentlich. Vielmehr treibt die Firma ihre Pläne auf der Ebene der Behörden und der Kommunalpolitik voran, ohne dass die Bevölkerung über Dimension und Details informiert wird. Weder vom Unternehmen noch von den Behörden und vor allem nicht von der Stadt Treuchtlingen. »Wir wollten erst abwarten, was die Behörden entscheiden, und dann die Bevölkerung informieren«, rechtfertigt der Treuchtlinger Bürgermeister Werner Baum (SPD) das Schweigekartell. Mit anderen Worten: Wir verkünden euch die Botschaft erst dann, wenn alles entschieden ist und jeder Bürgerprotest zu spät kommt. Diese Geheimniskrämerei wird im Nachhinein dazu beitragen, dass der an sich beliebte und sympathische Sozialdemokrat Baum 2020 nach zwölf Jahren überraschend aus dem Amt gewählt wird.

So wird erst Monate später, im Frühjahr, durch einen Bericht der *Süddeutschen Zeitung* bekannt, welche »massive Bedingungen« Altmühltaler im Gegenzug für die Verlagerung an den Stadtrand fordert. Nämlich die Erlaubnis, zusätzlich zu behördlich bereits genehmigten 250 000 Kubikmetern weitere 300 000 Kubikmeter besonders altes und reines Tiefengrundwasser aus dem Boden zu pumpen, um es zu Mineralwasser zu verarbeiten und zu verkaufen. Macht 550 000 Kubikmeter pro Jahr, mehr als eine Verdoppelung der Tiefengrundwasser-Entnahmemenge also. Dazu muss man wissen, dass Altmühltaler darüber hinaus weitere 400 000 Kubikmeter aus oberflächennahen Flachbrunnen in Treuchtlingen entnimmt; diese Rechte sind bis 2034, langfristig also, festgeschrieben. Macht zusammengerechnet 650 000 Kubikmeter Grundwasser, die der Mineralwasserriese bereits abschöpfen darf. Kämen die 300 000 Kubikmeter hinzu, läge die Gesamtentnahme in Treuchtlingen bei knapp einer Million Kubikmetern pro Jahr.

Doch nicht allein die Menge der geforderten zusätzlichen Kubikmeter entzündet 2019 die Gemüter, sondern die Tatsache, dass es sich dabei um besonders wertvolles Tiefengrundwasser handelt. Es ist 10 000 Jahre alt und Teil eines riesigen

Grundwasserleiters, der sich über fast 10 000 Quadratkilometer mitten in Bayern erstreckt, und aus dem sich auch zahlreiche Stadtwerke und andere öffentliche Versorger bedienen. Wovon noch die Rede sein muss.

Es ist der erste große Konflikt zum Thema Mineralwasser in Deutschland, der da 2018 und 2019 in Bayern Fahrt aufnimmt. Und er wird sich in mehrfacher Hinsicht zu einem weit über Treuchtlingen und das Altmühltal hinaus exemplarischen Verteilungskampf um Trinkwasser auswachsen, um besonders altes, reines und damit wertvolles noch dazu. Auch die Umstände sind keine lokalen Besonderheiten. Es geht um sehr viel Grundsätzliches. Die ethische Frage zum Beispiel, ob es statthaft ist, mit einem Allgemeingut Profit zu machen und es dann nicht einmal für nötig zu befinden, das eigene Tun der Öffentlichkeit im Dialog zu erklären.

Zum Lehrstück gehört auch, wie unzeitgemäß die Beteiligten ihre Rollen einnehmen. Da ist ein Unternehmen, dem jede moderne Kommunikationskultur fremd ist, das intransparent agiert und seine Profitinteressen mit einem arroganten Entweder-oder (entweder wir bekommen, was wir wollen, oder es wird nix mit der Verkehrsentlastung) ziemlich rücksichtslos auf Kosten der Allgemeinheit durchdrücken will. Da sind einem großen Steuerzahler und Arbeitgeber vor Ort gegenüber (aus bis zu einem gewissen Punkt durchaus nachvollziehbaren und verständlichen Gründen) willfährige Kommunalpolitiker, die eine schwierige, undankbare Abwägung treffen müssen. Im konkreten Fall zwischen der Stadtentwicklung, dem Lärmschutz und der Verkehrssicherheit einerseits und andererseits dem Ressourcenschutz über ihr Stadtgebiet hinaus. Da sind ferner Behörden, die lange maximal großzügig waren, sich teilweise selbst widersprechen und mindestens ungeschickt agieren. Vermutlich auch, weil sie Angst haben müssen, von Politikern bis hin zu Landesministern eingefangen und überstimmt zu werden.

So eskaliert ein Konflikt an einem Schauplatz, der eigentlich Friedlichkeit ausstrahlt. Treuchtlingen liegt ganz im Süden Frankens, geografisch in etwa in der Mitte Bayerns. Die Menschen hier sind umstürzlerischer Umtriebe eher unverdächtig. Nicht weit entfernt liegt Solnhofen mit seinem weltbekannten Steinbruchgebiet, wo mehrere Exemplare fossile Urvögel (Archäopteryx) gefunden wurden. Ein überdimensionaler Ammonit als Denkmal am Kreisverkehr gleich neben einem formidablen städtischen Thermalbad begrüßt die Besucher. Früher lebte Treuchtlingen weitgehend von der Eisenbahn, denn hier kreuzen sich zwei für den Freistaat wichtige Schienenstränge. Doch die Bedeutung der Bahn als Arbeitgeber nahm stetig ab. Es gibt nur wenige größere Firmen (und damit Gewerbesteuerzahler) und eine der wichtigsten ist der Getränkehersteller Altmühltaler. Ein Unternehmen mit einer nicht skandalfreien Vorgeschichte.

1898 übernahm ein Vorfahre der Familie Schäff eine bestehende Brauerei, die fortan unter dem Familiennamen firmierte. Ihr Bier, im späteren 20. Jahrhundert auf dem Flaschenetikett beworben als »quellfrisch aus dem Naturpark Altmühltal« und »ausgezeichnet für Reinheit und Qualität«, wurde hauptsächlich in der näheren Umgebung verkauft, 1985 allerdings schlagartig bundesweit bekannt. Ein Gericht verurteilte Inhaber Friedrich Schäff, damals 47, rechtskräftig zu 45 000 D-Mark Strafe, weil er gegen die »Zusatzstoff-Zulassungsverordnung« des »Lebensmittel- und Bedarfsgegenständegesetz« verstoßen hatte. Als nämlich eine Charge Schäff-Bier am Umkippen war und ungenießbar zu werden drohte, mischte man zur Stabilisierung

Essigsäureverbindungen bei; Chemikalien, die eigentlich als Desinfektionsmittel verwendet werden. Bereits fünf Jahre zuvor war Friedrich Schäff wegen einer unerlaubten Färbung seiner Biere verurteilt worden.

Die Bierpanscherei brachte dem selbstbewussten Unternehmer viel Kritik und Häme ein, sein Bier verlor viele Trinker. Also sattelten die Schäffs 1987 auf alkoholfreie Getränke um, speziell auf Mineralwasser. Nach und nach schuf die zurückgezogen lebende Familie ein verschachteltes, schwer durchschaubares Fimenkonglomerat. Zur Firma Altmühltaler Mineralbrunnen kamen im Lauf der Jahre die Marken Vitaqua, Brandenburger Urstromquelle, Germeta, Warburger Waldquell oder Antonius Quelle hinzu. Für Branchenfremde fast unmerklich stieg die Provinzfirma zur nationale Mineralwasser-Größe auf. Wobei anders als der Name Altmühltaler suggeriert, ist der Firmensitz seit 2019 nicht mehr im bayerischen Treuchtlingen, sondern im brandenburgischen Baruth. Der Konzern beliefert vornehmlich Discounter wie Aldi Nord, Aldi Süd und Netto mit Eigenmarken. Aber auch den genossenschaftlichen Supermarktriesen Edeka.

Als 2019 in Treuchtlingen Details über das heimlich ausgehandelte Konstrukt zwischen der Stadt Treuchtlingen und dem Mineralwasserkonzern durchsickern, reagieren viele Bürgerinnen und Bürger irritiert. Beantragt sind formal lediglich Probebohrungen, bei denen die Entnahme bis 2026 jährlich gesteigert werden soll, auf am Ende besagte 300 000 Kubikmeter. Die sollen aus einem ungenutzten städtischen Brunnen kommen, den die Stadt Treuchtlingen Altmühltaler verpachten will. Die Kommune hatte ihn 1986 für ihre eigene Trinkwasserversorgung bohren lassen, aber nie genutzt. Weshalb im laufenden Genehmigungsverfahren pikanterweise nicht die Firma Altmühltaler als Antragstellerin auftritt, sondern die Treuchtlinger Stadtwerke. Wenn man so will als »Strohmann« respektive »Strohfrau«.

Die tatsächlichen Verhältnisse sind nicht einmal einem behördlichen Fachgutachter klar, der in seiner Expertise irrigerweise schreibt, die Stadt wolle den Brunnen »zur Absicherung ihrer Trinkwasserversorgung« in Betrieb nehmen. Nur ein Versehen? Unglücklich formuliert? Oder ein Trick, um die wahren Verhältnisse auch gegenüber den Behörden zu verschleiern? Erst auf Betreiben des Wasserwirtschaftsamtes wird der »Fehler« in den Antragsunterlagen korrigiert.

Einheimisches Wasser nur im Supermarkt

»Wir planen das gemeinsam mit der Firma«, rechtfertigt sich Bürgermeister Baum, als das irreführende Konstrukt bekannt wird. Wobei er in alledem eine parteiübergreifende, große Mehrheit des Stadtrats hinter sich weiß. Die freundliche Hilfe der Kommune erklärt sich auch durch den Umstand, dass die Getränkefirma »seit über 100 Jahren ihren Firmensitz mitten im Zentrum« habe und »zu den größten Arbeitgebern und Gewerbesteuerzahlern« zähle, wie das Stadtoberhaupt im Juli 2019 in einem Rundbrief an alle Haushalte schreibt. Ihre Fördermenge auszuweiten »würde Arbeitsplätze sichern und wir bekämen den enormen Schwerlastverkehr endlich raus aus der Stadt«. Das sei »eine Riesenchance«, schwärmt Baum. Der Umzug der Abfüllanlagen würde mitten in Treuchtlingen zwei Hektar Fläche frei machen, »die wir dann städtebaulich entwickeln könnten«.

Auf konkrete Nachfrage muss Bürgermeister Baum allerdings einräumen, dass unklar ist, wie viel die Kommune überhaupt mitbestimmen kann. Ob die Familie Schäff bereit ist, die Fläche der Stadt zu überlassen und zu welchen Konditionen. Oder ob sie sie selbst bebauen lassen will. Alles ist vage und unklar, verbindliche Verträge gibt es nicht; »das muss noch ausverhandelt werden«, räumt Baum ein. So viel Gutgläubigkeit darf verwundern, denn auch nach dem Bierskandal erwies sich das Familienunternehmen nicht immer als seriöser Partner.

So wurde im Jahr 2000 am Rande eines Verfahrens am Verwaltungsgericht bekannt, dass Schäff jahrelang Zehntausende Kubikmeter mehr Wasser aus dem Boden geholt hat als erlaubt. Offenbar hatte behördlicherseits niemand die Entnahme kontrolliert; man hatte sich im zuständigen Landratsamt Weißenburg-Gunzenhausen auf die Firmenangaben verlassen – oder weggeschaut. Trotzdem verzichtete die derart hinters Licht geführte Genehmigungsbehörde auf Konsequenzen. Was im Verwaltungsgerichtsprozess 2000 den Richter verblüfft; das sei aber »ausgesprochen großzügig und entgegenkommend« gewesen, merkt er ironisch an.

Die behördliche Willfährigkeit hat damit noch längst kein Ende. 2005 stockt das Landratsamt das Entnahmekontingent von Schäff/ Altmühltaler für Tiefengrundwasser auf 200 000 Kubikmeter pro Jahr auf, 2015 noch einmal auf 250 000 Kubikmeter. Diese Maximalsumme gilt bis heute. Dabei hatte bereits 2005 ein behördlicher Fachgutachter in einer Expertise, die bislang unter Verschluss gehalten und aus der an dieser Stelle erstmals öffentlich zitiert wird, festgestellt: »Aufgrund der mächtigen Deckschichten findet lokal keine hinreichende Grundwasserneubildung statt, was zu einer fortlaufenden Speicherentleerung des

Tiefengrundwasservorkommens führt.« Es sei in der fraglichen Region »von fehlender Nachhaltigkeit und von einer Übernutzung des Grundwasservorkommens im Sandsteinkeuper auszugehen«. Verantwortlich dafür sei die Entnahme öffentlicher Versorger – und von Altmühltaler.

Der Gutachter warnt damals schon vor einer »fortschreitenden, nicht reversiblen schädlichen Veränderung der physikalischen, chemischen und biologischen Beschaffenheit des bislang unbeeinflussten, gut geschützten, fossilen Grundwasserkörpers«. Sein Fazit, wohlgemerkt bereits im Jahr 2005: »Die beantragte Grundwasserentnahme der Firma Altmühltaler Mineralbrunnen GmbH widerspricht den Bewirtschaftungszielen der EU-Wasserrahmenrichtlinie und den nationalen Wassergesetzen. Der Grundsatz der nachhaltigen Entwicklung ist ebenso wenig eingehalten wie die Grundwasserbewirtschaftungsziele des Wasserhaushaltsgesetzes (Vermeidung einer nachteiligen Veränderung des mengenmäßigen und chemischen Zustandes sowie Gewährleistung eines Gleichgewichtes zwischen Grundwasserentnahme und Grundwasserneubildung).«

Trotz alledem ist die Stadt Treuchtlingen dem Mineralwasserkonzern immer wieder gern behilflich, zum Teil auf grenzwertige Weise. Kostenlos räumt sie vor dem Bau eines bestehenden Altmühltaler Logistikzentrums am Stadtrand dort Zigtausende Kubikmeter auf ihre Kosten weg. Der von Branchenkennern als hochprofitabel eingeschätzte Familienkonzern spart sich so die Kosten für die Arbeiten und die teure Entsorgung, die aus der Treuchtlinger Stadtkasse bezahlt werden.

Auch der 2019 anstehende Wasserdeal wäre ein blendendes Geschäft – für Altmühltaler. Ganze 0,01 Cent soll der Mineralwasserriese einer vertraulichen Absprache mit der Stadt zufolge in Zukunft für jeden Liter aus dem städtischen Brunnen an die Kommune bezahlen. Zehn Cent pro Kubikmeter, macht bei 300 000 Kubikmetern maximal 30 000 Euro pro Jahr. Ein lächerlicher Betrag, denn das daraus gewonnene Mineralwasser würde für ein Vielfaches verkauft werden. »Jede Kommune würde so handeln wie wir«, verteidigt Bürgermeister Baum den Deal.

Tatsächlich? Die Treuchtlinger Bürger zahlen zu diesem Zeitpunkt für ihr Leitungswasser fast das 25-Fache dessen, was die Stadt Altmühltaler abverlangen will. Was den ganzen Vorgang im Absurden ansiedelt: Obwohl das Städtchen in einer grundwasserreichen Region liegt und über eigene Brunnen verfügt, kommt das Leitungswasser seit den 1970er-Jahren aus 28 Kilometer Entfernung über ein Fernwassernetz nach Treuchtlingen. Gewonnen wird es hauptsächlich aus Uferfiltrat in der wasserreichen Region um Genderkingen, wo der Lech in die Donau fließt. Für einen Kubikmeter davon zahlen die Treuchtlinger ab dem 1. Januar 2023 2,84 Euro, also 0,284 Cent pro Liter. Die Mineralwasserfirma Schäff zahlt für Treuchtlinger Wasser nichts, ein Liter Altmühltaler kostet im Geschäft um die 19 Cent. Macht 190 Euro für den Kubikmeter. Wenn Treuchtlinger also Treuchtlinger Wasser trinken wollen, müssen sie es im Supermarkt teuer kaufen. Abgefüllt und verpackt in PET-Flaschen von der Firma Altmühltaler. »Für mich ist das absurd«, sagt Dorothee Bucka, eine Aktive in der örtlichen Bürgerinitiative. »Unser Wasser, das uns allen gehört, sollte auch uns allen zur Verfügung stehen.«

Als das Ausmaß des Tiefenwasser-Deals bekannt wird, werfen immer mehr Menschen immer mehr kritische Fragen auf. Die Firma geht ihnen weitgehend aus dem Weg. Man hat es nach eigenem Empfinden nicht nötig, sich zu erklären oder gar kritischen

Fragen zu stellen. Man ist schließlich wer! Und rein rechtlich ist das Unternehmen dazu auch nicht verpflichtet. Die Stadt, das Wasserwirtschaftsamt Ansbach als zuständige Fachbehörde und das Landratsamt Weißenburg-Gunzenhausen, das einmal mehr über eine Genehmigung der Mehrentnahme entscheidet, versuchen die Öffentlichkeit zu beruhigen und zu beschwichtigen. Es gehe doch nur um einen Probebetrieb heißt es, befristet bis 2025. Beileibe sei noch nicht ausgemacht, dass Altmühltaler am Ende tatsächlich die zusätzlichen 300 000 Kubikmeter pro Jahr dauerhaft genehmigt werden. »Eine befristete Genehmigung ist kein Freifahrtschein, das wurde dem Antragsteller auch ganz klar mitgeteilt«, versichert Thomas Keller vom zuständigen Wasserwirtschaftsamt.

Formal stimmt das alles. Trotzdem glaubt es aus reiner Lebenserfahrung heraus kein Mensch. Welche Firma investiert 65 Millionen Euro, im konkreten Fall in die Auslagerung der Mineralwasserfabrik an den Stadtrand, wenn sie befürchten muss, dass die dafür zur Bedingung gemachte Erweiterung der Fördermenge dann doch nicht erlaubt wird? Und wenn in den Genehmigungsbescheid geschrieben wird, dass die Entnahmeerlaubnis jederzeit widerrufen werden kann. Während das Genehmigungsverfahren 2019 auf eine Entscheidung zusteuert, wächst in der Bevölkerung der Region die Sorge, dass mit dem Vehikel befristeter Probebohrungen in Wahrheit langfristige Fakten geschaffen werden sollen.

Zum Minister zitiert »wie dumme Schulbuben«

»Grundwasser stammt ganz überwiegend aus Regenwasser, das durch den Boden und den Untergrund bis in die Grundwasserleiter sickert«, definiert das Umweltbundesamt. »Oberflächennahe Grundwasservorkommen versorgen Pflanzen mit Wasser und bilden wertvolle Feuchtbiotope.« Wie viel oder wie wenig Grundwasser es gibt, hängt von mehreren Faktoren ab, vor allem natürlich vom Niederschlag. Wobei entscheidend ist, dass der Regen in die Erde einsickern kann und nicht, wie bei Sturzfluten der Fall, an der Erdoberfläche weggespült wird, weil der Boden die enorme Menge auf einmal nicht aufnehmen kann. Auch die Jahreszeit spielt bei der Grundwasserbildung eine Rolle, ebenso die Lufttemperatur (Verdunstung!), der Aufnahmebedarf von Pflanzen und der Vegetation (also wie viel sie aufsaugen) sowie Wechselwirkungen mit Flüssen und Bächen, Teichen und Seen. Und natürlich spielt eine Rolle, wie viel Regenwasser vom Menschen abgeschöpft wird und deshalb gar nicht erst im Erdreich versickert. Die Qualität des oberflächennahen Grundwassers, und damit die Frage, ob es überhaupt als Trinkwasser genutzt werden kann, hängt wesentlich davon ab, ob von oben Schadstoffe einsickern, etwa aus der Landwirtschaft.

Tiefengrundwasser, um das es im Altmühltaler-Streit geht, ist etwas völlig anderes. Es ist in der Regel mehrere Hundert, nicht selten sogar mehrere Tausend Jahre alt, besonders rein, keimfrei und ohne Verunreinigungen durch Nitrate, Pestizide oder andere schädliche Einträge wie Kunststoff oder Arzneimittelrückstände. Die entsprechenden Reservoirs liegen weit tiefer im Boden als herkömmliches Grundwasser. Meist schützen mächtige Lehm- oder Gesteinsschichten die Vorkommen nach oben. Wasser, das es da durch schafft, war sehr, sehr lange unterwegs, nicht selten eben Jahre, Jahrzehnte, Jahrhunderte, Jahrtausende. Entsprechend langsam regeneriert sich Tiefengrundwasser. »Es nimmt zum Beispiel aufgrund einer mächtigen Überdeckung durch eine gering durchlässige Schicht, aufgrund eines deutlichen Wechsels der hydraulischen Leitfähigkeit (Durchlässigkeit) innerhalb eines Grundwasserstockwerks oder aufgrund einer großen Mächtigkeit des Grundwasserstockwerks nur langsam am Wasserkreislauf teil«, schreibt das Landesamt für Umwelt in Bayern. »Tiefengrundwasservorkommen bestehen unter anderem im Jura (Dogger, Malm), Keuper (Benker Sandstein, Sandsteinkeuper) und Tertiär (Vorlandmolasse).« Das Landesamt warnt: »Bei jedem Eingriff in das Tiefengrundwasser und bei der Nutzung von Tiefengrundwasser besteht ein besonderes Risiko nachteiliger irreversibler Veränderungen der Wasserbeschaffenheit und Wassermenge. Auch tiefgreifender Rohstoffabbau oder tiefe Bohrungen (zum Beispiel Erdwärmesonden) können diese empfindlichen Grundwasservorkommen schädigen und sind daher zu vermeiden.«

Das bayerische Landesentwicklungsprogramm beschreibt allgemeingültig über den Freistaat hinaus »Tiefengrundwasser als eine eiserne Reserve für die Versorgung der Bevölkerung in besonderen Not- und Krisenfällen«. Daher sei es »besonders zu schonen. Wenn keine zumutbaren Versorgungsalternativen vorliegen, darf Tiefengrundwasser nur vorrangig für Trinkwasserzwecke oder gegebenenfalls für Zwecke genutzt werden, für die eine bestimmte Wasserbeschaffenheit erforderlich ist. Dabei sind in beiden Fällen strenge Maßstäbe an eine sparsame und nachhaltige Nutzung anzulegen.«

Eiserne Reserve für Not- und Krisenfälle? Keine zumutbaren Alternativen? Vorrangig für öffentliche Trinkwasserzwecke? Haben die Behörden, die über den Altmühltaler-Antrag zu entscheiden haben, all dies gelesen, es verinnerlicht? Wenn fachliche Gründe eine Rolle spielen, dann dürfen sie den Treuchtlinger Antrag folgerichtig nicht genehmigen.

Doch fatalerweise ist bei Genehmigungsbehörden und in der Politik das Problembewusstsein in Sachen Tiefengrundwasser bisweilen schlecht ausgeprägt. Jürgen Schröppel, der Oberbürgermeister der Treuchtlinger Nachbarstadt Weißenburg, machte da seine ganz eigenen Erfahrungen. Als die Altmühltaler-Debatte 2019 Fahrt aufnimmt, denkt er mit Wut und Schrecken sechs Jahre zurück, an den 24. Juli 2013. Sollte sich Geschichte auf fatale Weise wiederholen?

Kurzfristig habe man ihn und seine Mitarbeiter damals in das bayerische Umweltministerium nach München »zitiert wie dumme Schulbuben zum Direktor«, erzählt Schröppel. Und so seien sie dort auch behandelt worden. Überraschend leitete Bayerns damaliger Umweltminister Marcel Huber (CSU) die Sitzung persönlich. Auch damals ging es um die Frage, wie viel Tiefengrundwasser der Altmühltaler-Konzern entnehmen darf. Schröppel war zu der Sitzung geladen worden, weil die Stadt Weißenburg in unmittelbarer Nähe Trinkwasser aus denselben Schichten fördert wie die Schäffs ihr Mineralwasser und dagegen Bedenken geäußert hatten.

Dass das Thema an höchster Stelle gelandet und nicht einfach von den zuständigen Behörden vor Ort entschieden worden war, schrieb nicht nur Schröppel dem politischen Einfluss der Unternehmerfamilie Schäff und einer fragwürdigen Willfährigkeit der damaligen CSU-Staatsregierung zu. So werden im Zweifel störrische Behörden politisch zur Räson gebracht. Mit am Tisch saßen an jenem Julitag 2013 neben dem zuständigen Landrat und dem Wasserwirtschaftsamtschef auch ein Vertreter der Firma und ein Mitglied der Familie Schäff. Schröppel sagt, ihm sei es vorgekommen, als hätten diese beiden den Takt vorgegeben und die Bedingungen diktiert, derweil ihnen die Behörden bis hinauf zum Minister höchstpersönlich willfährig folgten.

Dabei lief es ausweislich von nach dem Treffen von Beteiligten gefertigten Notizen zunächst nicht gut für die Firma. Denn kein Geringerer als der Chef des Ansbacher Wasserwirtschaftsamtes, von Berufs wegen also ein ausgewiesener Fachmann, schlug Alarm: Seit 2000 sänken die fraglichen Tiefengrundwasserspiegel. Er warf Altmühltaler vor, sich nicht ernsthaft um Alternativen bemüht zu haben, obwohl die Behörden der Firma vor Jahren bereits klargemacht hätten, dass sie in Zukunft tendenziell eher weniger Tiefengrundwasser entnehmen dürfe als mehr. Deswegen hätten sie sich einen eigenen, isolierten Grundwasserstock suchen und erschließen sollen. Das habe Altmühltaler aber nicht getan. Warum auch, konterte Firmenchef Michael Schäff den Vorwurf des Behördenleiters umgehend. Es gebe keinen solchen isolierten Grundwasserstock, und im Übrigen stiegen nach seiner Wahrnehmung die Pegel und sänken nicht. Haben die Behörden etwa keine Ahnung?

Es kam, wie zu befürchten stand. Mit ministeriellem Segen wurden die Wünsche des Unternehmens erfüllt. Über die Köpfe der Fachleute in den Behörden hinweg. »Es war eine rein politische Entscheidung«, so Schröppel Jahre später.

Je mehr über diese Vorgeschichte und das heimliche Gemauschel von Stadt und Konzern 2019 bekannt wird, desto mehr Grundsatzfragen werden in politischen Gremien, in Leserbriefen und Medienberichten, aber auch bei einer sehr gut besuchten Bürgerversammlung in Weißenburg diskutiert. Zum Beispiel, ob öffentliche Wasserversorgung nicht klaren Vorrang haben müsse vor privatwirtschaftlichen Interessen. Oberbürgermeister Schröppel sieht das so und warnt »vor negativen ökologischen oder geologischen Folgen«, sollten Altmühltaler die 300 000 Kubikmeter zusätzlich genehmigt werden.

Es ist aber auch eine kuriose Wendung, geradezu eine Ironie der Geschichte. Denn Weißenburg wollte eigentlich vorbildlich handeln und es sich nicht so einfach machen wie andere Kommunen, als sich die Stadt unter Schröppels Vorgänger Reinhard Schwirzer bewusst dafür entschloss, sich nicht einfach auf Fernwasser zu verlassen. Sondern im Geist des Wasserhaushaltsgesetzes die eigene Versorgung selbst und lokal zu organisieren. Aus Verantwortungsgefühl, nachhaltig, mit kurzen Wegen. Also bohrte Weißenburg 1992/93 zwei Tiefbrunnen.

Daraus schöpft Weißenburg 2019 etwa 40 Prozent seines Trinkwasserbedarfs. Die öffentliche Wasserversorgung dürfe »nicht ansatzweise in Gefahr geraten und muss klar Vorrang haben vor den Profitinteressen eines Unternehmens«, fordert Schröppel folgerichtig. »Und ich erwarte, dass die zuständigen Behörden das auch so sehen.« Durch die bestehenden Brunnen würde nicht nur die Stadt, sondern alle angeschlossenen Nutzer »sehr behutsam Grundwasser entnehmen«, so der SPD-Politiker. Er könne sich aber »nicht vorstellen, dass das noch der Fall ist, wenn künftig mehr als das Doppelte entnommen wird«.

Längst hat sich im Sommer 2019 der Wasserstreit im Altmühltal zu einem kommunalpolitischen Krimi entwickelt, bei
dem es noch andere merkwürdige Wendungen gibt. So erklärt
das staatliche Wasserwirtschaftsamt den beantragten Probebetrieb für vertretbar. Das irritiert doch sehr, denn dieselbe Behörde hatte mit Blick auf das Tiefengrundwasser-Reservoir, das
angezapft werden soll, bereits 2005 – 14 Jahre vorher also – vor
einer »fortschreitenden, nicht reversiblen, schädlichen Veränderung« des »bislang unbeeinflussten, gut geschützten, fossilen
Grundwasserkörpers« gewarnt. 250 000 Kubikmeter für Altmühltaler seien »gerade noch vertretbar«. Und jetzt sollen noch einmal 300 000 Kubikmeter Mehrentnahme unproblematisch sein?
Fast zur selben Zeit lehnt die Behörde bei einem öffentlichen
Trinkwasserversorger aus der Region eine leichte Entnahmestei-
gerung als »fachlich nicht vertretbar« ab. Das größte Rätsel jedoch gibt ein Gutachten der Behörde im Fall Altmühltaler auf.
Darin weisen die amtlichen Experten selbst explizit darauf hin,
dass die Tiefengrundwasser-Pegel in der Region seit Jahren sinken und sich die Wasserscheide bereits verschoben habe. Es
werde schon »mehr Grundwasser entnommen, als im derzeiti-
gen zugehörigen Einzugsgebiet neu gebildet wird«. Auch von
»anhaltend sinkenden Wasserständen« ist in der Expertise die
Rede. Trotzdem aber befürwortet das Wasserwirtschaftsamt den
Probebetrieb bis 2026; man könnte ihn schließlich jederzeit
amtlicherseits einstellen.

Solche ins Absurde gleitende Volten im Zusammenspiel mit
den erst peu à peu ans Licht gekommenen Absprachen zwischen Stadt Treuchtlingen und Altmühltaler nähren in der Bevölkerung das Misstrauen gegenüber allen Beteiligten. Geht
es noch rechtsstaatlich korrekt zu? Naturschützer, aber auch

wirtschaftsfeindlicher Umtriebe unverdächtige CSU-Kommunal-
politiker lehnen die Pläne von Altmühltaler und der Stadt Treuchtlingen ab. Das Thema dominiert wochenlang die politischen Debatten und lässt die Leserbriefspalten in den Lokalzeitungen
volllaufen. Außerparlamentarisch macht der BUND Naturschutz
mobil, eine Bürgerinitiative gründet sich, Infostände werden
aufgebaut und Unterschriften für ein Bürgerbegehren gesammelt. Am Ende sind es deutlich mehr, als dafür notwendig wären. Weißenburgs Oberbürgermeister Schröppel droht, »alles
zu tun, dass unsere Wasserversorgung nicht von dritter Seite in
Gefahr gebracht wird«. Notfalls auch juristisch. Und die Firma
Altmühltaler? Sie schweigt weiter.

Eine amtliche Broschüre der Regierung von Mittelfranken
aus dem Jahr 2016 macht die Runde, die den Protestlern argumentativ in die Hände spielt. Auch sie mahnt zu größter
Zurückhaltung beim Tiefengrundwasser: »Beim überdeckten
Sandsteinkeuper im Süden Mittelfrankens zeigen sich fallende
Druckspiegel, die möglicherweise auf eine Übernutzung hin-
deuten.« Tiefengrundwasser solle »aufgrund seiner sehr geringen
Grundwasserneubildung und seiner Reinheit in seiner natürlichen
Beschaffenheit grundsätzlich erhalten bleiben und kann nur sehr
eingeschränkt nachhaltig genutzt werden«. Die Broschüre trägt
einen hübschen Untertitel: »Heute schon an morgen denken.«

Das tut Erhard Bendig, der Wasserschützer aus Treuchtlingen,
aus eigenem Erleben und tiefer Passion für das Thema. Gleich,
als die Altmühltaler-Pläne bekannt wurden, beschaffte sich der
pensionierte Lehrer und langjährige BUND-Naturschutz-Akti-
vist amtliche Messkurven und Diagramme von Tiefengrundwas-
ser-Messstellen und wertete sie aus. Was er herauslas, beunru-
higte ihn: Seit 30 Jahren würden die wichtigen Parameter immer

schlechter, so Bendigs Fazit. Es gäbe sehr viele Hinweise auf eine Übernutzung des Tiefengrundwasser-Vorkommens, die ein Ende haben müsse. Als er in der Zeitung las, dass ein Gutachter, der von Altmühltaler bezahlt wurde, zu anderen, weniger beunruhigenden Schlussfolgerungen gekommen war, setzte sich Erhard Bendig hin und schrieb ein erbostes öffentliches Statement zu dessen Gutachten.

Immer häufiger aber kommt bei Diskussionen im privaten Kreis, an Biertischen und bei Versammlungen, in Leserbriefen und in den Diskussionen politischer Gremien eine ganz andere Frage auf, die mithilfe von Paragrafen und Pegelständen nicht zu beantworten ist: Ist es ethisch gerechtfertigt, wenn jemand jahrtausendealtes, reines Tiefengrundwasser 250 Meter hoch an die Erdoberfläche pumpt, es in Einweg-Plastikflaschen abfüllt, durch die Republik karrt und Discounter es anschließend verkaufen?

Vor 2019 kannte man solche Debatten aus armen, trockenen Ländern auf der südlichen Halbkugel. Oder aus der Auvergne und den Vogesen in Frankreich, wo sich die Lebensmittelriesen Danone (Wassermarke Volvic) und Nestlé (Vittel) dem Vorwurf ausgesetzt sehen, den gleichnamigen Gemeinden ihr Wasser abzugraben. In einer Dokumentation des Fernsehsenders Arte räumt die Pariser Rechtsprofessorin Aurore Chaigneau mit dem von Mineralwasserherstellern oft ins Feld geführten Argument auf, sie würden doch im Sinne der Allgemeinheit handeln, wenn sie dieser abgefülltes Wasser zum Trinken liefere: »Nestlé Waters stellen sich als Hüter der Ressource Wasser dar. Doch aus rechtlicher Sicht sind sie bloß Nutzer. Halten wir fest, dass sie nur da sind, um abgefülltes Wasser zu verkaufen. Dieses Unternehmen hat nur einen Zweck, nämlich aus der Ausbeutung von Wasser Profit zu schlagen.« Man dürfe, so Chaigneau weiter, »schlicht dafür sorgen, dass wir auch an den Erhalt des Wassers denken, nicht nur an seinen Verbrauch«. Man dürfe das Schicksal des Planeten nicht jenen Konzernen überlassen, die komplett andere Ziele verfolgen, selbst wenn diese sich noch so umweltfreundlich geben.

Im wasserreichen Deutschland (wo sich, nebenbei bemerkt, das Nestlé-Mineralwasser S. Pellegrino großer Beliebtheit erfreut) ist es bislang eine krasse Ausnahme, dass sich Bürger, öffentliche Versorger und eine Firma um Wasser streiten. »Das kann sich schnell ändern, wenn der Klimawandel sich beschleunigt und wir mehr trockene Sommer bekommen wie 2018«, sagt Jörg Rechenberg, Wasserexperte im Umweltbundesamt in einem Gespräch mit der *Süddeutschen Zeitung*. Und dann werde sich ziemlich zügig »die Frage stellen, welche Nutzung Priorität haben soll: die öffentliche Trinkwasserversorgung oder die Mineralwasserproduktion?«.

Rechenberg sagt auch: »Bislang hat die Entnahme durch Mineralwasserfirmen keine gravierenden Auswirkungen auf die Grundwasserspiegel in Deutschland.« In der Tat: Von etwa 20 Milliarden Kubikmetern Trinkwasser, die hierzulande jedes Jahr verbraucht werden, entfallen etwa zwölf Millionen auf Mineralbrunnen. Für sich genommen eine riesige Zahl, im Verhältnis aller Nutzer allerdings nur ein Bruchteil.

Was aber, wenn sich das Klima weiter erwärmt? Wenn das Wasserangebot knapper – und der Bedarf gleichzeitig größer wird? Ist es dann nicht notwendig, Prioritäten zu setzen? Und kann es nicht für einzelne Regionen ziemlich entscheidend sein, ob dort Mineralwasserfirmen Vorräte abpumpen oder nicht?

Global betrachtet erwarten Experten, dass der Mineralwasserverbrauch in kommenden Jahren enorm steigen wird. In den späten 1970er-Jahren lag das globale Marktvolumen im einstelligen

Milliardenbereich. Die Datenbank Statista beziffert den weltweit mit abgefülltem Wasser erwirtschafteten Umsatz im Jahr 2022 auf 270,5 Milliarden. Bis 2026 werde das Marktvolumen auf 353 Milliarden steigen, sagen die Fachleute. Das entspräche einem Anstieg von 6,9 Prozent jährlich pro Durchschnitt. Der Zuwachs ist damit erklärbar, dass Milliarden Menschen keinen Zugang zu sauberem Trinkwasser haben oder der Qualität von Leitungswasser misstrauen. Also greifen sie, wenn möglich, lieber zu Mineralwasser. Am meisten davon trinken die US-Amerikaner, gefolgt von Chinesen, die Deutschen folgen auf Rang drei.

Das Mineralwasser-Geschäft

Auf Herstellerseite ist der deutsche Markt fest in der Hand großer Konzerne. Marktführer ist gemessen am Umsatz die Mitteldeutsche Erfrischungsgetränke GmbH, eine hundertprozentige Tochter der Schwarz Gruppe, zu der vor allem die Handelsfilialisten Kaufland und Lidl gehören. Auf Platz zwei folgt die hessische Hassia Gruppe, unter deren Dach sich sieben Tochtergesellschaften mit ihren Marken verbergen. Drittgrößter Hersteller ist Danone Waters Deutschland mit Sitz in Frankfurt am Main. Auf Platz vier rangiert einem Ranking der Consorsbank zufolge die Hansa-Heemann AG aus Schleswig-Holstein, gefolgt von Gerolsteiner Brunnen. Auf Platz sechs lag 2021 noch die bayerische Schäff-Gruppe.

Mineralwasserherstellern gelang es perfekt, einen Rohstoff, den die Natur produziert und der einfach da ist, als verhältnismäßig kostspieliges Produkt zu inszenieren und zu vermarkten. Mit Attributen versehen, wie: Gesundheit, Fitness, Natur, Lifestyle, Wellness. So wurden dank eines kostenlosen Rohstoffs mit überschaubarem Aufwand Milliardengewinne eingefahren. Internationalen Konzernen wie Nestlé Waters haftet angesichts von Produktionsstätten sogar in Ländern wie Pakistan, Äthiopien oder allein elf südafrikanischen Standorten der nachvollziehbare Vorwurf an, selbst trockenen Regionen das knappe Wasser abzupumpen und damit Geld zu verdienen. Derweil umgekehrt Milliarden Menschen der Zugang zu sauberem Trinkwasser fehlt. Das ist, mit Verlaub, nicht nur eine ökonomische Tatsache. Sondern auch ein moralisch-ethisches Dilemma. Das entwickelt sich auch in Deutschland immer mehr, je stärker die Wasserressourcen schwinden.

Bis 2019 kauften die Menschen hierzulande Jahr für Jahr mehr Mineralwasser. Doch dann kam der Knick. Der Pro-Kopf-Verbrauch ging stetig von 139,7 Liter (2019), auf 131,9 (2020) und schließlich auf 122,7 (2021) Liter zurück. Von einer »Wasserwende« war bereits die Rede, womöglich etwas verfrüht allerdings. Denn 2022 stieg der Pro-Kopf-Verbrauch wieder auf 129,5 Liter. In absoluten Zahlen ausgedrückt: Die Menschen in Deutschland tranken 2022 insgesamt 10,1 Milliarden Liter Mineral- und Heilwasser. Alkoholfreie Erfrischungsgetränke aus der Produktion der knapp 200 deutschen Mineralbrunnen hinzugerechnet, lag der Gesamtverbrauch bei 13,3 Milliarden Liter. Die Zahlen stammen allesamt vom Verband Deutscher Mineralbrunnen (VDM).

Seine Mitglieder müssen sich dessen ungeachtet plötzlich einer Diskussion stellen, die sie so bislang nicht kannten. Um den Puls der Branche zu fühlen, bietet sich im Mai 2022 eine Reise nach Berlin an. Im eleganten Humboldt Carré im Zentrum der Hauptstadt treffen sich auf VDM-Einladung Unternehmer und Manager aus der deutschen Mineralwasserindustrie und beraten einen

Tag lang über die Herausforderungen ihrer Branche. Auf dem Werbematerial im Foyer ist weithin lesbar von »Klimaneutralität 2030«, der »Vielfalt deutscher Mineralbrunnen« und »natürlicher Reinheit aus über 500 Quellen« die Rede. Wer den Rednerinnen und Rednern beim ganztägigen Symposium zuhört, gewinnt zwei Eindrücke. Der erste: Die Slogans auf den Werbeflyern richten sich auch an die eigenen Leute und sollen diese zu Selbstbewusstsein motivieren. Gerade so, als müsste man sich erst einmal selbst vergewissern, wofür man steht. Eindruck Nummer zwei: Die Branche ist verunsichert.

Jahrzehntelang segelten auch Mineralbrunnen unter dem Wahrnehmungsradar der breiten Öffentlichkeit. Sie mussten ihr Tun nicht groß erklären; es war unumstritten und wurde stillschweigend akzeptiert. Die Firmen handelten mit den Behörden an ihren Standorten ihre Entnahmekontingente aus, die auf zehn, manchmal zwanzig Jahre festgeschrieben wurden, was den Firmen Planungs- und Investitionssicherheit gab. Die Kundschaft wiederum kaufte fleißig, schließlich gilt Mineralwasser aus Deutschland völlig zu Recht als ziemlich qualitätvoll. Dementsprechend ordentlich waren die Renditen der Firmen selbst dann, wenn die großen Einzelhandelsketten beim Einkauf um Zehntel-Centbeträge feilschten. Am Ende kamen alle auf einen guten Schnitt.

Lästig für die deutschen Mineralwasserfirmen war höchstens die ausländische Markenkonkurrenz – S. Pellegrino, Volvic, Perrier, Evian und wie sie alle heißen. Internationale Topmarken, aufgeladen und beworben und der Kundschaft als »In-Getränke« schmackhaft gemacht mit gigantischen Marketingbudgets, die ihre Eigentümer, die internationalen Lebensmittelgiganten wie Nestlé oder Danone, ihnen spendierten.

Doch nun hat die Branche auf einmal viel mehr Probleme als

»nur« ausländische Konkurrenten. Politiker und Bevölkerung schlagen neue Töne an. Sogar Umweltminister sagen, man solle doch lieber Leitungswasser trinken, das sei genauso gut und gesund wie Mineralwasser. Das stößt den Herstellern sauer auf, zumal es Wirkung zeigt. Es hat sie auch gewaltig geärgert, als die damalige Bundesumweltministerin Svenja Schulze (SPD) sich dafür aussprach, öffentliche Wasserspender einzurichten, an denen jeder seine mitgebrachten Wasserflaschen kostenlos nachfüllen könne. Obendrein sei das eine gute Tat im Kampf gegen die Plastikflut und die Mikroteilchen, die Meer- und schlimmstenfalls auch Grundwasser und Flüsse verschmutzen, so die Politikerin.

In der Mineralwasserbranche kam das nicht nur als Plädoyer gegen die von der Branche bevorzugten PET-Flaschen an, sondern als politischer Generalangriff auf das Geschäftsmodell der etwa 200 Firmen hierzulande, die insgesamt 500 diverse Mineralwässer und Erfrischungsgetränke herstellen. Denn das eine hängt mit dem anderen eng zusammen. Das Geschäft mit Mineralwasser und Softdrinks nahm vor allem mit der Erfindung ebenso günstiger, wie leichter und wiederverwendbarer Kunststoffe Fahrt auf. Und die Erfindung der PET-Flasche, die Abkürzung steht für Polyethylenterephthalat, war der Durchbruch.

Coca-Cola war die erste Softdrink-Firma, die ihre Koffein-Limo im großen Stil in PET-Flaschen abfüllte, 1978 war das. Am Anfang gab es nur Zwei-Liter-Flaschen, weil diese technisch am einfachsten zu produzieren waren. Mit der Zeit wurden auch kleinere Volumina möglich, zudem wurden PET-Flaschen immer leichter. Für die Hersteller war das geringe Gewicht ein gewaltiger Fortschritt, denn: Wasser an sich ist schwer, ein Liter wiegt in etwa ein Kilogramm. Auch Glas ist schwer und kann obendrein leicht zerbrechen. Was den Transport und das Handling von in Glasflaschen abgefüllten Getränken ebenfalls schwerer, aufwendiger und zudem teuer macht. Leichte PET-Flaschen reduzieren im Vergleich zu Glas das Gesamtgewicht erheblich. Heute ist PET der am häufigsten produzierte Kunststoff der Welt.

In einer Auftragsstudie für die Industrievereinigung Kunststoffverpackungen kam die Mainzer Gesellschaft für Verpackungsmarktforschung zu dem Resultat, dass 2019 in Deutschland 18 Milliarden PET-Flaschen verwendet wurden. Knapp 30 Prozent aller in Flaschen verkauften Getränke hierzulande sind in PET-Flaschen abgefüllt. Angeblich werden etwa 98 Prozent der PET-Flaschen recycelt. Im selben Jahr habe es aber auch eine Trendwende gegeben, meint zumindest das Umweltbundesamt, weil nämlich der Mehrweganteil gestiegen sei. Zwischen Ökologen und Unternehmen tobt eine Diskussion, welche Verpackungsformen nachhaltiger sind – mit hohem Energieaufwand produziertes Glas oder doch Kunststoff. Letzteres behauptet etwa die Schwarz Gruppe (Lidl, Kaufland); sie verweist auf eine nahezu 100-prozentige Recyclingquote und darauf, dass PET-Flaschen ja leichter seien, und dementsprechend sei die Ökobilanz besser. Manche Mineralbrunnen setzen hingegen bewusst und ausschließlich auf Glasflaschen. Die Randegger Ottilien-Quelle in Gottmadingen im Landkreis Konstanz zum Beispiel. Am Anfang habe man sie deshalb für verrückt gehalten, sagte Clemens Fleischmann von der Inhaberfamilie in einem Interview.

Deutsches Mineralwasser gilt ungeachtet aller Verpackungsfragen historisch betrachtet als Exportschlager. Das hat viel mit einem Ort im Taunus zu tun, dessen Name lange weltweit als Synonym für Mineralwasser mit Kohlensäure verwendet wurde:

Selters. Bereits im 16. Jahrhundert schrieb man dem stark kochsalzhaltigen Säuerling aus dem mittelhessischen Niederselters heilende Wirkung zu. In Steinkrüge abgefüllt, den sogenannten Seltersflaschen, wurde es bereits in dieser Zeit exportiert. Und zwar nicht nur von Niederselters aus, sondern ab 1908 auch von einem konkurrierenden Selters an der Lahn.

Die Quelle gehörte zur Frankfurter Binding-Brauerei, die ihrerseits im Herbst 2023 geschlossen werden soll. Binding gehört zur Radeberger Gruppe, die wiederum zum Oetker-Konzern gehört. 1990 kaufte Binding den Betrieb in Niederselters hinzu und stellte ihn 1999 endgültig ein. Seitdem ist das Mineralwasser der *Selters Mineralquelle Augusta Victoria GmbH* aus Selters an der Lahn, das noch den Markennamen Selters trägt. Ein Name, der sich im Lauf der Zeit verselbstständigte und von Mineralwasserherstellern in mehreren Ländern kopiert wurde. Sogar in der DDR hieß Mineralwasser schlicht »Selters«.

Nein, nein, sagt ein hoher VDM-Funktionär am Stehtisch bei einer Kaffeepause des Symposiums im Berliner Humboldt Carré, die Branche stünde heute »keineswegs mit dem Rücken zur Wand«, das sei eine völlig falsche Wahrnehmung. Es seien auch viele Fake News in Umlauf, sagen Mineralwasserunternehmer. Ohne dass etwas Gegenteiliges behauptet wurde, betonen alle, dass sie doch nur im Rahmen des gesetzlich Erlaubten handeln würden. Stets in engem Kontakt und abgestimmt mit den Genehmigungsbehörden. Dass man doch nur so viel entnehmen dürfe, wie an Grundwasser auch nachfließe. Und, vor allem, dass man doch nicht *irgendeine* Ware herstelle und liefere. Sondern ein sauberes, reines Naturprodukt, unverzichtbar für die gesunde menschliche Ernährung. Und ganz abgesehen davon: Mineralwasser werde von den Menschen getrunken, sei mithin ein Lebensmittel im besten Sinne. Leitungswasser aber, zum Teil in denselben Wasserschichten gefördert, werde hauptsächlich im Klo runtergespült, im Haushalt verbraucht, im Garten verspritzt. Was, bitte schön, ist schlimmer? Wer ist es, der dem Menschen Wasser bringt und wer vergeudet es? Im Übrigen: Hätten nicht gerade die Corona-Pandemie und der Ukraine-Krieg gezeigt, wie wichtig eine nationale Versorgung mit überlebenswichtigen Ressourcen ist?

Am Rande der Tagung denkt VDM-Präsident Karl Tack laut über die Frage nach, warum eigentlich alle auf den Mineralwasserfirmen herumhackten, während über die »maroden Leitungen« der öffentlichen Versorger kein Mensch spreche, durch die vermutlich mehr Wasser versickere, als es die Mineralbrunnen verkaufen.

Es stimmt, die Branche ist von vielen Seiten in der Zange. Wie andere Branchen kämpft sie mit steigenden Preisen für Energie und Rohstoffe sowie explodierenden Transportkosten. Dann sind da die Behörden, welche immer mehr dazu übergehen, keine Wasserkontingente mehr über viele Jahre zu gewähren. Fünf, maximal zehn Jahre scheinen den Recherchen für dieses Buch zufolge langsam, aber sicher zur Regel zu werden, wobei die Behörden in die entsprechenden Bescheide den Vorbehalt reinschreiben, den Mineralwasserfirmen auch vor Ablauf der Wasserrechte jederzeit den Hahn zudrehen zu können, sobald es erkennbare Engpässe in der Wasserversorgung vor Ort gibt. All dies lässt unter den nicht selten familiengeführten Firmen die Verunsicherung steigen. So stellte die Haaner Felsenquelle ihren Plan, zwölf Millionen Euro in eine neue Abfüllanlage zu investieren, erst einmal zurück. Die von den Behörden nur mit solchem Vorbehalt und der Möglichkeit des Widerrufs zu jeder Zeit und von jetzt auf gleich gewährten Entnahmerechte waren den Unternehmern zu unsicher.

Und dann sind da noch die wachsenden Widerstände aus der Bevölkerung. Händeringend, das wird beim Berliner Symposium klar, ohne dass es dort offen ausgesprochen wird, sucht die Mineralwasserbranche nach Wegen, um die für sie negativen Trends zu stoppen und ihre Akzeptanz in der Gesellschaft wieder zu erhöhen. Einen Ansatz sehen die Experten im Trendthema Nachhaltigkeit: Bis 2030 will die Branche klimaneutral arbeiten. Ihre im Humboldt Carré propagierten Werbeslogans zielen auf Öko-Mainstream und Gesundheitsnutzen:»Hier sprudelt die Natur«, Mineralwasser sei ein»wertvolles Naturprodukt«. Auch was Transportwege, Verpackung oder Energieeffizienz angehe, arbeite man vorbildlich, versichern Branchenvertreter. Man fühlt sich zu Unrecht in der Kritik.»Die Wasserentnahme aus Tiefengrundwasser durch die deutschen Mineralbrunnen ist nicht die Ursache von Wasserknappheit«, lässt sich VDM-Geschäftsführer Jürgen Reichle vom Verbandsmagazin zitieren und bekennt sich zu aktiver Klimapolitik, Wassersparen und Tiefengrundwasser-Schutz.

Kann Mineralwasser bio sein?

Unsere Deutschlandreise in Sachen Wasser führt zurück nach Bayern. Einer, der die Diskussionen um Nachhaltigkeit in der Getränkewirtschaft schon seit Jahrzehnten nicht nur mit Interesse verfolgt, sondern mitbestimmt, lebt keine 50 Kilometer südöstlich von Nürnberg, in Neumarkt in der Oberpfalz. Franz Ehrnsperger, Jahrgang 1946, gilt als Öko-Pionier in der Getränkewirtschaft. Seiner Familie gehört Lammsbräu, eine 1628 gegründete Brauerei, die 1986 damit begann, Bier mit Rohstoffen aus ausschließlich ökologischem Anbau zu brauen. 1992 wurde sie als erste in Deutschland nach der europäischen Bio-Verordnung zertifiziert; drei Jahre später stellte Ehrnsperger die gesamte Getränkeproduktion auf Bio-Rohstoffe um. 2010 kam Bio-Mineralwasser hinzu.

Geht das überhaupt? Einen Rohstoff, den man einfach aus dem Boden pumpt, der sich unterirdisch nicht an Gemeindegrenzen hält, dessen Fließwege man, wenn überhaupt, nur mit kompliziertem technischem Aufwand verfolgen kann, von dem man also nicht weiß, ob er irgendwo auf seinem Weg an einer Chemiefabrik vorbeikam, durch nitratgetränkte Schichten sickerte oder stets in keimfreiem Umfeld unterwegs war – kann man solch eine Ressource bio nennen?

»Sauberes Wasser ist ein Menschenrecht«, sagt Franz Ehrnsperger, promovierter Diplom-Kaufmann und ebenfalls diplomierter Braumeister. »Wer Wasser fördert, muss sich einer Gesamtverantwortung stellen. Mineralwasser fördern bedeutet mehr, als nur ein Loch bohren, Wasser fördern und, wenn irgendwann nichts mehr kommt, an anderer Stelle einen neuen Brunnen bohren.« Einfach immer tiefer zu bohren, sei auch keine Lösung. »Egal, wer Tiefengrundwasser anzapft – er muss sich die Frage stellen, was geschieht, wenn es irgendwann nicht mehr reicht oder verunreinigt ist.« Wer nachhaltige Wasserbewirtschaftung betreiben wolle, müsse daher auch den Ökolandbau fördern, sagt er. »Um das Grundwasser zu schützen, brauchen wir eine radikale Umkehr in der Agrarpolitik.«

Ehrnsperger setzte in einem jahrelangen Rechtsstreit tatsächlich durch, dass auch Wasser bio sein kann und entsprechend etikettiert und verkauft werden darf, der Fall ging bis vor den Bundesgerichtshof. Das entsprechende Gütesiegel ist verknüpft mit harten Auflagen an die Wasserqualität, aber auch an die Landwirtschaft im Einzugsbereich der Brunnen. Trotzdem ist die Begrifflichkeit in diesem Zusammenhang umstritten. Denn legt man das für andere Lebensmittel geltende EU-Bio-Siegel als Basiszertifikat der EU-Öko-Verordnung zugrunde, fällt Mineralwasser nicht darunter. Es gibt auch kein staatliches Bio-Siegel für Mineralwasser. Die entsprechende Lizenz vertreiben das SGS Institut Fresenius und die Qualitätsgemeinschaft Bio-Mineralwasser, ein Zusammenschluss einschlägiger Organisationen und Verbände wie Naturland, Bioland, Demeter oder die Assoziation ökologischer Lebensmittelhersteller (AöL). Alles Fake also? Ein Trick, um unter der Bio-Flagge Mineralwasser teurer und damit gewinnträchtiger zu verkaufen?

So einfach ist es dann doch nicht. Bio-Mineralwasser muss strengere Grenzwerte einhalten als herkömmliches Mineralwasser, um möglichst hohe Reinheit zu garantieren. So entschied es der Bundesgerichtshof 2012. »Die Verwendung des Begriffes ›Bio‹ ist dann erlaubt, wenn strengere Vorgaben für das Mineralwasser definiert werden. Demnach erwarten Verbraucher von einem als ›Bio-Mineralwasser‹ bezeichneten Mineralwasser, dass es nicht nur unbehandelt und frei von Zusatzstoffen ist, sondern im Hinblick auf Rückstände und Schadstoffe deutlich unterhalb der für natürliche Mineralwässer vorgesehenen Höchstwerte liegt. Mineralwässer, die die gesetzlichen Grenzwerte deutlich unterschreiten, unterscheiden sich von den Mineralwässern, bei denen der Gehalt an Rückständen und Schadstoffen nahe an diesen Werten liegt«, heißt es im entsprechenden Urteil vom 13. September 2012 (Az. I ZR 230/11).

Und wie sieht es in der Praxis aus?

Viele Mineralwässer ohne Bio-Siegel sind laut Stiftung Warentest und Öko-Test ebenfalls frei von Verunreinigungen. Das Wasser ist generell umso reiner, je tiefer die Gesteinsschichten sind, aus denen es gefördert wird. Arzneimittelrückstände, Pflanzenschutzmittel oder Süßstoffe seien eher in oberen Wasserschichten nachzuweisen, so die Verbraucherzentrale Hamburg. Sie verweist auf die Stiftung Warentest, die »im Juni 2019 insgesamt 32 stille Mineralwässer genauer unter die Lupe genommen« hat. »Nur eins von insgesamt sechs Mineralwässern mit Bio-Logo erwies sich als gut – die *Ensinger Gourmet Quelle Bio*. Zwei Bio-Produkte erhielten sogar das Testurteil ›mangelhaft‹: Im Wasser *Still Bio* der Rheinsberger Preußenquelle fanden die Tester viele Keime, die vor allem für Menschen mit einer Immunschwäche ein Risiko darstellen können. Das Wasser *Bio-Kristall Still* von Neumarkter Lammsbräu schnitt schlecht ab, weil mehr Radium (ein radioaktiver Stoff) im Getränk zu finden war, als eigentlich nach den Richtlinien für Bio-Mineralwasser erlaubt ist«, so das Fazit der Tester.

Die Zeitschrift *Öko-Test* veröffentlichte im Juni 2020 Untersuchungsergebnisse für 100 Mineralwässer »Medium«, darunter zwei Bio-Mineralwässer. »Rund zwei Drittel der getesteten Mineralwässer schnitten gut bis sehr gut ab – auch die beiden Wasser mit Bio-Label«, so die Verbraucherzentrale Hamburg.

Bio oder nicht bio – diese Frage wäre also geklärt. Doch wie sind die Regeln ganz generell? Welche Kriterien muss Mineralwasser überhaupt erfüllen, um als solches verkauft zu werden? Was unterscheidet Quellwasser von Tafelwasser und von Heilwasser? Und wie unterscheidet man stilles Wasser von spritzigem oder von sogenanntem Medium?

Erst einmal grundsätzlich: Das Bundesministerium für Ernährung und Landwirtschaft (BMEL) liefert eine klare Definition für Mineralwasser. »Natürliches Mineralwasser stammt aus unterirdischen, vor Verunreinigungen geschützten Wasservorkommen. Es wird aus einer oder mehreren natürlichen oder künstlich erschlossenen Quellen gewonnen. Es ist von ursprünglicher Reinheit. Der Gehalt an Mineralien, Spurenelementen oder sonstigen Bestandteilen kennzeichnet ein bestimmtes Mineralwasser. Gegebenenfalls besitzt es bestimmte, insbesondere ernährungsphysiologische Wirkungen. Die Zusammensetzung, die Temperatur und die übrigen wesentlichen Merkmale des natürlichen Mineralwassers bleiben im Rahmen natürlicher Schwankungen konstant. Wird das natürliche Mineralwasser nicht am Quellort sofort verbraucht, muss es dort in die für den Endverbrauch bestimmten Flaschen oder anderen Fertigpackungen abgefüllt werden.«

Wobei nicht jedes Wasser gleich schmeckt. Je nachdem, wie sich der Mineralstoff-Cocktail zusammensetzt, entfalten unterschiedliche Mineralwässer unterschiedliche Geschmäcke. Das wiederum richtet sich danach, welchen Weg das Wasser beim Versickern genommen hat. Je nachdem, durch welche Gesteinsschichten es gefiltert wurde, unterscheiden sich Mineralwässer oft grundlegend, was etwa ihren Gehalt an verschiedenen Mineralstoffen wie Kalzium oder Magnesium und damit einher auch ihren Geschmack angeht.

Natürliches Mineralwasser ist das einzige Lebensmittel in Deutschland, das eine amtliche Zulassung benötigt. Außerdem gibt es in Bezug auf Mineralwasser klar festgeschriebene Grenzwerte für unerwünschte Inhaltsstoffe, etwa für den Gehalt an Arsen, Blei, Brom, Kupfer, Nitrat, Quecksilber oder Zyanid. Der Gesetzgeber schreibt den Herstellern auch detailliert vor, welche

Informationen für Verbraucherinnen und Verbraucher auf den Flaschenetiketten stehen müssen. Das ist zum einen die sogenannte Verkehrsbezeichnung. Sie kann »natürliches Mineralwasser« oder »kohlensäurehaltiges Mineralwasser« lauten. Sofern Kohlensäure zugesetzt wurde, kann zwischen »natürlichem Mineralwasser mit eigener Quellkohlensäure versetzt« und »natürlichem Mineralwasser mit Kohlensäure versetzt« unterschieden werden.

Was auf dem Etikett ebenfalls genannt werden muss, ist der Ort und der Name der Quelle, der Name des Brunnenbetriebes oder Herstellers, zumindest aber des Importeurs, sofern das Mineralwasser aus dem Ausland stammt. Auch muss zwingend ein Mindesthaltbarkeitsdatum angegeben sein, ebenso die vorgenommenen Behandlungsverfahren. Und ein Analysenauszug ist vorgeschrieben, der die charakteristischen Bestandteile des Wassers angibt, seine Mineralien also. Gelegentlich taucht auch der Begriff »Säuerling« oder »Sauerbrunnen« auf. Darunter ist Mineralwasser mit mehr als 250 Milligramm Kohlendioxid pro Liter gemeint. »Sprudel« nennt man landläufig das kohlensäurehaltige Wasser.

Die Mineralwasserhersteller sind im Lauf der Jahre dazu übergegangen, das Getränk mit unterschiedlichen Gehalten an Kohlensäure anzubieten. Sogenanntes stilles Mineralwasser weist davon weniger als ein Gramm pro Liter auf. »Medium« steht für vier bis fünfeinhalb Gramm. Und spritziges Mineralwasser ist mit sieben bis acht Gramm pro Liter besonders reich an Kohlensäure. Kohlensäure übrigens ist eine schwache Säure, die allerdings bestimmte Mikroorganismen zuverlässig abtötet. Was auch erklärt, weshalb kohlensäurehaltiges Wasser wesentlich länger haltbar ist als stilles Mineralwasser.

Was als »Quellwasser« verkauft wird, benötigt dem Ernährungs-ministerium zufolge »im Gegensatz zu natürlichem Mineralwasser keine amtliche Anerkennung und Nutzungsgenehmigung, wenn es als Lebensmittel vermarktet wird«. Quellwasser stammt aus unterirdischen Vorkommen, wird durch natürliche oder künst-lich erschlossene Quellen gewonnen und anschließend vor Ort in Flaschen oder andere Behälter für den Verkauf (denkbar sind beispielsweise Tetra Paks) abgefüllt. Was die mikrobiologischen Anforderungen, Behandlungsverfahren und die Abfüllung angeht, gelten dieselben Kriterien wie bei natürlichem Mineralwasser.

»Die ursprüngliche Reinheit von Quellwasser muss nicht nach-gewiesen werden, aber das Wasser muss denselben Kriterien entsprechen, die bei Trinkwasser gelten«, so das Bundesministe-rium für Ernährung und Landwirtschaft. »Die detaillierten Be-stimmungen zu Quellwasser legt die Mineral- und Tafelwasser-verordnung fest.«

Was zum nächsten Begriff führt: Tafelwasser.

Es wird aus Trinkwasser oder natürlichem Mineralwasser hergestellt, kann aber Zutaten wie Salze enthalten, wobei für Tafelwasser dieselben Grenzwerte für Inhaltsstoffe gelten wie für Trinkwasser. »Da Tafelwasser nicht am Quellort abgefüllt werden muss, findet man in Zapfanlagen von Kantinen oder Gaststätten nur Tafelwasser, aber kein natürliches Mineral- oder Quellwasser«, so das BMEL. Tafelwasser ist kein natürliches Mi-neralwasser und bedarf auch keiner amtlichen Anerkennung. Unter Sodawasser ist wiederum Tafelwasser zu verstehen, das mindestens 570 Milligramm pro Liter Natriumhydrogencarbo-nat und Kohlendioxid enthält.

Ganz im Gegensatz zu alledem gilt Heilwasser als Arzneimit-tel. Dementsprechend streng sind die Vorgaben, es greift, wie

bei Medikamenten auch, das Arzneimittelgesetz. Wer Heilwasser verkaufen will, muss durch Studien nachweisen, dass es
aufgrund seiner natürlichen Zusammensetzung an Mineralstoffen vorbeugende, lindernde oder heilende Eigenschaften besitzt.
Es soll nur nach ärztlicher Rücksprache getrunken werden. In
allen anderen Punkten muss es dieselben Kriterien erfüllen wie
Mineralwasser.

Showdown in Treuchtlingen

Nach so viel Theorie ganz praktisch zurück in das fränkische
Treuchtlingen. Im Sommer 2019 steuert der Konflikt um die vom
Altmühltaler-Konzern geplante Probebohrung mit dem erhofften Ergebnis, künftig 300 000 Kubikmeter besonders wertvolles
Tiefengrundwasser zusätzlich zu den bereits erlaubten 250 000
Kubik entnehmen zu dürfen, auf eine Entscheidung zu. Nach
wochenlangen heftigen Kontroversen, nach Leserbriefschlach-
ten und Unterschriftensammlungen für ein Bürgerbegehren
will das Landratsamt Weißenburg-Gunzenhausen als zuständige Genehmigungsbehörde am 18. Juli öffentlich seine Entscheidung verkünden.

Im Vorfeld deutet alles darauf hin, dass die Wünsche der Familie Schäff und ihrer Manager einmal mehr erfüllt werden.
»Wenn das Wasserwirtschaftsamt einen Probebetrieb befürwortet, wird es wohl darauf hinauslaufen«, sagt Landrat Gerhard
Wägemann. Schließlich sei das die Fachbehörde. Spannend wird
die Stellungnahme allein deshalb, weil das Wasserwirtschaftsamt,
das, wie bereits erwähnt, schon 2005 vor einer »fortschreitenden,

nicht reversiblen, schädlichen Veränderung« des »bislang unbeeinflussten, gut geschützten, fossilen Grundwasserkörpers« gewarnt hat, dieses Mal keine Bedenken hat. Die Entnahme von weiteren 300 000 Kubikmetern durch Altmühltaler sei »gerade noch vertretbar«, heißt es. Und außerdem und noch einmal: Die Genehmigung sei ja nicht endgültig, sondern beträfe nur Probebohrungen, befristet bis 2026. Man würde sie amtlicherseits präzise überwachen und würde sie jederzeit stoppen, so es negative Auswirkungen gäbe. Kurzum: Einen Versuch wäre es nach Ansicht der Fachbehörde wert. Der Widerspruch zu früheren Aussagen aus demselben Haus bleibt unaufgelöst.

Umso größer fällt die Überraschung aus, als Landrat Wägemann und seine zuständigen Beamten im Sitzungssaal des Weißenburger Landratsamtes ihre Entscheidung auf einer Pressekonferenz verkünden: Die beantragte Probebohrung wird abgelehnt, die zusätzliche Entnahme der 300 000 Kubikmeter sind vom Tisch. Es ist eine Entscheidung, welche die Genehmigungsbehörde nicht ganz aus freien Stücken getroffen hat, sondern auf Geheiß des Bayerischen Landesamtes für Umweltschutz (LfU). Und es ist eine bundesweit wegweisende Entscheidung, die entsprechend Aufmerksamkeit erfährt.

Der Freistaat Bayern will damit im Zeitalter von Klimawandel und Nachhaltigkeitsdebatte ein Signal setzen und beweisen, dass Tiefengrundwasser nicht nur in Sonntagsreden besonderen Schutz genießt, sondern seine Ausbeutung inzwischen an Grenzen stößt. Explizit bekennen sich die Behörden zum Grundsatz, »dass die öffentliche Trinkwasserversorgung immer Priorität hat vor wirtschaftlichen Interessen eines Privatunternehmens«, wie Weißenburg-Gunzenhausens Landrat Gerhard Wägemann formuliert. Damit einher kündigt das LfU an, dass auch bei öffentlichen Versorgern in Zukunft »eher eine Reduzierung der Entnahmen« angesagt sei. Auch im südlichen Franken, wo 2024/25 die Wasserrechte vieler kommunaler Versorger auslaufen.

Ihre Entscheidung begründen die Behörden ökologisch und geologisch. Am Ende war es eine Risikoabwägung. Eine zusätzliche Wasserentnahme hätte vermutlich schädliche Auswirkungen auf das Grundwasser, heißt es. Die Pegel sinken in der Region bereits seit geraumer Zeit; allein im Einzugsbereich des fraglichen Treuchtlinger Brunnens seit 1996 um 15 Meter. Diese Absenkung würde durch die von der Firma angestrebte zusätzliche Entnahme weiter verstärkt. In der Abwägung und nach Gesetzeslage stehe allgemeines Wohl über Privatinteressen. Würden die zusätzlichen 300 000 Kubikmeter probeweise genehmigt und lagere die Firma im Gegenzug ihre Produktion für viele Millionen Euro aus, entstünde ein Druck auf die Behörden angesichts der hohen Investitionen, die probeweise Wasserentnahme dauerhaft zu erlauben. Auch dann, wenn wasserwirtschaftliche Gründe dagegensprechen.

Durch die Entscheidung wird das Bürgerbegehren hinfällig. Als Werner Baum ein Jahr später bei der Kommunalwahl überraschend als Bürgermeister abgewählt wird, sagen viele Treuchtlinger, das sei die Quittung für seine Strategie im Wasserstreit, vor allem die damit verbundene Geheimniskrämerei. Was zu diesem Zeitpunkt niemand weiß: Der Wasserstreit im Altmühltal ist damit noch längst nicht beigelegt. 2022 wird er erneut aufflammen, und außerdem wird anstelle des Schäff-Konzerns ein anderer, weitaus größerer Konzern mitmischen: Aldi Nord.

Während bis dahin in und um Treuchtlingen Ruhe einkehrt, beginnt nur wenige Monate später knapp 500 Kilometer Luftlinie weiter nördlich in Lüneburg ein Verteilungskampf, der noch mehr Aufmerksamkeit erregen wird. Was viel damit zu tun hat, dass es nicht nur eine nationale Marke wie Altmühltaler, sondern eine Weltmarke ist, der sich Bürgerinnen und Bürger entgegenstellen: Coca-Cola.

Lüneburger gegen Coca-Cola

Es sind kleine Veränderungen in der Landschaft, die Marianne Temmesfeld und Karsten Riggert beim Spazierengehen mit der Zeit immer häufiger auffallen. Die Lüneburger Heide, deren charakteristische rötliche Gewächse weniger üppig blühen als früher. Vertrocknete Wälder mit viel Totholz, Borkenkäferbefall und abgestorbenen Baumkronen. Bäche, Tümpel und Seen, die immer weniger Wasser führen. Und dann noch die Klagen von Landwirten, mit denen sie ins Gespräch kommen. Bis zu zwei, manchmal sogar drei Meter tief sei der Boden staubtrocken, erzählen die. Ähnliches hört man auch aus anderen Teilen der Republik. »Die Grundwasserstände sind seit 2008 kontinuierlich gesunken«, sagt Riggert. Er glaubt die Ursache zumindest für das Lüneburger Dilemma zu kennen, das wiederum nur zwei Schlussfolgerungen zulasse: »Entweder kommt zu wenig Wasser von oben nach, oder es wird unten zu viel entnommen.«

Tatsächlich bedienen sich viele an den Grundwasservorräten in diesem nördlichen Teil Niedersachsens. Öffentliche Trinkwasserversorger, Unternehmen des verarbeitenden Gewerbes, die Landwirtschaft. Und eben Coca-Cola. Seit 2007 füllt der US-Konzern in Lüneburg Mineralwasser der Marke ViO ab. Gewonnen wird es aus zwei Brunnen im Stadtgebiet, aus denen Coca-Cola jährlich 350 000 Kubikmeter Wasser schöpfen darf. Das sind umgerechnet 350 Millionen Liter Wasser.

2018 hat das Unternehmen angekündigt, nahe der Gemeinde Reppenstedt im Landkreis Lüneburg einen dritten Brunnen bohren zu wollen, um damit aus dem Wasserkörper namens »Ilmenau Lockergestein links« in knapp 200 Metern Tiefe weitere 350 000 Kubikmeter jährlich fördern zu dürfen. Dort stehen nach Angaben der zuständigen Behörden nach Abzug aller genehmigten Entnahmen insgesamt etwa fünfeinhalb Millionen Kubikmeter Wasser pro Jahr für eine Nutzung im Landkreis Lüneburg zur Verfügung. Tiefengrundwasser, das 1000 Jahre alt und frei von Beeinträchtigungen der menschlichen Zivilisation ist und daher besonders sauber und rein. Wobei die 350 000 Kubikmeter nicht in Stein gemeißelt seien, so der Coca-Cola-Sprecher. »Über die Menge, die für eine zusätzliche Förderung über den dritten Brunnen beantragt werden soll, wird in Abhängigkeit von den Ergebnissen des Pumpversuchs und von der Marktlage entschieden«, sagt er weiter. »Denn: Es gibt kein Wasserrecht auf Vorrat.«

»Wir planen einen dritten Brunnen in Lüneburg, um mit unserer Marke ViO die Möglichkeit zu haben, weiter zu wachsen und bei Nachfragespitzen im Sommer eine stabilere Wasserversorgung zu haben«, sagt ein Firmensprecher. Das Engagement von Coca-Cola in Lüneburg sei 2007 »der Rettungsanker für den Betrieb« gewesen, fügt der Sprecher hinzu, »der im Zuge der Einwegpfandeinführung und nachfolgend starker Verunsicherung im Handel kurz vor dem Aus stand«. Etwa 100 Millionen Euro habe man seit 2007 dort investiert. Inzwischen sei daraus »eine ganze ViO-Getränkefamilie entstanden, zu der auch Bio-Limonaden und Direktsaftschorlen gehören«. 190 Menschen arbeiten in Lüneburg für ViO, respektive Coca-Cola, davon 150 in der Produktion, 35 in der Logistik und fünf in der Verwaltung. »Im Jahr 2007, als wir mit der Füllung von ViO begonnen haben, waren es 65 Mitarbeitende«, so der Coca-Cola-Sprecher.

Würden die erhofften zusätzlichen 350 000 Kubikmeter genehmigt, dürfte ViO insgesamt 700 000 Kubikmeter Wasser aus dem Lüneburger Boden fördern. Das, so rechnen Temmesfeld, Riggert und andere aus, entspräche 22 Prozent der Menge, welche die 72 000 Einwohner der Stadt Lüneburg in einem Jahr benötigen. Und dass, obwohl die Natur und der Wasserhaushalt jetzt schon aus dem Gleichgewicht geraten scheinen. Also schließen sich die Ärztin Temmesfeld und der pensionierte Gymnasiallehrer Riggert unabhängig voneinander der Bürgerinitiative (BI) »Unser Wasser« an, die Dr. Bettina Schröder-Henning und Cornelia Hoellger im Januar 2020 gegründet haben.

Coca-Cola ist davon eher unbeeindruckt. Im Mai 2020 erlaubt die untere Wasserbehörde einen Pumpversuch, der sich bis Mitte April hinzieht. Anschließend wird ein hydrogeologisches Gutachten erstellt, das die Folgen der zusätzlichen Entnahme für Boden und Grundwasserspiegel bewerten soll. Voraussichtlich 2021 soll die zusätzliche Entnahme längerfristig erlaubt werden, immer vorausgesetzt, es gibt keine Komplikationen. So der Plan.

Dem hydrogeologischen Gutachten misstraut die Bürgerinitiative »Unser Wasser« jedoch von vornherein; schließlich hat Coca-Cola den Gutachter nicht nur ausgesucht, sondern die Firma bezahlt ihn auch. Das sei so üblich, sagen die Behörden.

Für Temmesfeld, Riggert und ihre Mitstreiter geht es nicht nur um solche Verfahrensfragen, sondern ums Grundsätzliche. »Das Wasser, das Coca-Cola fördern will, ist seit tausend Jahren unberührt und durch eine dichte Tonschicht vor Schadstoffeinträgen von oben geschützt«, argumentiert die Bürgerinitiative. »Es ist weitestgehend frei von Verunreinigungen, rein und von sehr hoher Qualität«, sagt Marianne Temmesfeld. Wasser gehöre allen, es sei ein Menschenrecht. Da könne doch nicht einfach ein Konzern daherkommen, dieses Wasser ausbeuten, etwa 0,018 Cent pro Liter dafür bezahlen und es dann für mehr als einen Euro als Mineralwasser verkaufen.

Bis vor einigen Jahren war die Ausbeutung von Tiefengrundwasser in Deutschland generell kein Thema, egal, wofür es verwendet wurde. Es gab ja stets genug. Doch inzwischen hat der fortschreitende Klimawandel einen fatalen Kreislauf in Gang gesetzt: Je heißer die Erde wird und je weniger es regnet, desto mehr Wasser benötigen Menschen, aber auch Tiere und Pflanzen. Je mehr sie wiederum verbrauchen, desto knapper werden die Reserven. Das Deutsche Geoforschungszentrum (GFZ) in Potsdam hat ausgerechnet, dass allein 2019 ein Wassermassendefizit von 43,7 Milliarden Tonnen entstand. Das erkennt man auch auf dem *Dürremonitor* des Helmholtz-Zentrums, der den Zustand der deutschen Böden in Sachen Feuchtigkeit anzeigt. Mit alledem argumentiert die Bürgerinitiative gegenüber den zuständigen Behörden in Lüneburg und gegenüber der niedersächsischen Landesregierung.

Dort scheint man auf die drohende Wasserkrise nur schlecht vorbereitet zu sein. Diesen Eindruck gewinnen Temmesfeld, Riggert und Co. in Lüneburg immer mehr, je stärker sie sich mit der Thematik beschäftigen. So stellt sich heraus, dass die

Grundlagen für die amtliche Beurteilung der Frage, ob Coca-Cola der dritte Brunnen genehmigt werden darf oder nicht und ob die Erlaubnis gegebenenfalls wieder (wie in der Vergangenheit üblich) auf Jahrzehnte hinaus erteilt wird, veraltet sind. Dem verwaltungsjuristisch relevanten Gewässerbewirtschaftungsbeschluss des Landes Niedersachen liegen Klimadaten als Orientierungsmaßstab zugrunde, die zwischen 1960 und 1990 erhoben wurden, Minimum also 30 Jahre alt sind. Das, so sagen die Aktivisten der Lüneburger Bürgerinitiative, sei hanebüchener Unsinn. Der Klimawandel habe schließlich erst in den vergangenen zehn Jahren drastisch an Dynamik gewonnen. Das müsse die Behörde in ihrer Beurteilung des Coca-Cola-Antrages auch berücksichtigen.

Die Lüneburger Bürgerinitiative sammelt Daten, wälzt Studien, lädt zu Demonstrationen, betreibt eine intensive Öffentlichkeitsarbeit. Die Buchstaben grundlegender Dokumente scheint sie auf ihrer Seite zu haben. Zum Beispiel die EU-Wasserrahmenrichtlinie, deren Kernsatz lautet: »Wasser ist keine übliche Handelsware, sondern ein ererbtes Gut, das geschützt, verteidigt und entsprechend behandelt werden muss.« Was die Aktivisten empört: Anders als in Bayern gibt es in Niedersachsen zwar den umgangssprachlichen Wassercent, ein Wasserentnahmeentgelt, das jeder Nutzer von Grundwasser bezahlen muss. Doch liegt diese Gebühr bei gerade einmal 0,009 Cent pro Liter. Ein winziger Bruchteil des Preises, den Coca-Cola beim Verkauf von ViO-Mineralwasser erzielt. »Kein Wunder, dass die Firma angesichts solch paradiesischer Konditionen noch mehr Wasser haben will«, sagt Temmesfeld.

Die Bürgerinitiative fordert ein Moratorium. Die Entscheidung über den dritten Brunnen solle aufgeschoben werden, bis die veralteten Gesetze, Vorschriften und Statistiken überarbeitet und aktualisiert seien, auf deren Basis die Behörden über den Antrag entscheiden. Außerdem müsse die bis dahin übliche Vergabe eines Grundwasserkontingentes auf 20 Jahre drastisch verkürzt werden. Und die Behörden müssten ihren Spielraum nutzen, der größer sei, als sie glauben machen würden.

Coca-Cola fühlt sich zu Unrecht an den Pranger gestellt. Anders als Altmühltaler im Treuchtlinger Fall stellt sich der Konzern allerdings öffentlich Fragen und beantwortet solche der Medien. »Coca-Cola ist ein großer Name, aber nur ein sehr kleiner Akteur bei der Wasserentnahme«, erklärt ein Firmensprecher auf Anfrage. »Konkret: Aktuell darf Coca-Cola jährlich bis zu 350 000 Kubikmeter Wasser fördern. Das entspricht 1,7 Prozent der genehmigten Wasserentnahmen von Stadt und Landkreis Lüneburg im entsprechenden Grundwasserkörper.« Eine Zahl, der die Bürgerinitiative postwendend und bis zum heutigen Tag widerspricht. Sie veröffentlicht eine Gegenrechnung und kommt zum Ergebnis, es seien in Wahrheit 7,04 Prozent.

Coca-Cola gerät in der öffentlichen Wahrnehmung in die Defensive, was das Unternehmen unfair findet. »Wir respektieren das Engagement einiger Bürger sowie der Bürgerinitiative ›Unser Wasser‹, die den gesellschaftlichen Dialog zum Umgang mit Wasser fördern. Dazu können selbstverständlich auch Proteste gehören. Insgesamt wünschen wir uns einen faktenbasierten Diskurs mit allen Beteiligten, der aus unserer Sicht leider nicht immer gegeben ist«, so der Coca-Cola-Sprecher weiter. »Von unserer Seite haben wir von Beginn an offen und transparent über unser Vorhaben informiert. Wir haben Informationsabende veranstaltet, Bürgersprechstunden abgehalten und

Menschen können uns anrufen und E-Mails schreiben, um Fragen, aber auch Sorgen und Bedenken zu unserem Vorhaben zu besprechen.«

Auch die andere Seite ist aktiv: Demos, Informationsversammlungen, Schreiben, Protestplakate. Sogar mitten im Winter 2021 ziehen sie zu einem Protestmarsch los, bei Schnee und mit Mundschutz, angesichts der grassierenden Corona-Pandemie. 67 000 Menschen unterzeichnen eine Online-Petition gegen die Coca-Cola-Pläne. Bei der Auseinandersetzung geht es verbal nicht immer zimperlich zu. »Zerstört Natur für den Profit, bohrt hier ein großer Wasserdieb« lautet ein sprachlich etwas verunglückter Reim, den ein Protestler auf einen Zettel geschrieben und am Rand eines Waldweges mit Reißzwecken an einen Baum gesteckt hat. Auch bei der Demonstration im August 2020 auf dem Lüneburger Marktplatz, an der unterschiedlichen Schätzungen zufolge zwischen 1200 und knapp 2000 Menschen teilnahmen, stand der Getränkeriese in der Kritik. »Coca-Cola und Konsorten wollen unser Wasser horten«, hatte jemand auf ein Transparent geschrieben. Ein Redner sagte, was die Firma bei Reppenstedt vorhabe, sei in Zeiten des Klimawandels »das falsche Signal«.

Die Verantwortlichen der Bürgerinitiative »Unser Wasser« bemühen sich um das richtige Maß bei ihrer Kritik. »Es geht nicht um Coca-Cola«, zitiert die Lüneburger Lokalpresse die BI-Gründerinnen Bettina Schröder-Henning und Cornelia Hoellger. Das Problem seien die Entnahmeregeln, die nicht mehr zeitgemäß seien. Viele Verordnungen, Statistiken und Gesetze seien veraltet, zumindest würden sie den sich schnell verändernden Rahmenbedingungen durch den Klimawandel nicht Rechnung

tragen, so eine absolut berechtigte Kritik. Auch Marianne Temmesfeld, die immer mehr zur Galionsfigur der Bewegung wird,
betont: »Wir sind keineswegs industriefeindlich. Aber wir erwarten zumindest, dass ein Weltkonzern wie Coca-Cola denselben Entnahmepreis zahlen muss wie Privatverbraucher.
Coca-Cola macht acht Milliarden Euro Gewinn im Jahr. Es kann
und darf doch nicht sein, dass eine Ressource, die vornehmlich der Allgemeinheit für die Trinkwasserversorgung dient, die
Grundlage für einen solch gigantischen Gewinn ist.« Ein Vergleich macht die Runde: Neun Cent zahle Coca-Cola für einen
Liter Tiefengrundwasser, mehr als einen Euro kostet Normalver-
braucher dieselbe Menge Trinkwasser aus dem Hahn.

Die Aktivitäten der Bürgerinitiative erregen immer größere
Aufmerksamkeit. Der Filmemacher Daniel Harrich begleitet
die Lüneburger Aktivisten mehrere Monate mit der Kamera.
Die BI stellt auch andere große Wassernutzer im Raum Lüneburg zur Rede. Das Chemieunternehmen Dr. Paul Lohmann
zum Beispiel, das pro Jahr 1,1 Millionen Kubikmeter Grundwasser verbraucht, mehr als dreimal so viel wie Coca-Cola. Das
Familienunternehmen mit seinen mehr als 500 Beschäftigten
stellt Mineralsalze her, hauptsächlich für Pharmaprodukte, Nah-
rungsergänzungs- und Lebensmittel sowie für die Kosmetik-
branche und industrielle Zwecke. Um die Salze, mal in Pulver,
mal als grobes Granulat, herzustellen, sei »hochreines Wasser«
notwendig, »auch um die hohen pharmazeutischen Anforderungen zu erfüllen«, wie es in einem Imagefilm von Dr. Paul
Lohmann heißt. Was die BI als »nicht akzeptabel« kritisiert:
Nur 15 Prozent der 1,1 Millionen Kubikmeter werden nach ihren Erkenntnissen für die reine Produktion verwendet, 85 Prozent
aber hauptsächlich für die Kühlung. Braucht es dafür unbedingt

reinstes Tiefengrundwasser? Eine Frage, die in diesem Buch noch eine Rolle spielen wird, denn sie stellt sich bei vielen Energieversorgern, Industriebetrieben und solchen des verarbeitenden Gewerbes auch; mithin also bei fast allen großen Wasserschluckern.

Ihr Hauptaugenmerk richten Temmesfeld und Co. jedoch weiterhin auf die Behörden und, mehr noch, auf die veralteten Regularien, nach denen diese das Allgemeingut Grundwasser verwalten. Sogar der niedersächsische Landtag lädt die Bürgerinitiative nach Hannover ein, um ihren Argumenten zuzuhören. Zu Hause in Lüneburg bahnt sich Ende 2021 eine Überraschung an.

Zu diesem Zeitpunkt ist der ursprüngliche Zeitplan in Zusammenhang mit den von Coca-Cola geforderten zusätzlichen 350 000 Kubikmetern längst obsolet. Der entsprechende Genehmigungsantrag, den die breite Mehrheit der Bevölkerung und wohl auch die Bürgerinitiative erwartet, sollte eigentlich im dritten Quartal bei den Behörden eingereicht werden. Also im Zeitraum Juli, August, September 2021. Doch bis zum Jahresende tut sich nichts. »Die Erstellung des wasserrechtlichen Antrags nimmt mehr Zeit in Anspruch als ursprünglich geplant«, zitiert die *Lüneburger Zeitung* kurz vor Weihnachten eine Konzernsprecherin mit einer, wie nicht nur die Zeitung findet, wenig erhellenden Erklärung. Was ist denn so kompliziert und langwierig, dass sich der Antrag gleich um Monate verzögert?

Die eigentliche Antwort folgt Mitte Januar 2022. Coca-Cola, respektive die Tochterfirma Coca-Cola Appollinaris-Brands, zu der ViO gehört, verzichtet auf das Projekt. Man werde keinen Antrag auf den dritten Brunnen bei Reppenstedt stellen, sagt ein Sprecher den norddeutschen Medien. Der Verzicht habe nichts mit der Grundwasserdebatte und den Bürgerprotesten zu tun, sondern mit der seit 2019 sinkenden Nachfrage nach Mineralwasser in Deutschland. Man erwarte, dass sich dieser negative Trend fortsetze. Ein Hintertürchen lässt das Unternehmen allerdings offen. Ein neuer Anlauf mit dem Ziel, den dritten Brunnen zu bohren und zusätzliches Wasser zu fördern, sei zwar sehr unwahrscheinlich, aber auch nicht ausgeschlossen, so der Sprecher. Das macht es spannend, denn zuletzt stieg der Mineralwasserkonsum ja wieder.

Die Kommunalpolitiker vor Ort reagierten erleichtert, die grüne Lüneburger Oberbürgermeisterin Claudia Kalisch ebenso, wie der für den Landkreis Lüneburg zuständige CDU-Landrat Jens Böther. Letzterer sagt dem NDR, die jahrelangen Debatten seien allein für sich genommen schon ein Gewinn, denn es sei über die Wertigkeit von Grundwasser als Lebensgrundlage diskutiert worden. »Und wir werden die Dinge, die wir daraus entwickelt haben, oder die Sensibilität dafür auch weiter transportieren«, sagte Böther. Namens der BI »Unser Wasser« sagt Marianne Temmesfeld, man freue sich über die gute Nachricht, werde Coca-Cola aber weiter beobachten. Nicht dass es sich das Unternehmen nach einiger Karenzzeit doch anders überlegt und dann alles schnell geht.

Ein Jahr später: Ja, der Rückzug von Coca-Cola sei schon ein Erfolg gewesen, sagt Marianne Temmesfeld. Aber die Menge, die 350 000 Kubikmeter, um die es gegangen sei, sei letztlich auch nur der sprichwörtliche Tropfen, der das Fass zum Überlaufen gebracht hat. Von Anfang an sei ihr und ihren Mitstreitern klar gewesen, »dass das Hauptproblem in der Verwendung des Wassers als Handelsware liegt«. Deswegen kämpfe die BI auch weiter gegen die »wirklich großen Mengen« Grundwasser, die in und um Lüneburg von Landwirtschaft und Industrie entnommen werden. Aus der Bürgerinitiative heraus ist ein eingetragener Verein entstanden, dem es nicht »nur« darum geht, zusätzliche Grundwasserentnahmen zu verhindern, sondern die Wasserreserven insgesamt viel schonender und sinnvoller zu bewirtschaften.

Temmesfeld selbst hat für ihr Engagement im November 2022 eine Auszeichnung erhalten. Der Bürgerverein Lüneburg kürte sie zur »Bürgerin des Jahres«. Sie habe sich um die niedersächsische Stadt verdient gemacht, sagte bei der Preisverleihung Bürgervereinsvorsitzender Rüdiger Schulz: »Das Thema Grundwasser scheint in der Politik angekommen zu sein, der Kampf gegen den Konzern ist gewonnen, aber das Grundproblem bleibt.« Die Laudatio auf Temmesfeld hielt Dokumentarfilmer Daniel Harrich in persönlichen Worten: »Auf bravouröse Weise hast du es geschafft, die Politik vor dir herzutreiben, Behörden unter Druck zu setzen und Wissenschaftler aus ihrem Winterschlaf zu wecken.« Standhaftigkeit zeichne Temmesfeld aus, »alle haben größten Respekt vor dir, auch diejenigen, denen du auf die Füße getreten bist«. Eine »Wadenbeißerin im besten Sinne« sei die Allgemeinmedizinerin. Die lokale *Landeszeitung für die Lüneburger Heide* beginnt ihren Artikel über die Preisverleihung mit drei Begriffen aus Harrichs Rede, die kennzeichnend seien für Marianne Temmesfeld: »unbequem, sturköpfig und kämpferisch«.

Was soll man trinken – Mineralwasser oder Leitungswasser?

Wer mit öffentlichen Versorgern spricht, mit Naturschützern und mit immer mehr Politikern, hört immer häufiger den Tipp: Leitungswasser. Es sei das am besten überwachte Lebensmittel. Gern wird auch ins Feld geführt, dass Trinkwasser mancherorts sogar mehr Mineralien enthalte als Mineralwasser.

Welche Kriterien muss Trinkwasser erfüllen?

Trinkwasser besteht hauptsächlich aus Grundwasser und oberflächennah gewonnenem Wasser. Leitungswasser darf zur Aufbereitung chemisch behandelt werden; wie und in welchem Umfang, regelt die Trinkwasserverordnung. Bevor es von Wasserversorgern ins Netz eingespeist wird, wird die Qualität kontrolliert.

Trinkwasser ist Süßwasser von besonders hoher Reinheit, das zum direkten Verzehr ebenso geeignet ist wie zur Zubereitung von Speisen. Es muss farblos, klar und geschmacklich einwandfrei aus dem Hahn kommen, darf keine gesundheitsgefährdenden Mikroorganismen aufweisen, muss jedoch Mineralstoffe wie beispielsweise Kalzium, Magnesium und Natrium enthalten. Wie stark diese konzentriert sind, bestimmt den sogenannten Härtegrad des Wassers. Dieser sollte zwischen fünf und 25 Grad liegen, der pH-Wert von Trinkwasser idealerweise zwischen 6,5 und 9,5. Der Geschmack von Trinkwasser kann regional unterschiedlich sein, je nachdem, welche Mineralien das Wasser in sich trägt.

Etwa 70 Prozent des Trinkwassers hierzulande stammt aus Grund- und Quellwasser. 13 Prozent werden aus Seen, Talsperren oder Flüssen abgesaugt. »Die übrigen 17 Prozent sind ein Mittelding: ursprünglich Oberflächenwasser, aber durch eine Bodenpassage oder Uferfiltration fast wie Grundwasser«, erklärt das Umweltbundesamt.

Apropos: Quelle übrigens ist nicht gleich Quelle. Fachleute unterscheiden hauptsächlich zwischen Überlaufquellen, Stauquellen und Schichtquellen, über die Grundwasser an die Erdoberfläche drängt. Grob zusammengefasst, ist Quellwasser stets Grundwasser, das von selbst ans Erdreich drängt. In Überlaufquellen ist es natürlicher, hydraulischer Druck im Boden, der das Grundwasser an die Oberfläche drückt. Von Stauquellen spricht man, wenn sich das Wasser unter einer wasserundurchlässigen Schicht aufstaut und dann an die Erdoberfläche dringt, sobald es einen Weg durch diese Schutzschicht gibt. Bei Schichtquellen endet die wasserführende Schicht an der Erdoberfläche.

Der Klassiker jedoch ist die Grundwasserförderung durch Brunnen. Dabei werden unterirdische, wasserführende Schichten angebohrt und ihr Wasser an die Erdoberfläche gepumpt. Angesichts der stetigen Verunreinigungen oberflächennaher Erdschichten, etwa durch landwirtschaftliche Einträge, aber auch bedingt durch Austrocknung infolge von zu wenig Niederschlägen und durch Hitze, gilt grundsätzlich: Wer sauberes Grundwasser fördern will, muss vielerorts immer tiefer bohren.

Woher das Rohwasser auch immer kommt und egal, wie es gefördert wurde: Bevor es in das öffentliche Leistungssystem eingespeist werden darf, wird es, je nach Güte, mehr oder weniger stark chemisch und physikalisch aufbereitet. Es geht vor allem darum, etwaige Krankheitserreger fernzuhalten. Die Wasserhärte wird nach dem Konzentrationsgrad von Kalzium- und Magnesiumsalzen bestimmt.

Es ist unbestritten, dass die öffentliche Wasserversorgung in Deutschland eine sehr hohe Wasserqualität garantiert. Was in Deutschland als Trinkwasser verkauft werden darf, welche Vorgaben und Grenzwerte dafür eingehalten werden müssen, ist in der Trinkwasserverordnung klar und rechtlich verbindlich definiert. Entscheidend für die Trinkwasserqualität sei das Management der Systeme, sagen Fachleute. Also der Leitungen und Tanks der Wasserversorger, aber auch der Leitungen in jeder einzelnen Immobilie, für die wiederum der jeweilige Eigentümer verantwortlich ist. Für die staatliche Überwachung sind die Gesundheitsämter zuständig.

»Natürlich kann man Leitungswasser trinken, es ist ja auch zur täglichen Verwendung bestimmt«, sagt Martin Weyand, Hauptgeschäftsführer Wasser und Abwasser beim Versorger-Branchenverband BDEW (Bundesverband der Energie- und Wasserwirtschaft). Auch die Idee von mehr öffentlichen Wasserbrunnen gefällt ihm. »Die Verfügbarkeit bzw. der Zugang zu Wasser im öffentlichen Raum ist auch Gegenstand der Umsetzung zur EU-Trinkwasserrichtlinie.«

Wasserexperte Jörg Rechenberg vom Bundesumweltamt sagt, es gehe nicht nur darum, wie viel Wasser aus welchen Tiefen gefördert werden dürfe. »Mit Mineralwasser sind auch andere negative ökologische Folgen verbunden, etwa die Abfüllung in Plastikflaschen und der Transport.« Auch hier sei nicht nur Aufklärungsarbeit nötig. »Die Politik ist gefordert, Umweltauflagen zu machen.«

Eine von der Bundesregierung mitfinanzierte Studie des Vereins a tip: tap kam zu dem Ergebnis, dass Deutschland jährlich drei Millionen Tonnen CO_2 einsparen würde, wenn niemand mehr Mineralwasser, sondern jeder nur noch Leitungswasser trinken würde. Das entspräche anderthalb Mal so viel, wie durch den innerdeutschen Flugverkehr entsteht.

Die Mineralwasserbranche hält dem entgegen, dass ihr Produkt aus einem unterirdischen Wasserreservoir kommen muss und nicht aus Oberflächenwasser stammen darf wie Leitungswasser. Entsprechend geschützt sei es gegen schädliche Einträge von oben. Außerdem müsse Mineralwasser an Ort und Stelle abgefüllt werden, so will es das Gesetz. Abgesehen von Kohlensäure seien keine Zusätze erlaubt, während man jedoch schädliche Substanzen entfernen dürfe. Und außer alledem: Mineralwasser würde streng kontrolliert. Man verkaufe ein Naturprodukt.

Doch die Lobbyarbeit für Leitungswasser zeigt in mehrfacher Hinsicht Wirkung. In den Werbeblöcken der Fernsehsender laufen Spots, in denen ein Familienvater schwere Sixpacks mit Wasserflaschen mehrere Stockwerke nach oben trägt und ziemlich erschöpft ankommt. Sein kleiner Sohn feiert ihn dafür als besonders stark. Dessen Kumpel hingegen wundert sich. Sein Vater sei schlauer, meint er. Füllt der doch Leitungswasser in eine Flasche, stellt sie in ein Gerät und fügt damit Kohlensäure hinzu.

Das Geschäft mit solchen Selbstsprudlern boomt. Wer will, kann auch noch einen Geschmackszusatz beimischen. Alles ganz einfach – aber auch alles ökologisch? Und wirtschaftlich? Profiteure von alledem sind die Hersteller von Sprudelsystemen und Geschmackszusätzen. Die globalen Getränkeriesen haben diesen Trend längst als lukratives Geschäft identifiziert, weshalb dem US-Konzern PepsiCo allein die Übernahme des israelischen Herstellers SodaStream knapp drei Milliarden Euro wert war. Das Geschäft mit Sprudlern und Aromen sei für die Getränkemultis weitaus profitabler, als selbst Mineralwasser zu fördern und abzufüllen, sagen Insider.

Natürlich muss man kein Mineralwasser haben. Das deutsche Trinkwassernetz reicht mengenmäßig und qualitativ locker aus, um die Bevölkerung zu versorgen. Wer Wasser gern in einer Flasche unterwegs dabeihaben will, kann es aus der Leitung selbst abfüllen – und gegebenenfalls sprudeln. Die hohe Marketingkunst der Mineralwasserhersteller ist es seit Jahrzehnten, den Menschen glauben zu machen, dass Mineralwasser über Trinkwasser hinaus einen vor allem gesundheitlichen Mehrwert liefert. Das jedoch ist eigentlich nur bei speziellem Heilwasser der Fall, nicht aber bei der Nullachtfünfzehn-Sorte aus dem Discounter, Super- oder Getränkemarkt.

Soll man Mineralwasser deshalb verbieten? Ich habe dazu eine klare Meinung: nein. In einem freien Land muss jeder und jede entscheiden dürfen, welche Art von Wasser er oder sie trinken will. Alles andere ist Bevormundung. Drei Dinge sind in Zukunft nach meiner festen Überzeugung aber unumgänglich. Erstens, es kann nicht sein, dass Mineralwasserhersteller sich am Vorrat aller bedienen dürfen und dafür gar nichts oder nur verschwindend wenig bezahlen. Zweitens, die Behörden müssen bei der Vergabe von Entnahmekontingenten (nicht nur an Mineralwasserhersteller) strenger und professioneller prüfen, ob die Entnahme zulasten der Allgemeinheit geht oder eine verträgliche Balance zwischen den diversen Nutzerinteressen gewährleistet ist. Drittens: Als Maßstab muss gelten, dass nur so viel Wasser entnommen werden darf, wie in einem überschaubaren Zeitraum nachsickert. Das muss dann aber auch kontrolliert werden.

Immer deutlicher zeichnet sich ab, dass sich das Geschäft mit Mineralwasser verändert. Mitte Mai 2022 ist daher noch einmal das bayerische Treuchtlingen Etappenort der Deutschlandreise in Sachen Wasser.

»Bis zum letzten Tropfen«, hat eine Frau als Warnung auf einen Karton geschrieben, den sie stumm vor sich hält. Das ist es dann aber auch schon mit dem Protest. Es ist ein warmer, sonniger Frühlingsabend, doch nicht der Biergarten an der Altmühl, sondern die angrenzende Stadthalle von Treuchtlingen ist voller Menschen. Nicht ganz drei Jahre sind vergangen, seit die Behörden ein Signal gesetzt und dem Mineralwasserriesen Altmühltaler die beantragten Probebohrungen für eine erhoffte Mehrentnahme von 300 000 Kubikmetern besonders reinen und 10 000 Jahre alten Tiefengrundwassers verweigert haben. Nun nimmt das Thema überraschend erneut Fahrt auf, wenn auch unter anderen Vorzeichen. Wobei der Wasserkrimi bald eine ungeahnte Wendung nehmen wird. Doch der Reihe nach.

Vorn auf der Bühne in der Treuchtlinger Stadthalle zieht Alexander Pascher alle Register der Sympathiewerbung. Eloquent umschmeichelt der Manager aus dem verwinkelten Schäff-Imperium die Zuhörerschaft, zählt Staatspreise, Zertifikate und andere Auszeichnungen für die Altmühltaler Mineralbrunnen GmbH auf, verweist auf die vielen Lehrstellen in der Firma und lässt einen hübschen Imagefilm vorführen. »Wasser ist unser Leben«, heißt es da, »Wasser ist unser Beruf«. Die Botschaft des Abends: Wir wollen nichts Böses. Nur euer Wasser.

Jahrzehntelang hielt es der Mineralwasser- und Limonadenhersteller nur in absoluten Ausnahmefällen für nötig, über sich und sein Tun öffentlich zu reden. Warum auch? Die Geschäfte des Familienkonzerns mit Billigwasser für Discounter gediehen prächtig. Bis vor Kurzem jedenfalls. Zwei Milliarden Flaschen Mineralwasser habe das Unternehmen 2021 abgefüllt, sagt Geschäftsführer Pascher in ungewohnter Offenheit, die meisten davon PET-Flaschen, die wiederum zur Hälfte aus Recyclinggranulat bestünden. Meist liefen die Geschäfte so, dass die Kunden wie Aldi bestellen und spätestens zwei Tage danach ihre Lieferung erhalten.

Wenige Tage vor der Versammlung war bekannt geworden, dass Altmühltaler seine jahrelangen Großkunden Edeka und Netto verloren hat. Die Schäffs wollten höhere Preise durchsetzen, die beiden Handelsketten lehnten ab, man wurde sich nicht einig. Deshalb will Altmühltaler nun den Standort Baruth in Brandenburg schließen; 300 Beschäftigte seien betroffen. Und auch am Konzernsitz in Treuchtlingen müssten 20 Leute gehen, sagt Pascher. Was er auch sagt und was ökologisch absurd wäre, so es stimmt: Edeka und Netto ließen das Mineralwasser nun lieber von anderen Herstellern von viel weiter weg ankarren, zum Teil aus Frankreich. Ökobilanz? Offenbar kein Thema im Lebensmitteleinzelhandel.

In der Versammlung wirkt Pascher ehrlich bemüht, das Jahre zuvor durch Schweigen und Ignoranz verlorene Vertrauen in Altmühltaler zurückzugewinnen. Die Absage 2019 hat dem Unternehmen schmerzlich gezeigt, dass die Zeit offenbar vorbei ist, in der Politik und Behörden den Schäffs jeden Wunsch erfüllten. Also erzählt Pascher von den 200 Arbeitsplätzen in Treuchtlingen, den Qualitätszertifizierungen, dem Sponsoring für Schulen,

Kindergärten und Vereine. Er sei doch selbst Treuchtlinger, wohne und lebe hier mit seiner Familie, und deshalb habe er auch persönlich ein Interesse daran, dass die Grundwasservorräte nicht geplündert würden, angesichts der schlimmen Konsequenzen, die das hätte. Im Übrigen wäre es nicht nur ökologischer, sondern auch unternehmerischer Wahnsinn. »Wer würde denn einen Brunnen übernutzen und damit sein gesamtes Geschäftsmodell gefährden?«, wirft Pascher in den Raum.

Natürlich erwähnt der Manager beiläufig auch, dass Altmühltaler ein wichtiger Gewerbesteuerzahler ist. Das und die 200 Jobs sind tatsächlich Argumente, die vor allem die Kommunalpolitiker im Blick haben müssen. Treuchtlingen, die ehemalige Eisenbahnerstadt, ist wirtschaftlich nicht stark. Die Kommune selbst betreibt ein feines und beliebtes Thermalbad, das sie trotzdem auf längere Sicht zu ruinieren droht, da es Millionenverluste produziert. Die lokale Wirtschaftskraft ist zu schwach, um das aufzufangen. Also ist man im Grunde froh, dass es Altmühltaler gibt. Und trotzdem herrscht Gesprächsbedarf an diesem Maiabend in der Stadthalle. Denn das Unternehmen will nach 2019 ein weiteres Mal nach neuen Wasservorkommen suchen, die qualitativ gut genug sind, um als Mineralwasser verkauft zu werden.

Dieses Mal allerdings geht es nicht um wertvolles Tiefengrundwasser. Sondern um ähnlich brauchbare Vorkommen, welche die Firma ziemlich nahe an der Erdoberfläche vermutet. Sie hat bei den Behörden Probebohrungen beantragt. Das beunruhigt viele Menschen – und macht sie eingedenk der Erfahrungen 2018/2019 misstrauisch. Doch Pascher gewinnt sein Publikum mit einer klaren Ansage. Er verspricht, wenn die Probebohrungen genehmigt würden und erfolgreich seien, werde Altmühltaler das Mineralwasser künftig ausschließlich aus diesen oberflächennahen Schichten entnehmen und das 10 000 Jahre alte Tiefengrundwasser nicht mehr antasten. Und er erneuert ein altes Versprechen: Die Firma werde bis zu 100 Millionen Euro in neue Abfüllanlagen am Rande Treuchtlingens investieren und jene in der Stadtmitte schließen; der enorme Schwerlastverkehr dort würde dann entfallen.

Paschers Transparenzoffensive stößt auf Wohlwollen und erfüllt ihren Zweck. Zwar bleibt eingedenk der Erfahrungen mit dem Konzern eine gehörige Portion Restskepsis bei vielen Einheimischen. Doch die Argumente des Managers an diesem Maiabend klingen schlüssig, nachvollziehbar und sogar vielversprechend, sein persönliches Auftreten ist offen und gewinnend. Vermutlich niemand in Treuchtlingen will Altmühltaler schließlich loswerden. Es geht vielmehr um die richtige Balance, um ökologische Verträglichkeit – und auch um Stilfragen. Als die Probebohrungen wenig später beginnen, übrigens auf städtischem Grund, rührt sich keinerlei Protest.

Aldi, Krombacher, Red Bull und Rauch schlagen zu

Doch dann überschlagen sich plötzlich die Ereignisse. Die Familie Schäff beginnt damit, ihr Mineralwasserimperium zu zerschlagen und die Einzelteile zu versilbern. Sie verkauft die Konzerntochter Heil- und Mineralquellen Germete GmbH mit Sitz in Warburg an Krombacher. Der Standort im Brandenburger Baruth (Urstromquelle), aus dem heraus man jahrelang Edeka und Netto belieferte, geht zu gleichen Teilen an den österreichischen

Energy-Drink-Riesen Red Bull und dessen Vorarlberger Geschäftspartner Rauch, der nicht nur ein bekannter Fruchtsafthersteller ist, sondern auch das Getränk Red Bull abfüllt. Gemeinsam planen beide Firmen in Baruth die »Abfüllung von Mineralwasser und alkoholfreien Erfrischungsgetränken für den Lebensmitteleinzelhandel«. Und schließlich verkaufen die Schäffs auch ihr Kerngeschäft Altmühltaler mit den Standorten Treuchtlingen und Breuna an ihren bis dahin größten Kunden Aldi Nord.

Der Deal ist allein deshalb bemerkenswert, weil Aldi Nord – abgesehen von zwei Kaffeeröstereien – erstmals nicht mehr nur mit Lebensmitteln handelt, sondern sie auch selbst produziert. Ein Tabubruch in der Aldi-Geschichte. Der Erwerb der Standorte Treuchtlingen und Breuna »gibt uns die Möglichkeit, Produktionskapazitäten für eines der wichtigsten Lebensmittel langfristig in Deutschland aufrechtzuerhalten«, sagt Jürgen Schwall, Chefeinkäufer von Aldi Nord. Was nichts anderes heißt als: In Zeiten des Klimawandels will sich der Discounter ebenso wie Red Bull und Rauch frühzeitig Ressourcen sichern, um das Geschäft mit Mineralwasser und alkoholfreien Getränken langfristig abzusichern.

Einher mit der Übernahme kündigt Aldi Nord an, an beiden Standorten investieren zu wollen. Man vermutet, sowohl in die Getränkeproduktion, als auch in die Abfüllung. »Die Altmühltaler Mineralbrunnen-Gruppe ist seit vielen Jahren einer unserer wichtigsten Lieferanten für Mineralwasser und Erfrischungsgetränke. Entsprechend hat uns das Angebot des familiengeführten Unternehmens in einem insgesamt engen Markt überzeugt«, so Jürgen Schwall.

Das Thema nimmt auch deswegen Fahrt auf, weil erstens die

Appelle von Politikern und Naturschützern, lieber Leitungswasser zu trinken als teures und obendrein quer durch die Republik gekarrtes Mineralwasser, nicht bei jedem verfangen. Und weil zweitens die nicht zuletzt infolge des Ukraine-Kriegs enorm gestiegene Inflation auch das Mineralwassergeschäft verändert. »Billigwasser feiert ein Comeback«, titelt das Fachblatt *Lebensmittel Zeitung* im Frühjahr 2022 und referiert Zahlen des Marktforschers GfK, wonach der Absatz von Handelsmarkenwasser erstmals seit drei Jahren steigt. Klar, die Leute sparen auch beim Mineralwasser. Altmühltaler, auf Billigprodukte für Discounter oder Supermärkte spezialisiert, spielt dies in die Karten. Und dem neuen Eigentümer Aldi Nord sowieso.

Doch was heißt das jetzt für Treuchtlingen? Was heißt es für die Wasserentnahme dort? Will Aldi Nord, dass doch noch mehr Tiefengrundwasser gefördert wird? Oder bekennt sich Aldi zum Plan, oberflächennahe Grundwasserschichten zu nutzen? Und was wird aus der versprochenen 100-Millionen-Euro-Investition? Anfang 2023 gibt es mehr Fragen als Antworten. Wieder einmal mauern sich die Verantwortlichen monatelang ein. Auch vom im Mai noch redseligen Manager Pascher ist nichts mehr zu hören; auf eine Anfrage reagiert er nicht einmal. Und Käufer Aldi Nord bewegt sich im Allgemeinen. Beide Standorte blieben erhalten, heißt es von dort, inklusive der etwa 400 Arbeitsplätze. Man werde »in Treuchtlingen und Breuna weiter investieren«. In was? In neue Abfülltechnik? In Arbeitsplätze? Oder den Ausbau von Kapazitäten? Sprich: Plant man doch noch größere Entnahmen des 10 000 Jahre alten wertvollen Tiefengrundwassers? Oder waren die Probebohrungen erfolgreich und Altmühltaler kann auch aus oberflächennahen Schichten Grundwasser schöpfen? Wird die Firma dann, wie von Pascher noch unter anderen Eigentumsverhältnissen versprochen, in Zukunft ganz auf Tiefengrundwasser verzichten? Wird sie, wie von den Treuchtlingern erhofft, aus der Innenstadt an den Stadtrand ziehen? Vieles ist Anfang 2023 unklar. Entsprechend groß ist das Misstrauen. Vorsorglich beginnt die Bürgerinitiative von 2019, sich erneut zu formieren.» Wir sind weiter in Kontakt und durch die Entscheidung des Stadtrats zu Probebohrungen auf städtischem Eigentum alarmiert«, sagt deren Vertreterin Christa Schulz. Zum zweiten Mal nach 2019 droht im Altmühltal ein Konflikt um Wasser.

Das Thema gewinnt zusätzlich an Brisanz, weil die Verteilung des wertvollen Tiefengrundwassers neu geregelt wird. Nicht nur Altmühltaler, sondern vor allem viele öffentliche Versorger zwischen Treuchtlingen und Regensburg pumpen es in ihre Netze. Von den bayerischen Behörden kommt die klare Ansage, dass die Fördermenge von derzeit insgesamt etwa sieben Millionen Kubikmetern jährlich drastisch gesenkt werden muss. Was auch nur richtig und konsequent ist, folgt man der Logik der amtlichen Altmühltaler-Entscheidung von 2019. Denn es geht nicht nur um Mineralwassser. Tiefengrundwasser ist besonders wertvoll, und dementsprechend kann, ja muss man mit gutem Recht kritisieren und hinterfragen, ob es nicht auch unethisch ist, dass ein großer Teil davon für Toilettenspülungen, Autowaschen oder Gartenbewässerung verbraucht werden muss. Auch öffentliche Versorger müssen deshalb mit Einschränkungen rechnen; einige, die Stadt Weißenburg zum Beispiel, suchen bereits nach alternativen Wasserquellen. Und das ist gut so.

Der Verteilungskampf um das Tiefengrundwasser – womöglich hat er gerade erst richtig begonnen.

Trinkwasser im weitesten Sinn wird zu einem immer vielfältigeren geschäftlichen Betätigungsfeld. Für seriöse Unternehmer und Investoren, die etwa damit Geld verdienen wollen, dass sie in Umwelttechnik investieren, in technische Innovationen und Firmen zum Beispiel, die beim Sparen von Wasser oder dessen möglichst effizientem Einsatz helfen. Daran ist absolut nichts Verwerfliches, im Gegenteil. Um den Wassernotstand zu bekämpfen oder zu verhindern, sind solche Investitionen unverzichtbar. Nachhaltigkeit im weitesten Sinne ist ein Trend im Investmentgeschäft, kaum ein größeres Unternehmen, das sich nicht dazu bekennt. Daneben gibt es viele gut meinende Menschen, die sich aus ökologischen oder sozialen Überzeugungen heraus des Themas Wasserversorgung ernsthaft und mit großem Engagement annehmen. Das Netz ist voll mit Seiten entsprechender Initiativen.

Je knapper das Wasserangebot und je drängender das Problem, desto mehr wittern allerdings auch Glücksritter und Ganoven fetten Reibach. Mitunter gibt es auch undurchsichtige Mischformen zwischen Geschäft und Gemeinsinn und dann wird es kompliziert, denn nicht immer erschließt sich umgehend, worum es mehr geht: darum, das Gute mit Wirtschaftlichkeit seriös zu verbinden, oder doch nur um persönlichen Gewinn unter dem Deckmantel des Ressourcenschutzes?

Böhmermann und der Streitfall Viva con Agua

2022 kommt der eingetragene Hamburger Verein Viva con Agua de Sankt Pauli e.V. ins öffentliche Gerede. Glaubt man seinen eigenen Publikationen und vor allem seiner Internetseite, dann ist die 2006 gegründete gemeinnützige Organisation die Verein gewordene Selbstlosigkeit. Getrieben von der Vision »Wasser für alle – alle für Wasser« und dem Ziel, allen Menschen auf der Erde zu helfen, »Zugang zu sauberem Wasser, Hygieneeinrichtungen und sanitärer Grundversorgung« zu erhalten. »Positiver Aktivismus« sei der Ansatz. »Als ALL PROFIT Organisation (Non-Profit klingt vermutlich zu freudlos, Anm. d. Verf.) setzen wir auf die universellen Sprachen Musik, Kunst und Sport, um Menschen für sauberes Trinkwasser zu aktivieren und Spenden zu generieren«, heißt es voller Pathos auf der vereinseigenen Internetseite. »Durch freudvolle Aktionen generieren wir Gelder, die schließlich in WASH-Projekte in immer mehr Viva con Agua-Ländern fließen. WASH steht für Wasser, Sanitär und Hygiene und verbessert so die Lebensumstände von vielen Menschen langfristig.« Und weiter im Text: »Wir motivieren Individuen und Organisationen, an einem gesellschaftlichen Prozess positiver Veränderung teilzunehmen, denn nur ein engagiertes Leben ist ein erfüllendes Leben. Wir inspirieren Menschen dazu, sich kreativ und freudvoll für das globale Thema Wasser einzusetzen. Durch verbindende und synergieorientierte Kooperationen vernetzen wir unsere dezentralen Unterstützer*innen. So entsteht eine stabile Plattform für positive Veränderung. Viva con Agua kreiert durch die Unterstützung konkreter WASH-Projekte weltweit gesellschaftlichen Wandel im Sinne von WASSER FÜR ALLE und verleiht Zeit, Geld und Energie damit einen übergeordneten Sinn!«

Mehr Floskelei geht kaum.

Viva con Agua sei »praktisch Ärzte ohne Grenzen zum Trinken«, ätzt ZDF-Satiriker Jan Böhmermann Anfang September 2022 in seiner Sendung *Magazin Royale.* »Wir Millennials wollen mit unserem deutschen Wasser die Welt nicht mehr beherrschen, sondern retten.« Man könnte das als bloße Satire abtun, würde Böhmermann nicht tatsächlich auf zwei fragwürdige Umstände aufmerksam machen: Um den gemeinnützigen Verein Viva con Agua herum existiert ein stattliches Geflecht aus Unternehmen; Böhmermann zählt einige davon auf: Viva con Agua Arts Company, die Villa Viva Holding GmbH, die Villa Viva Haus GmbH, die Villa Viva Gasthaus Verwaltungs GmbH – beileibe nicht alle sind gemeinnützig, sondern zum Teil ziemlich gewerblich unterwegs, privatwirtschaftlich gewinnorientiert also. Zum Beispiel die Villa Viva Gasthaus GmbH & Co. KG, die sich anschickt, ein zwölfeinhalbstöckiges Hotel in Hamburg zu bauen. Unser »›Wasser für alle – Alle für Wasser‹-Wasser vermietet uns bald Hotelsuites für nur 299 Euro pro Nacht«, spottet Böhmermann. Und dann ist da noch die Wasser GmbH in der ach so selbstlosen Viva-con-Agua-Firmenfamilie.

Sie verkauft Mineralwasser, abgefüllt von der eigentümergeführten Firma Husumer Mineralbrunnen, nach eigenen Angaben einer der größten Mineralwasserhersteller Norddeutschlands. Warum eigentlich? Propagiert Viva con Agua doch auf seiner Internetseite: »Das ökologisch nachhaltigste Wasser kommt aus dem Hahn. Wenn du mal keine Möglichkeit hast, Leitungswasser zu trinken, dann kannst du mit dem Kauf unseres Mineralwassers die soziale Alternative wählen und die Projekte von Viva con Agua unterstützen.« Die Firma, deckt Böhmermann auf, habe weder einen Betriebsrat, noch bezahle sie ihr Personal nach Tarif.

Wie passt das alles zu den wohlklingenden Bekenntnissen, die den Eindruck erwecken, als ginge es bei Viva con Agua doch stets und selbstlos um das Gute an sich, um maximale Fairness und die Allgemeinheit im Besonderen?

Böhmermanns Enthüllungen bringen Viva con Agua in Erklärungsnot. Ein fehlender Betriebsrat stünde doch »nicht per se für eine schlechte Unternehmenskultur oder mangelnde Partizipation, wie viele Beispiele aus der Praxis zeigen«. Man könnte es auch andersrum sehen: In Firmen, in denen Beschäftigte ein gesetzlich manifestiertes Mitspracherecht besitzen, ist die Partizipation garantiert. Auch das zeigen viele Beispiele in der Praxis.

Richtig absurd klingt der zweite Teil der Stellungnahme von Viva con Agua: Die Geschäftsleitung des Husumer Mineralbrunnens habe Viva con Aqua »versichert, dass der Wunsch nach Gründung eines Betriebsrates seitens der Mitarbeiter bislang nicht an sie herangetragen wurde«. Der Verein redet sich also heraus und gibt sich mit dem zufrieden, was das Management des Unternehmens erklärt: »Der Husumer Mineralbrunnen hat Viva con Agua in der Vergangenheit außerdem versichert, dass sich das Lohnniveau an der Höhe des existierenden Tarifvertrages für ›Obst- und gemüseverarbeitende Industrie, Fruchtsaftindustrie, Mineralbrunnenindustrie‹ der Bundesländer Niedersachsen und Bremen orientiert. Somit orientiert sich der Husumer Mineralbrunnen laut eigener Aussage an gültigen

Branchenstandards, da es in Schleswig-Holstein keinen tariflichen Standard für Mineralbrunnen gibt, sondern nur für Erfrischungsgetränke.« Ja dann …

Im Interview mit dem *Stern* liefert Benjamin Adrion, einer der Gründer von Viva con Agua, eine befremdliche, absurd anmutende Erklärung nach: »Das Wasser war immer unser flüssiger Flyer, die Menschen sind dadurch auf uns aufmerksam geworden und das hat uns sehr weitergeholfen. Aber auch hier denke ich: Wenn wir kein Wasser mehr verkaufen, gibt es gar keine Mineralwasserflaschen, die auf die Thematik hinweisen. Ist der Markt dann besser, wenn unser Marktanteil auch noch von großen Unternehmen übernommen wird? Ich glaube nicht.«

Eine Gegenfrage sei erlaubt: Wird der Markt denn besser, wenn NGOs dasselbe geschäftliche Gebaren an den Tag legen wie die von ihnen kritisierten Konzerne? Würde man Adrions Logik folgen, müssten eigentlich (zugegeben, etwas überspitzt formuliert) die Deutsche Umwelthilfe, Greenpeace oder der BUND Autos und Flugzeuge bauen, Straßen, Kern- und Kohlekraftwerke, damit es nicht raffgierige Unternehmen tun und damit den Markt bestimmen.

Echt jetzt?

Aber bei Viva con Agua sind ja nur die Guten mit besten Absichten am Werk, im Dienst für eine bessere Welt, selbst wenn sie fette Immobiliengeschäfte machen. »Wir sind überzeugt, Geschäftsmodelle, die einer sozialen Vision dienen, gestalten unsere Zukunft positiv«, heißt es. »Wir glauben, mit einer Mischung aus sozialem Wirtschaften und gesellschaftlichem Engagement erreichen wir den größtmöglichen Impact für sauberes Trinkwasser.« Der zwölfeinhalb Stockwerke hohe Hotelbau mit seinen geplanten 140 Übernachtungsbetten werde »das kleinste Hochhaus im näheren Umkreis« sein. Jeder werde darin willkommen sein, und auf der Campingetage werde das Bett auch nur 19,10 Euro die Nacht kosten. »Und mit jeder Übernachtung unterstützt du die Arbeit von Viva con Agua.« Im Übrigen würde »kein einziger Cent aus Spendengeldern« genommen und »auch keine finanziellen Mittel des Viva con Agua-Mineralwassers«.

»Alle Investitionen kommen von einer Gruppe befreundeter Investor*innen, die ihr Geld lieber sozial- als profitorientiert anlegen«, rechtfertigt sich Viva con Agua. »Somit trägt Viva con Agua kein finanzielles Risiko. Und das Beste kommt erst noch: Obwohl Viva con Agua keinen Cent investiert, erhalten die gemeinnützigen Organisationen Viva con Agua Stiftung und Viva con Agua de Sankt Pauli e.V. die Mehrheit der Anteile. Somit liegen die strategischen Entscheidungen bei Viva con Agua, und die Organisationen erhalten den Großteil der Gewinne aus dem Geschäftsmodell. Die Mehrheit der Gewinne fließt also kurz- und langfristig in die Projektarbeit von Viva con Agua.«

Die Frage sei jedoch erlaubt – warum dann die Verquickung? Oft ist bei sozialen oder ökologisch verbrämten Geschäftsmodellen nur schwer zu unterscheiden, was tatsächlich uneigennütziges Engagement der guten Sache wegen ist. Und was nur eine hübsche Kulisse, um im Schatten glanzvoll polierter Scheinselbstlosigkeit ordentlichen Reibach zu machen. Ehrlicher wäre es in jedem Fall, die Aktiven würden ihre Motive und Geschäfte von Anfang an weithin transparent machen, anstatt ein schwer durchschaubares Gewese drum herum zu veranstalten. Gerade unter den von Böhmermann als »Problemgruppe« identifizierten Millennials scheint die Verquickung von Gutes-Tun und Eingutes-Geschäft-Machen ein Thema.

Die Beispiele häufen sich, wo sich die Sinnhaftigkeit hinter wohlfeilem Wortklingeling von wegen »Beitrag gegen den Klimawandel«, »Nachhaltigkeit«, »Ressourcenschonen«, »Wassersparen« in Grenzen hält. So boomen rund um das Thema Wasser die Start-ups. Die Firma air up zum Beispiel, 2019 gegründet von fünf jungen Leuten. Sie wurde bekannt, weil Investor Frank Thelen vor einem Millionenpublikum bei der TV-Sendung *Die Höhle der Löwen* dort mit seinem Geld eingestiegen ist. Auch der Pepsi-Konzern ist bei den Münchnern eingestiegen, Ippen Media, Five Seasons Ventures, Oyster Bay, und 2022 investierten mit dem Schauspielerehepaar Ashton Kutcher und Mila Kunis zwei US-Promis in air up. Der Plan: den amerikanischen Markt erobern. Das Geschäft lief prächtig an. Allein von 2019 auf 2020 stieg der Umsatz von 20 auf 90 Millionen Euro.

Auch air up schwimmt auf der Welle mit, anstatt Mineralwasser zu kaufen, möge man doch Leitungswasser trinken, weil das ökologischer sei. Die in München registrierte Firma verkauft ein Produkt aus drei Teilen: eine Wasserflasche aus Plastik, ein Mundstück samt eingebautem Trinkhalm und sogenannte Pods. Das sind Luftkissen, die mit künstlichen Aromen getränkt werden. Das Ganze dient einem Zweck, nämlich, Leitungswasser Geschmack zu geben, allein mithilfe von aromatisierter Luft. Man gibt Wasser in die Flasche, und beim Trinken saugt man den im Aufsatz der Flasche eingebrachten Duft mit auf. Preis für die Kunststoffflasche (Stand Ende 2022): etwa 35 Euro, drei Pods, die wahlweise den Duft nach Pfirsich, Apfel, Waldfrucht, Himbeere, Lemon oder Maracuja verbreiten, kosten beim Drogerie-Filialisten Rossmann sechs bis sieben Euro. Rossmann feiert das Produkt als »innovative Lösung für alle, die kalorienbewusst genießen möchten«.

Obwohl air up auf der Fitness-, Gesundheits- und Leitungs-wasser-statt-Mineralwasser-Welle schwimmt, hält sich die Begeisterung bei Umweltexperten in engen Grenzen. »Mit air up retten wir weder das Klima, noch wird dadurch die Plastikmüll-krise gelöst«, zitiert *Die Zeit* Thomas Fischer, Experte für Kreislaufwirtschaft bei der Deutschen Umwelthilfe. »Das Produkt ist genauso überflüssig wie Kaffeekapseln.« Während air up damit wirbt, die Duftpolster samt ihrem Kunststoffgehäuse bestünden ausschließlich aus recycelbaren Materialien, kontert Fischer, dass das nicht stimmen könne, weil die Duftkissen von ihrem Gehäuse nicht zu trennen sind. »Wenn sich die Materialien aber nicht voneinander trennen lassen, dann ist das Duftpolster auch nicht 100 Prozent recyclingfähig.«

Was obendrein negativ auffällt: Die Aromapads werden in der Türkei und die Trinkflaschen in China hergestellt. Mal ganz abgesehen von langen Transportwegen – »die Wahrscheinlich-keit, dass in China gefertigte Produkte mit besonders klima-schädlicher Energie aus der Kohleverfeuerung produziert werden, ist sehr hoch«, so Experte Fischer in der *Zeit*. So viel zum Thema Ökobilanz. Der Fairness halber sei erwähnt, dass auch andere, thematisch mit air up verwandte Aromasysteme ökologisch nicht minder fragwürdig sind. Und was den praktischen Nutzen angeht: Anstatt sich künstliche Aromen reinzuziehen, empfiehlt sich Pflanzensirup. Wem das zu viele Kalorien sind, der kann sein Leitungswasser auch ganz simpel aromatisieren, indem er reale Früchte oder Kräuter ins Wasser schneidet.

IV

Die Gier der großen Schlucker

Die rücksichtslose Ausbeutung von Ressourcen und der Kampf um unsere Zukunft

Von vorweihnachtlichem Frieden ist in der Müggelspreehalle in Hangelsberg nichts zu spüren, als sich am frühen Abend des 8. Dezember 2022 die Gemeindevertreter von Grünheide zu einer Sitzung versammeln. Die Stimmung ist aufgeheizt. Neben den Kommunalpolitikern sind knapp 200 Bürgerinnen und Bürger gekommen, und sie beschränken sich nicht auf stummes Zuhören. »Zwischenrufe, Gelächter, tosender Beifall für Tesla-Gegner und Protestplakate – wenn es um die Tesla-Erweiterung in Grünheide geht, kochen die Gemüter hoch«, notiert die Reporterin der *MOZ*, der *Märkischen Oderzeitung*.

Auch Manuela Hoyer und ihre Mitstreiterinnen und Mitstreiter der Bürgerinitiative (BI) Grünheide sind da. Sie hält ein Plakat hoch, auf dem sie weithin sichtbar das Resultat einer Unterschriftensammlung präsentiert: 6698 Menschen haben sich gegen eine Erweiterung des Tesla-Werkes ausgesprochen. Genau um die geht es nämlich an diesem Abend in der voll besetzten Hangelsberger Turnhalle. Tesla will sein 300 Hektar großes Fabrikgelände um weitere 100 Hektar erweitern. Was bedeutet, dass entsprechend viel Kiefern- und Laubwald gerodet werden muss. Auf dem Gelände will der US-amerikanische Elektroauto-Bauer

Logistik- und Lagerflächen, Sozial- und Schulungsräume sowie eine Kindertagesstätte schaffen. Und vor allem einen Güterbahnhof, über den in Zukunft die E-Autos, die vom Band laufen, sofort auf Güterzüge geladen und abtransportiert werden sollen. »Mit dem Güterbahnhof können wir 1000 Lkw-Fahrten pro Tag von der Straße auf die Schiene holen«, sagt Marlene Mehnert, die für Tesla die Standortentwicklung vor Ort managt.

Doch Teile der Bevölkerung sind misstrauisch. Sie sind generell skeptisch gegenüber den Tesla-Versprechen. War es nicht so, dass der US-Autobauer schon einmal eine große, schlichte Lagerhalle beantragt hatte und, kaum dass diese stand, darin eine Batteriefabrik einbaute? Was allein deshalb ein großer Unterschied ist, weil ein Bauherr für eine Lagerhalle von den Behörden ziemlich schnell und einfach eine Genehmigung bekommt, während eine Batteriefabrik umweltrechtlich geprüft werden muss, was ziemlich aufwendig ist und lange dauert. Kritiker meinen das Tesla-Vorgehen als billigen Trick zu enttarnen. Und nun, bei der Sitzung der Gemeindevertreter in der Müggelspreehalle, werden viele neue, misstrauische Fragen laut. *MOZ*-Reporterin Janine Richter notiert: »Auch zahlreiche Sorgen vor einer Vergiftung des Grundwassers und der Zerstörung von Flora und Fauna durch neue Rodungen waberten durch den Raum.«

Am vergangenen Samstag hatten sich die Kritiker noch einmal auf dem Marktplatz von Grünheide versammelt. In der Nacht hatte es ein wenig geschneit, die Dächer rings um den Marktplatz waren weiß überzogen, und auch das Straßenpflaster war nicht ganz freigeräumt. Etwa 200 Menschen standen in der feuchten Kälte, sie waren einem Aufruf der BI und von Umweltverbänden gefolgt, sich vor der Sitzung der Gemeindevertreter noch einmal zu Wort zu melden und ihre Argumente und

Forderungen zu formulieren. 200 Gegner, das ist angesichts des Wetters an dem Tag respektabel, angesichts der Größe, der Wucht und der Geschwindigkeit des gesamten Tesla-Projekts machen sie sich harm-, fast hilflos aus. Auf einem kleinen Podium, einen Asia-Imbiss und die Tourist-Info im Rücken, fordert die brandenburgische Nabu-Landeschefin Christiane Schröder ein Nein der Kommunalpolitiker zur Fabrikerweiterung um weitere 100 Hektar. »Das ist der Kampf David gegen Goliath«, sagt die Umweltschützerin später in einem Interview mit dem rbb. »Und wir haben in der letzten Zeit erlebt, dass Tesla alles hinterhergeworfen wird. Daher sind die Chancen eher schlecht. Aber stumm bleiben und aufgeben ist nicht.«

Alle Proteste und Warnungen verhallen ungehört. Fünf Tage später, bei der Abstimmung in der Müggelspreehalle, stimmt eine überwältigende Mehrheit der Gemeindevertreter von Grünheide für den »Bebauungsplan Nr. 60 Service und Logistikzentrum Freienbrink-Nord«. Sie macht damit im Sinne des Unternehmens den Weg für die Rodung weiterer 100 Hektar Wald frei. Wobei die meisten Menschen im Saal, ob Kommunalpolitiker oder Zuhörer, die Ahnung beschleicht: Es wird nicht bei dieser Erweiterung bleiben. Auf dem Papier existieren drei Ausbaustufen der Fabrik.

Tesla bekommt also seinen Willen. So wie eigentlich immer, seit dieses gigantische Projckt drei Jahre zuvor seinen Anfang nahm.

Elon Musk und die deutsche Geschichte

Bei einer Autopreisverleihung des Axel Springer-Verlags in Berlin gibt der exzentrische Milliardär Elon Musk am 12. November 2019 die Entscheidung bekannt, die das Autoland Deutschland umgehend in Wallung versetzt: Die zwar börsennotierte, doch in der Praxis von ihm bestimmte Elektroautofirma Tesla baut ihre zentrale Fabrik für den europäischen Markt, eine Gigafactory, wie es heißt, in Deutschland. Unmittelbar neben der Hauptstadt, in der brandenburgischen Gemeinde Grünheide, nur eine halbe Autostunde entfernt von deren neuem Flughafen in Schönefeld. Von einer Vier-Milliarden-Euro-Investition ist die Rede; offiziell wird diese Summe nie bestätigt.

Die Euphorie über Musks Ankündigung kennt keine Grenzen. »Was für eine Sensation«, jubelt die *Bild am Sonntag*. »Die Tesla-Ansiedlung ist wie ein Lottogewinn«, freut sich Grünheides parteiloser Bürgermeister Arne Christiani fortan unablässig bei Interviews. Die rot-schwarz-grüne Landesregierung ist nicht minder im Dauer-Feiermodus. »Das ist eine hervorragende Nachricht für unser Land«, sagt Brandenburgs Ministerpräsident Dietmar Woidke (SPD) und schreibt sich die Ansiedlung selbstverständlich als Erfolg auf seine Fahnen und die seiner rot-schwarzgrünen Landesregierung. »Wir haben uns dafür in intensiven Gesprächen und mit guten Argumenten eingesetzt«, sagt er. »Ich bin glücklich, dass sich Elon Musk für unseren Standort Brandenburg entschieden hat.« Der wiederum frotzelt, man werde das Werk bestimmt schneller bauen als die Berliner ihren Flughafen. Dessen Fertigstellung dauerte bekanntlich alles in allem 14 Jahre.

Musk hält Wort – und wie. Später wird die brandenburgische Staatskanzlei stolz vorrechnen: »Zwischen Bekanntgabe der Ansiedlung durch Tesla-Chef Elon Musk am 12. November 2019 und den ersten Auslieferungen am 24. März 2022 lagen nur 860 Tage.«

Ist das nicht großartig? Endlich mal ein Beispiel, dass die Deutschen auch Tempo beherrschen? Dass sie keine Bedenkenträger sind, die alles drei-, viermal oder noch öfter hin und her wälzen, um die Entscheidung dann zu vertagen? Dass ihre Genehmigungsbehörden keine wahlweise verschnarchten oder schwerfälligen Bürokraten sind, sondern flotte An- und Zupacker? Kann Deutschland also doch Aufbruch? Ist unser Land allen Unkenrufen zum Trotz doch ein wirtschaftsfreundlicher Standort, der Unternehmern bei Investitionen tatkräftig hilft und ihnen keine Schwierigkeiten macht? Nur 860 Tage zwischen der Ankündigung einer Autofabrik und deren erster Auslieferung – und dann auch noch im Osten des Landes, der sich so oft benachteiligt fühlt und manchmal auch unter Minderwertigkeitsgefühlen leidet. 860 Tage – das schaffen sonst bestenfalls die Chinesen, wenn überhaupt.

Gleich nach der Bekanntgabe richtet Ministerpräsident Woidke eine Task Force ein, die bis heute viele Dinge in Zusammenhang mit der E-Auto-Fabrik schnell hinter verschlossenen Türen klärt. Selbstverständlich ohne »die verfahrensrechtlichen Zuständigkeiten der Genehmigungsbehörden anzutasten« oder gar in rechtsstaatliche Abläufe einzugreifen, wie die Staatskanzlei in Potsdam stets betont. Neben dem Ministerpräsidenten, einigen Landesministern und dem Bürgermeister von

Grünheide sind auch Vertreter der Firma Tesla Mitglieder dieser Task Force. Der Antragsteller und die für ein korrektes rechtsstaatliches Verfahren Zuständigen, Kontrolleure und Kontrollierte also, sitzen praktischerweise etwa alle vier Wochen zusammen.

Am 27. Januar 2020, gut zwei Monate nach Musks Ankündigung, kauft Tesla dem Land Brandenburg zunächst ein etwa 300 Hektar großes, dicht bewaldetes Grundstück ab, das bereits seit 20 Jahren rechtlich für eine Industrieansiedlung vorgemerkt war. BMW dachte seinerzeit darüber nach, hier ein Autowerk zu bauen, verwarf den Plan aber. Die Vormerkung des Geländes für Industrie blieb jedoch, was das weitere Verfahren für Tesla inhaltlich und zeitlich vereinfacht, so die Staatskanzlei. Für den Wald zahlt Tesla 43,4 Millionen Euro, etwa 14,35 Euro pro Quadratmeter. Zudem nutzt Tesla auch Flächen im angrenzenden Güterverkehrszentrum (GVZ) Freienbrink.

Elon Musks Plan: in der Gigafactory Elektrofahrzeuge für den europäischen Markt produzieren, hauptsächlich das Tesla-SUV-Modell Y, aber auch das kleinere und besonders beliebte Modell 3. In einer Anfangsphase 500 000 Stück pro Jahr. In dem Werk sollen die Hauptkomponenten gefertigt und die Fahrzeuge montiert werden. Dafür werden unter anderem ein eigenes Presswerk, eine Gießerei, die Karosseriefertigung, eine Lackiererei, eine Einheit zur Fertigung des Antriebs sowie für die Sitzfertigung und die Endmontage gebaut. Plus zahlreiche Nebengebäude. Bis zu 40 000 Arbeitsplätze würden in der Tesla-Fabrik entstehen, so Brandenburgs Wirtschaftsminister Jörg Steinbach (SPD). Später wird er die Zahl auf 12 000 korrigieren müssen.

Ausgerechnet Grünheide. Ein kleiner historischer Exkurs sei an dieser Stelle erlaubt, denn in der deutsch-deutschen Geschichte kam die knapp 9000 Einwohner zählende Gemeinde Grünheide im Landkreis Oder-Spree erstaunlich oft markant vor. Nicht nur, weil zeitweise die bedeutenden Schriftsteller Georg Kaiser und Gerhart Hauptmann in der Gegend lebten und arbeiteten. Viele Jahre wohnte in einem kleinen Häuschen in Grünheide auch der DDR-Regimekritiker Robert Havemann. Einst von der DDR hofiert als Widerstandskämpfer im Dritten Reich und später als bedeutender Naturwissenschaftler des Landes, stellte Ostberlin den zunehmend kritischen Intellektuellen 1976 unter Hausarrest. Drei Jahre durfte Havemann sein Haus in Grünheide nicht verlassen, insgesamt etwa 200 Mitarbeiter des Ministeriums für Staatssicherheit (MfS) wachten darüber im Schichtbetrieb rund um die Uhr. Und weil Havemanns Häuschen als Treffpunkt der Oppositionellen in der DDR galt, fotografierten die Stasi-Leute nicht nur alle Besucher, sondern filzten sie auch bis ins Kleinste – so man sie überhaupt durchließ. Als das Regime Havemann auch noch mit einem Kontaktverbot von der Außenwelt isolierte, riegelte das MfS sein Haus weiträumig ab. Havemann starb 1982 in Grünheide.

Sieben Jahre später, Anfang September 1989, als Wendestimmung die DDR erfasste, trafen sich dort bei Havemanns Witwe Oppositionelle um die Bürgerrechtler Bärbel Bohley und Jens Reich. Sie gründeten das Neue Forum und formulierten einen Aufruf, für den anschließend überall im Land Unterschriften gesammelt wurden. Er trug dazu bei, dass der Unmut über das SED-Regime sich endgültig Bahn brach; bis heute gelten das Neue Forum und sein Grünheider Aufruf als wichtige Schubkräfte für den Fall der Mauer zwei Monate später.

Dass ausgerechnet Grünheide zu einem Kraftort der Opposition in der DDR wurde, war allein deshalb bemerkenswert, weil die Stasi der größte Arbeitgeber in der Gemeinde war und dementsprechend auch unter den Einwohnern besonders viele linientreue Bürgerinnen und Bürger sowie MfS-Leute waren. In der Ecke, wo heute Tesla E-Autos baut, war zu DDR-Zeiten in einem Sperrgebiet, verborgen hinter hohem Stacheldraht und abgesichert mit Wachtürmen und bewaffneten Uniformierten, das geheime »Zentrallager für Asservate«. Eine Art geheimes Postamt, zu dem nur ein paar Hundert Handverlesene Zutritt hatten. Sämtliche in Westdeutschland abgeschickte und an Empfänger in der DDR adressierte Päckchen und Pakete landeten hier, wurden geöffnet, durchsucht und staatlich geplündert.

Allein zwischen Januar 1984 und November 1989 klaute die Stasi-Abteilung M auf diese Weise 32,7 Millionen West-Mark in bar. Wichtige Devisen für die wirtschaftlich marode DDR. Bekannt wurden diese Zahlen Jahre nach der Wende am Rande eines Prozesses anhand entsprechender DDR-amtlicher Aufzeichnungen. Grünheides heutiger Bürgermeister, der parteilose Arne Christiani, der auch der Tesla-Task-Force in der Staatskanzlei angehört, taucht in einer ziemlich dicken Stasi-Akte als »IM Peter Förster« auf. Er habe davon nichts gewusst und niemanden bespitzelt, sagt er. Der Politologe und Spionageexperte Professor Müller-Enbergs kam nach Studium der MfS-Akten zu einem anderen Schluss: »Er verpflichtete sich sogar per Handschlag zur Zusammenarbeit.« Gleichwohl bleibt Christiani auch gegenüber der *B.Z.* bei seiner gegenteiligen Auffassung und kündigte an, den Fall seinem Anwalt zu übergeben.

Vor Ort interessiert sich kaum (noch) jemand für das Thema. Nach Lage der Dinge wird Arne Christiani in die Lokalgeschichte vornehmlich als der Bürgermeister eingehen, unter dem Tesla nach Grünheide kam und einen Markstein in die deutsche Wirtschaftsgeschichte setzte: die erste Gigafactory für Elektroautos der diesbezüglich führenden US-Marke in Europa.

Kurz vor Weihnachten 2019 reicht Tesla entsprechende Anträge und erste Unterlagen bei den zuständigen Behörden ein; das Verfahren selbst beginnt im Januar 2020. Fortan geht alles rasant. Parallel wird das spätere Baugelände auf Kampfmittel und andere giftige Ablagerungen aus dem Zweiten Weltkrieg abgesucht. Munitionsreste und US-Blindgänger-Bomben werden gefunden und gesprengt.

Nun ist ein Genehmigungsverfahren für eine Industrieanlage der Größenordnung Gigafactory außerhalb Chinas eine aufwendige Angelegenheit. Bürgerinnen und Bürger müssen beteiligt werden, ebenso Verbände und sogenannte Träger öffentlicher Belange. Sie alle können und sollen sich den Gesetzen zufolge äußern und ihre Einwände und Vorschläge vortragen, zu ökologischen Themen ebenso wie beispielsweise zu Fragen der Verkehrserschließung. Und natürlich auch zum Thema Wasserversorgung. Es hat hier eine besondere Brisanz, denn die Fabrik würde mindestens zu einem nennenswerten Teil in einem Trinkwasserschutzgebiet stehen. Außerdem ist die Region aus geologischen Gründen von Haus aus eine sehr trockene. Um die Versorgung mit Trinkwasser in dem Landstrich kümmert sich der Wasserverband Strausberg-Erkner (WSE), ein Zusammenschluss von 16 Gemeinden, darunter auch Grünheide. Der WSE versorgt 170 000 Menschen, öffentliche Einrichtungen und natürlich die Firmen im Verbandsgebiet. »Unser Job ist die Trinkwasserversorgung. Dabei behandeln wir jeden gleich, die sprichwörtliche alte Oma genauso wie ein großes Unternehmen, selbst wenn es Tesla heißt«, stellt Sandra Ponesky vom WSE gleich zu Beginn des Gespräches klar. »Wir sind auch keine Tesla-Gegner, das steht uns als Versorger gar nicht zu.«

Aber es ist auch kein Geheimnis, dass die Tesla-Ansiedlung beim WSE von Anfang an Skepsis und Sorgen auslöste, zurückhaltend formuliert. Die Verbandsvertreter saßen mit am Verhandlungstisch, allerdings war da die Grundsatzentscheidung längst gefallen. »Wir haben von Anfang an unsere Bedenken geäußert, weil wir keine Reserven mehr haben«, sagt Ponesky. »Gute Wirtschaftspolitik funktioniert eigentlich genau andersrum. Man prüft vor einer solchen Mega-Ansiedlung die vorhandene Infrastruktur, zu der nun einmal auch die Wasserversorgung gehört. Und nicht erst danach.«

Die Kommunalpolitiker, allen voran die Bürgermeister jener Gemeinden, die den Wasserverband bilden, stecken in einem Dilemma. Einerseits hoffen sie, hofft vor allem Grünheide, durch die Gigafactory auf wirtschaftlichen Aufschwung, Arbeitsplätze, Wohlstand und Impulse auf allen gesellschaftlichen Ebenen. Andererseits reicht das Wasser jetzt schon nicht. »Wenn im heißen Sommer viele Leute ihre Gärten bewässern und Pools befüllen, wird das Wasser knapp«, schildert Sabine Löser, Bürgermeisterin der Gemeinde Rüdersdorf bei Berlin, die nur wenige Kilometer vom Tesla-Werk entfernt liegt. »Dann kam es in der Vergangenheit schon vor, dass das Wasser in manchen der obersten Plattenbau-Etagen in unserer hügeligen Landschaft nur noch tröpfelte.«

Die Ansiedlung von Tesla, und das muss allen Verantwortlichen von Anfang an klar gewesen sein, verschärft die Probleme des Wasserversorgers ganz objektiv. »Tesla hat uns 30 Jahre nach vorne katapultiert«, sagt Sandra Ponesky vom WSE und sieht diese rasante Reise in die Zukunft mit Vorbehalt. »Wir denken langfristig und hätten bei gleichbleibender Ausgangslage, also gleichbleibenden Mengen an Entnahmegenehmigungen, nach unseren Prognosen in 30 Jahren das Versorgungslimit erreicht. Doch mit einer Ansiedlung in dieser Größenordnung stoßen wir jetzt an unsere Grenzen. Tesla wird in einer Region angesiedelt, wo Wasser ohnehin schon knapp ist.« Man steuere »auf eine Situation zu, wo wir bald keine Reserven mehr haben werden«. Denn diese Reserven sind bereits vergeben, zum Beispiel durch Zusagen des WSE an Kommunen, die neue Bebauungspläne aufgestellt haben.

Ponesky sagt das in einer Zeit, als die Gigafactory ihre Arbeit bereits aufgenommen hat. Es gibt in der Region Gemeinden, die neue Wohngebiete oder Baumaßnahmen verschieben müssen, weil der WSE sein Veto einlegt, weil das zusätzlich notwendige Wasser fehlt. Bürgermeisterin Löser kennt solche Fälle und ist froh, dass ihre Gemeinde aktuell noch nicht betroffen ist. »Anders als einige Nachbarkommunen, die aktuell Bebauungspläne für Schulen auf den Weg bringen möchten, sind wir in Rüdersdorf noch nicht so akut eingeschränkt.« Einige Bürgermeister reden nicht gern öffentlich über die Zwangslage, auch wenn sie betroffen sind. Als Tesla-Gegner will niemand dastehen.

Man ist hin- und hergerissen. »Tesla ist für unsere Region Segen und Fluch zugleich«, sagt WSE-Sprecherin Ponesky. »Das Thema ist komplex, und da gibt es keine einfachen Lösungen. Natürlich breiten die Wirtschaftsförderer die Arme aus und sagen: Kommt her, wir kriegen alles geregelt. Im Moment funktioniert auch alles noch gerade so. Aber wenn tatsächlich die erhoffte Dynamik entsteht, sich im Sog von Tesla weitere Firmen ansiedeln und Menschen zu uns ziehen, was wiederum Gewerbe und Neubaugebiete, aber auch zusätzliche Kitas und Schulen bedeutet, dann wird es knapp mit der Wasserversorgung. Es ist nicht so, dass wir hier kein Wasser haben. Als öffentliche Hand kriegen wir zum Beispiel durch die erforderliche zeitintensive Bauleitplanung nur nie und nimmer die Geschwindigkeit hin, wie sie bei Tesla an den Tag gelegt wird.«

Das Tempo, das im Falle Tesla seitens von Firma, Politik und Behörden an den Tag gelegt wird, ist einerseits beeindruckend. Eine machtvolle Demonstration für den Standort Deutschland, seine Attraktivität und seine Fähigkeit zu industriepolitischen Kraftakten. Je intensiver man jedoch recherchiert, je genauer man hinsieht, desto mehr mischen sich Zweifel in die Begeisterung. Zu vieles ist fragwürdig. Da ist der Standort mitten in einem der größten zusammenhängenden Waldgebiete Deutschlands, dessen Tauglichkeit für dieses Giga-Projekt man durchaus anzweifeln kann. Da ist die Frage, warum ausgerechnet ein elementares Thema wie die Wasserversorgung nicht von vornherein durchdacht und geklärt wurde. Da ist die Rodung von – Stand beim Erscheinen dieses Buches – insgesamt 400 Hektar voller Bäume, von der anschließenden Bodenversiegelung durch die Werksgebäude gar nicht erst zu reden. Da sind Behörden, deren Geschwindigkeit umgekehrt die Frage aufwirft, warum Zigtausende kleine und mittlere Genehmigungsverfahren, darunter viele Vorhaben von Handwerkern, großen und kleinen Unternehmen sowie Privatleuten, sich oft eine gefühlte Ewigkeit hinziehen, während ein Milliardenprojekt im Rekordtempo durchgepeitscht wird. Sind die Behörden bei Tesla zu schnell oder im Alltag zu langsam? Obendrein gilt im Fall Tesla offensichtlich der Grundsatz: Hindernisse darf es nicht geben. Sie kommen in der Vorstellung der Beteiligten nicht vor.

Wasser?

Elon Musk selbst hat für das Thema nur Spott übrig. Als er medienwirksam auf dem Baugrundstück auftaucht und von Journalisten auf das Problem der auch ohne Tesla schon knappen Versorgung angesprochen wird, reagiert der Milliardär mit gleichgültiger Arroganz. »Hier ist quasi überall Wasser«, sagt er und lacht. »Sieht das für Sie hier aus wie eine Wüste? Das ist lächerlich. Es regnet sehr viel«, meint er. »Hier gibt es so viel Wasser, sehen Sie sich doch um. Wasser gibt's hier im Überfluss.« Namhafte deutsche Politiker übrigens stehen grinsend daneben und schweigen. BI-Aktivistin Manuela Hoyer sieht die Szene im Fernsehen. »Ich dachte mir spontan, dass dieser Mensch irgendwie crazy sein muss. Denn wer solchen Müll erzählt, der kann nicht ganz richtig ticken.«

Elon Musk wird von vielen als charismatischer Visionär der Neuzeit verehrt, zumindest aber als erfolgreicher Unternehmer bewundert. Andere halten ihn für einen größenwahnsinnigen Narzissten. Zeitweise der reichste Mann der Welt, betreibt er neben Tesla ein Satellitensystem. 2022 kauft er den Kurznachrichtendienst Twitter und wirft als Erstes ein paar Tausend Mitarbeiter raus. Warum? Weil er's kann. Kritik scheint der exzentrische Milliardär mit komplizierter Kindheit und den Staatsangehörigkeiten von Südafrika, Kanada und den USA schwer zu vertragen. Das ZDF gilt nach einem zu wenig freundlichen Beitrag bei Tesla in Grünheide als unerwünscht und darf nicht mehr rein.

Andererseits: So einen wie Elon Musk finden viele Menschen eigentlich auch ganz cool. Kommt und macht einfach. Ohne sich von Genehmigungsbehörden und Skeptikern, Bürokraten und Naturschützern irritieren oder gar stoppen zu lassen. Ohne sich bis ins kleinste Detail gegen Risiken abzusichern.

Aber darf das allein der Maßstab sein? In einem Rechtsstaat? Und vor allem in Zeiten, in denen alle das Wort »Nachhaltigkeit« im Mund führen? Und gelten Regeln nicht für alle?

Die angeblich ergebnisoffenen Genehmigungsverfahren haben noch nicht einmal richtig begonnen, geschweige denn waren die Einwände geprüft, als das Brandenburger Landesamt für Umwelt (LfU), angesiedelt in Frankfurt an der Oder, Tesla am 13. Februar 2020 die Rodung des Waldes genehmigt. Noch am selben Tag rücken die Waldarbeiter mit schwerem Gerät an – bereits am 1. März sind die ersten 90 Hektar Bäume gefällt. »Als die Rodung begann, war der Himmel schwarz vor Krähen und Raben, die darauf warteten, sich auf die toten Tiere zu stürzen«, sagt Manuela Hoyer von der Bürgerinitiative. Unter anderem lebten in dem Waldgebiet seltene Schlingnattern und Zauneidechsen. Es sei doch nur ein Kiefernwald gewesen, sagen Tesla-Befürworter, ohne besondere Tier- und Pflanzenwelt und sowieso untauglich in Zeiten des Klimawandels.

Während Bäume fallen und Beamte Unterlagen lesen, ist die Wasserfrage noch unbeantwortet. Wie viel wird die Gigafactory brauchen? Die Zahl von 3,3 Millionen Kubikmetern geistert durch die Brandenburger Medien – diese Jahresmenge entspräche dem Verbrauch einer 70 000-Einwohner-Stadt. Zu viel, warnt der Wasserverband WSE. Zu viel, warnen auch Naturschützer.

Tesla und Wasser – von der ersten Idee an, eine riesige Autofabrik mitten in einen geschlossenen Wald zu fräsen, war eigentlich klar, dass das nicht wirklich passt. Als Grünheides Bürgermeister Christiani im August 2020 vom *Handelsblatt* gefragt wird, woher denn das viele Wasser für das Werk kommen solle, belehrt er seine Fragesteller. München werde aus Quellen versorgt, die 80 Kilometer entfernt lägen. »Was lernen wir daraus?«, so Christiani im Duktus eines Schulmeisters. »Wasser ist ein Allgemeingut. Es muss von der Stelle, wo es vorhanden ist, zu der Stelle transportiert werden, wo es gebraucht wird. Das ist die Herausforderung – und die ist lösbar.«

Parallel zur Rodung werden die ersten Planungsunterlagen öffentlich ausgelegt, und es laufen die gesetzlich vorgeschriebenen Anhörungstermine. Im Zuge der Verfahren ändert Tesla die Pläne in Teilen ab. Die Firma reagiere damit auf wichtige Hinweise von Behörden, Umweltverbänden und betroffenen Bürgern, so die firmenfreundliche, offizielle Interpretation. Zudem hätten sich »im Fortschritt der Planung Erkenntnisse ergeben, die Anpassungen erforderlich machten«, teilt die Brandenburger Staatskanzlei mit. »Durch eine Vielzahl an Maßnahmen (z. B. Abschaltung der Kühllast für Zellproduktion, Wegfall oder Prozessoptimierung wasserintensiver Elemente, z. B. Zellenwäsche, Quench Tanks, Standzeiten der Bäder in der Lackiererei, Kaskadenspülung für Can Stamping, Rezirkulation aus dem Ablauf der Abwasserbehandlungsanlage etc.) wurde der prognostizierte Wasserverbrauch bereits um mehr als 30 Prozent gesenkt. Außerdem wurden Veränderungen am Anlagendesign vorgenommen, um die Flächen effizienter auszunutzen.«

Im April 2021 kündigt Tesla an, auf dem Betriebsgelände auch Batteriezellen produzieren zu wollen. Dafür wiederum ist ein umweltrechtlich aufwendiges Verfahren notwendig. Doch wieder geht alles rasend schnell. Zumal Tesla mit dem Versprechen einer Innovation lockt. Man werde einen neuen Batteriezellen-Typ entwickeln und herstellen, der erheblich effizienter und leistungsstärker sei. Neue Herstellungsverfahren würden den

Energie- und Chemikalieneinsatz auf ein Minimum reduzieren. Und der Standort Grünheide könne sich darüber freuen, dass die Wertschöpfungskette dort um den kompletten Speicherbereich erweitert werde. Auf das Ende der – etwa immissionsschutzrechtlich – zum Teil aufwendigen Genehmigungsverfahren will Tesla nicht warten. Die Firma beginnt einfach zu bauen. Allerdings behördlich abgesegnet mit der Genehmigung des sogenannten vorzeitigen Beginns, mit der Erlaubnis also, bereits vor der Erteilung einer Baugenehmigung auf eigenes Risiko loszulegen. Die Brandenburger Behörden erteilen Tesla viele solcher Sondergenehmigungen. Das allerdings ist in allen Bundesländern möglich und nicht unüblich. Die Genehmigung zu einem vorzeitigen Baubeginn ist rechtlich zulässig, wenn davon auszugehen ist, dass ein Vorhaben am Ende des Verfahrens genehmigt wird. Bei gängigen Gebäudeanlagen oder Industrievorhaben mag man das abschätzen können. Doch wie oft wird hierzulande ein Industrieprojekt der Dimension gebaut wie die Tesla-Gigafactory?

Das Risiko trägt in solchen Fällen immer der Bauherr. Sollte man nicht meinen, dass ein Projekt dieser Komplexität und Größenordnung, das sich im behördlichen Verfahren doch noch als nicht genehmigungsfähig herausstellen könnte, zu groß ist, als dass ein Bauherr einfach anfängt? Es gibt, gemessen an Tesla, winzige Bauvorhaben das Jahr über, bei denen eine solche Genehmigung nicht erteilt würde. Darum würden Unternehmer und Manager es normalerweise vermeiden, viele Hundert Millionen Euro in eine Baustelle zu stecken mit dem Risiko, dass sie am Ende nicht vollendet werden darf oder nur unter Einschränkungen, die sie unwirtschaftlich machen.

Elon Musk plagen solche Zweifel offenkundig nicht, warum auch? Dass irgendwer, eine staatliche Behörde gar, Tesla in Brandenburg noch stoppen würde, ist seit seiner Ankündigung am 12. November 2019 und der Euphorie, die sie ausgelöst hat, unvorstellbar. Niemand erwartet ernsthaft, dass der Bau behördlicherseits verzögert, geschweige denn abgelehnt wird. Was schlimmstenfalls zur Folge hätte, dass eine halb fertige Autofabrik als Ruine steht, wo bis vor Kurzem noch 300 Hektar Wald waren. Zumal auch der Staat längst daran arbeitet, die Tesla-Planungen zu flankieren. An der Autobahn 10 wird die neue Ausfahrt Freienbrink-Nord geschaffen und obendrein eine Erschließungsstraße für das Tesla-Gelände durch die Landschaft gezogen. Dass weite Teile des Industriegebietes innerhalb eines Trinkwasserschutzgebietes liegen, hält niemanden auf.

Tesla: Mehr Tempo geht nicht

Besuch bei Manuela Hoyer. Sie wohnt am Rande eines Dorfes, das zur Gemeinde Grünheide gehört. Als sie hörte, dass Tesla eine Autofabrik in Grünheide plant, eine »Gigafactory« gar, schoss ihr spontan ein Gedanke durch den Kopf: »Wo soll die denn hin? Hier gibt cs doch nur Wald.« Hoyer, Jahrgang 1960, aufgewachsen und sozialisiert in Westberlin, hat einen wachen politischen Verstand, trainiert in vielen Berufsjahren als hauptamtliche Gewerkschaftssekretärin. Das ruhige Landleben hat die Großstädterin schätzen gelernt, als sie eine Zeit lang in Baden-Württemberg lebte. Zurück in Berlin, wollte sie wieder nach außerhalb – und landete in Grünheide. Man kann Hoyer nicht vorwerfen, dass sie eine von denen ist, die ein Industrieprojekt nur der eigenen Ruhe und Beschaulichkeit wegen ablehnen, weil es sie vor der eigenen Haustür stört. Zwischen ihr und der Gigafactory liegt viel Wald als Puffer und auch vor mehr Straßenverkehr muss man in dem Dorf keine Angst haben, dafür ist es zu abgelegen. Trotzdem sagt Manuela Hoyer: »Es passt einfach nicht, es passte von Anfang an nicht.«

Nach den ersten Berichten über die Tesla-Planungen lud der Naturschutzbund Nabu Brandenburg nach Fürstenwald ein. Etwa zwei Dutzend Leute kamen und gründeten die BI Grünheide. Auch Hoyer war dabei. Die Aktivisten organisierten eine Demonstration, zu der nach ihrer Erinnerung etwa 250 Menschen auf den Grünheider Marktplatz kamen. Die Aktion sorgte vor Ort für Aufsehen, aber auch für Kritik. »Dann kam Corona, und Versammlungen waren verboten«, erzählt Hoyer. Und während die Fabrikgegner über Videokonferenzen Kontakt hielten und sich absprachen, baute Tesla einfach weiter – und die Behörden bauten, im übertragenen Sinne, munter mit.

Die Bürgerinitiative tut sich von Anfang an schwer. Die Beschränkungen während der Pandemie erschweren Zusammenkünfte und öffentliche Veranstaltungen oder machen sie unmöglich. Die BI ist nicht nur zahlen- und kapitalmäßig dem US-Konzern hoffnungslos unterlegen, sondern hat Schwierigkeiten, größere Teile der Bevölkerung zu mobilisieren. Es ist offensichtlich, dass eine Mehrheit vor Ort dem Tesla-Werk gleichgültig oder positiv gegenübersteht. Die BI Grünheide kann auch mit dem Tempo von Tesla nicht Schritt halten. Einem Tempo, dem nicht einmal die Behörden in Brandenburg gewachsen sind. Gebaut und genehmigt wird (in dieser Reihenfolge) zwar sehr schnell. Formulieren allerdings Bürgerinnen und Bürger Fragen und Einwendungen in Bezug auf die Gigafactory, dann dauert es nicht selten Jahre. Zwar wird die Bürgerinitiative von den Umweltschutzorganisationen Nabu und BUND unterstützt, nicht aber zum Beispiel von der »Fridays for Future«-Bewegung, beklagt Hoyer. »Die finden Elektromobilität toll, und der Bau der Tesla-Gigafactory mitten im Wald und mit zu wenig Wasser interessiert sie nicht.«

Sie sagt, wenn es die BI nicht gäbe, »hätte Tesla viel früher angefangen und alles, was die wollten, wäre einfach durchgewunken worden«. Sie erzählt von einer öffentlichen Anhörung im Oktober 2020 in der Stadthalle von Erkner. Trotz Corona-Beschränkungen seien an die 100 Leute gekommen. Acht Tage dauerte der Termin, täglich bis spätnachts, weit länger als ursprünglich angesetzt. »Manche von unserer BI nahmen eigens Urlaub, um dabei sein zu können«, sagt Hoyer. Auch sie hat Fragen gestellt an die Behörden. Noch früher, konkret am 11. August 2020, hatte sie schriftlich Einwände erhoben mit Blick auf die Grundwassergefährdung. Antworten darauf bekam sie mit einem Schreiben vom 11. November 2022, nach mehr als zwei Jahren also. »Ich dachte, ich spinne. So eine lange Zeit. Für mich hat das mit Demokratie und Rechtsstaat nichts mehr zu tun.«

Die Wasserknappheit war von Anfang an das Grundrauschen des Protestes. Bereits während des Hitzesommers 2018 hatte der Wasserversorger Strausberg-Erkner die Nutzung eingeschränkt; gießen, Auto waschen, überhaupt jedweder nicht zwingend notwendige Verbrauch wurde verboten und obendrein an die Bürger und Bürgerinnen appelliert, sie mögen doch Wasser sparen, wo immer es möglich sei. »Und dann kommt der reichste Mann der

Welt daher, für den das alles nicht gilt oder der sich nicht dafür interessiert, und baut eine Fabrik, die Unmengen von Wasser verbraucht«, sagt Hoyer bitter.

Das Argument, Tesla bringe Arbeitsplätze in das strukturschwache Brandenburg, sticht für sie nicht. »Das ist insofern falsch, weil wir hier vorher schon nur eine sehr geringe Arbeitslosenquote hatten. Das liegt an der Nähe zu Berlin, wohin viele pendeln.« Bis heute sei Bürgermeister Christiani »jede Antwort auf unsere Frage schuldig geblieben, wie viele Menschen aus der Region hier in dem Werk arbeiten. Nach unseren Informationen kommen die Beschäftigten zu einem großen Teil aus Polen, Rumänien, Tschechien und anderen osteuropäischen Ländern.«

Die Begeisterung für Elon Musk und seine E-Auto-Marke scheint trotz alledem gigantisch zu sein, wie ein Ortstermin Ende 2022 zeigt. Wer die A 10, den östlichen Berliner Ring, an der eigens des Tesla-Werkes wegen gebauten Ausfahrt Freienbrink-Nord verlässt, fährt unmittelbar an der Fabrik vorbei. Einige Hundert Meter vor dem Werk ist alles aufgewühlt. Bagger graben die Erde um, riesige Traktoren und Lastwagen fahren Erdreich weg, Hunderte Menschen arbeiten hier an den Außenanlagen des Werkes. Der Parkplatz ist groß, aber provisorisch; noch fehlt zum Beispiel die abschließende Fahrbahndecke. Neben Beschäftigten und solchen, die an der Baustelle arbeiten, halten auch immer wieder Schaulustige und sogar Touristen ihre Autos an. Wie jene Familie aus Polen; Vater, Mutter, erwachsener Sohn. Sie steigen aus, bewundern den grauen Betonklotz und machen mit den Handys Erinnerungsfotos. Gerade so, als wäre diese Autofabrik eine touristische Sehenswürdigkeit. »So etwas konnte man schon beobachten, als da noch gar nichts stand«, sagt Manuela Hoyer.

Seit in der Fabrik produziert wird, werden auch immer wieder Störfälle bekannt, angesichts derer sich manche fragen, wie genau denn die Genehmigungsbehörden überhaupt hinschauen. Und ob es nicht an manchen Stellen besser gewesen wäre, genauer, sorgfältiger und damit womöglich auch etwas länger zu prüfen. Das Tesla-Werk scheint in Teilen ein großes Holterdiepolter zu sein. Mehrmals gab es bereits kleinere Brände, unter anderem eines Containers und einer Recyclinganlage. Die *MOZ* deckt im Juli 2022 auf, dass in einer normalen Lagerhalle im angrenzenden Güterverkehrszentrum (GVZ), wo Tesla ebenfalls einige Flächen nutzt, gefährliches Kathodenpulver ausgetreten ist. Auch würden Vorgaben des Arbeitsschutzes in Bezug auf Schutz vor schädlichem Staub nicht immer eingehalten, wie der Zeitung zufolge eine Überprüfung durch das Brandenburger Gesundheitsministerium ergab. Wiederholt hätten Menschen in Innenräumen ohne Staubschutzsysteme gearbeitet. Vor allem ausländische Beschäftigte hätten dies als »normal« empfunden, so die Prüfer.

Im September 2022 wird bekannt, dass nicht alle Brandmelder und Sprinkleranlagen ordnungsgemäß funktionieren. Man arbeite daran, verspricht Tesla. Der Landkreis Oder-Spree beeilt sich, den Brandschutz angesichts eines vorläufigen Konzeptes für abgesichert zu erklären. »Letztlich wissen wir nicht, was auf diesem Gelände schon alles passiert ist und noch passiert«, sagt Manuela Hoyer. »Wie viele Substanzen einfach in das Erdreich gelangen und vielleicht sogar ins Wasser.«

Die Tesla-Begeisterung der politisch Verantwortlichen quer durch die Kommunal- und Landespolitik erklärt sich Hoyer damit, dass »die Landesregierung endlich einmal beweisen wollte, dass sie auch etwas zustande bringt«. Gleich mehrere groß angekündigte Projekte in Brandenburg sind kläglich gescheitert – oder man hat sich damit blamiert. Der Versuch, eine Chipfabrik in Frankfurt/Oder anzusiedeln. Der Flughafen Berlin-Brandenburg, der jetzt zwar in Betrieb ist, über dessen 14-jährige Bauzeit allerdings die ganze Welt lacht. Oder die Cargolifter-Luftschiffhalle mit 360 Metern Länge, 210 Metern Breite und 107 Metern Höhe; das mutmaßlich größte freitragende Gebäude der Welt, gebaut auf dem ehemaligen Flugplatz Brand im Landkreis Dahme-Spreewald, um darin Transportluftschiffe zu bauen. Doch auch das ging schief; die Cargolifter AG ging pleite. 2003 kaufte eine malaysische Investorengruppe die Halle und richtete – unterstützt von Millionensubventionen des Landes Brandenburg – darin die Freizeitanlage Tropical Islands ein.

Im Fall Tesla kritisieren Naturschützer von Anfang an das wasserrechtliche Hauruckverfahren und warnen: Die angespannte Wassersituation vor Ort werde »durch Ansiedlungen stark wassernutzender Industrieanlagen wie die Tesla-Gigafactory in Grünheide noch verschlimmert«, warnt der Nabu. Der Verband befürchtet, dass durch die »erhöhte Wasserentnahme die Trinkwasserversorgung der Bevölkerung und das nahe gelegene europarechtlich geschützte Naturschutzgebiet ›Lange-Damm-Wiesen und Unteres Annatal bei Strausberg‹ stark beeinträchtigt werden«.

»Das Problem wird allein durch die Abholzung des Waldbestandes für die Tesla-Gigafactory gewaltig verschärft«, fügt Hoyer noch hinzu. Waldboden hält bekanntlich Wasser. Sie sagt, es kursierten Pläne, wonach Tesla das bestehende Werk mit drei weiteren Ausbaustufen erweitern will. »Unsere Befürchtung ist, dass diesen Plänen noch Tausende Hektar Wald zum Opfer fallen.«

»Man war der Meinung, mit Tesla einen riesigen Wurf gelandet zu haben, und ist in Wirklichkeit sehenden Auges in eine Katastrophe gelaufen«, sagt Steffen Schorcht, ebenfalls Mitglied der BI Grünheide und zudem des Vereins für Natur und Landschaft in Brandenburg. Das allerdings sieht nur eine Minderheit so.

Schorcht lebt in Erkner wenige Kilometer von der Gigafactory entfernt. Er hat Biokybernetik und Elektrotechnik studiert, wurde promoviert und sorgt sich angesichts des Tesla-Werkes vor allem um das Grundwasser. Gut sieben Millionen Kubikmeter jährlich werde Tesla in der Endausbaustufe benötigen, sagt er. Niemand wisse, welche Auswirkungen das auf die Brandenburger Seen oder das Tal der kleinen Löcknitz haben würde. Schorcht findet, irgendwie passe das doch nicht zusammen. Einerseits viele Millionen Euro auszugeben, um stillgelegte Tagebaue in der Lausitz zu renaturieren. Andererseits in Grünheide einen riesigen Wald plattzumachen.

Im Wasserverband WSE hat man derweil längst zu rechnen begonnen. Statistisch betrachtet benötigt Tesla für die Fertigung eines Elektroautos drei Kubikmeter Wasser – 500 000 Autos sollen in der ersten Stufe jährlich produziert werden. Das würde 1,5 Millionen Kubikmeter Wasser pro Jahr bedeuten. Als Fernziel ist sogar von einer Million E-Autos die Rede, was naturgemäß auch den Wasserbedarf verdoppeln würde. Am meisten Wasser innerhalb der Fabrik verbrauchen die Lackiererei, aber auch die Roboter, die an den Montagebändern die Autos zusammenbauen, müssen mit Wasser gekühlt werden. Hinzu kommt jenes Wasser, das Beschäftigte benötigen – um sich die Hände zu waschen, die Klospülung zu betätigen oder zum Kochen in den Kantinen der Fabrik.

Nach langem Hin und Her, bei dem hinter verschlossenen Türen dem Vernehmen nach im Ton bisweilen harsch und in der Sache hart verhandelt wurde, sagte der Wasserverband Strausberg-Erkner Tesla schließlich zu, knapp 1,5 Millionen Kubikmeter Wasser jährlich zu liefern. Dass ist eine Menge, wenn man bedenkt, dass der WSE bis dahin im Schnitt etwa elf Millionen Kubikmeter Wasser jedes Jahr fördert und an die Privathaushalte und die Unternehmen seines Einzugsbereiches abgibt. Schon lange hat der WSE beim Land Brandenburg beantragt, größere Entnahmemengen zu erhalten. Das Wasser fördert der WSE aus dem sogenannten zweiten Grundwasserleiter, aus einer Tiefe zwischen 30 und 70 Metern. Dieses Grundwasser ist in der Regel zwischen 30 und 50 Jahre alt. Normalerweise, sagt WSE-Sprecherin Ponesky, dauere es in Brandenburg auch für einen öffentlichen Versorger wie WSE viele Jahre, um eine staatliche Genehmigung für eine Mehrentnahme zu erhalten. Als es jedoch um Wasser für Tesla ging, »ging alles in wahnsinnigem Turbotempo«, sagt Ponesky. »Am 15. November 2019 beantragte der WSE die zusätzlich benötigten zwei Millionen Kubikmeter pro Jahr, Ende Februar war die Genehmigung da.«

Kleiner zeitlicher Vorgriff: Im März 2022 kassiert das Verwaltungsgericht Frankfurt (Oder) die vom brandenburgischen Landesamt für Umwelt ausgestellte wasserrechtliche Genehmigung an den Wasserzweckverband Strausberg-Erkner. Sie sei »rechtswidrig und nicht vollziehbar«, so die Richter. Aber nur in einem Punkt: Das Landesamt habe die Öffentlichkeit nicht ausreichend an dem Verfahren beteiligt. Grundsätzlich gehe die Erhöhung der Fördermenge schon in Ordnung. Das LfU bestätigt diese Mehrentnahme durch den WSE auch umgehend mit einer entsprechenden Duldung. An den Fakten vor Ort allerdings, sprich: für Tesla, ändert sich also nichts. Die Produktion geht weiter. Das LfU kündigt brav an, die Öffentlichkeitsbeteiligung innerhalb von vier Monaten nachzuholen. Doch das ist knapp ein Jahr nach dem Urteil noch immer nicht geschehen.

Kritiker sehen Tesla jedoch nicht nur wegen der benötigten Wassermengen, sondern auch wegen des Standorts als Gefahr für die Wasserversorgung. Denn das Werk steht auf sandigem Boden. Deswegen hat Tesla besonders schwere Teile der Fabrik auf Stelzen gestellt, die tief im Erdreich gründen. Grundwasserexperten befürchten, dass dadurch Tonschichten durchstoßen werden, die saubere Grundwasserschichten nach oben hin schützen. Solche Bohrpfähle zu setzen, ist an sich nichts Ungewöhnliches, sondern Stand der Technik. Das Problem konkret vor Ort: Unter einigen dieser Tonschichten fließt Salzwasser. Es besteht die Sorge, dass dieses Salzwasser durch Löcher im Umfeld der Pfähle nach oben gedrückt werden und saubere Süßwasser-Grundwasserschichten verschmutzen könnte. Insgesamt lässt Tesla 1721 solcher Pfähle setzen, die bis in den gesättigten bzw. teilgesättigten oder temporär gesättigten Bereich des Grundwasserleiters hineinreichen, wie das Landesamt für Umwelt schreibt. Und ja, es bestünde schon die »Möglichkeit, dass hoch mineralisierte Tiefenwässer mobilisiert werden können (Salzwasseraufstieg)«. Das zuständige Bergbauamt habe aber bescheinigt, dass die Wahrscheinlichkeit ziemlich gering sei. Und damit ist auch dieser Einwand vom Tisch.

Stoppen können solche Einwände Tesla ohnehin nicht mehr. Am 4. März 2022 erteilt das Landesamt für Umweltschutz unter dem Aktenzeichen 30.078.00/19/3.24G/T13 per Bescheid die Genehmigung für »die Errichtung und den Betrieb einer Anlage zum Bau und zur Montage von Elektrofahrzeugen mit einer Gesamtfertigungskapazität von 500 000 Fahrzeugen im Jahr«. Er umfasst 536 Seiten, und an vielen Stellen geht es darin auch um Grund- und Trinkwasser. Dabei wischt die Behörde alle

Bedenken vom Tisch. »Soweit befürchtet wird, dass das benötigte Wasser nicht zur Verfügung steht und wohlmöglich den Haushalten fehle, wird dies zurückgewiesen«, heißt es etwa. »Das benötigte Wasser wird auf Grundlage des Erschließungsvertrags zwischen dem Wasserverband Strausberg-Erkner (WSE) und der Antragstellerin (Tesla also, Anm. d. Verf.) sichergestellt. Die für die Antragstellerin benötigten Wassermengen haben keinen Einfluss auf die Qualität oder Quantität des für die Anwohner zur Verfügung stehenden Trinkwassers.«

Tatsächlich?

Während Tesla schnell und ausreichend versorgt wird, schlittern Gemeinden wasserbedingt in Schwierigkeiten. Fast zeitgleich mit der Baugenehmigung für Tesla teilt der WSE mit, dass er ab sofort die Versorgungssicherheit nicht mehr garantieren könne, wenn Kommunen ihre Bebauungspläne ändern und zusätzliche Bebauung planen oder neue Kindergärten und Schulen bauen wollten. »Im Zuge der Planungsverfahren können wir keine positiven Stellungnahmen mehr abgeben, da wir perspektivisch die Versorgungssicherheit mit Wasser nicht mehr garantieren können.« Mit anderen Worten: Für Tesla ist zwar genügend Wasser da, wenn aber eine Kommune in Zukunft ein Bau- oder Gewerbegebiet ausweisen will, wird sich der Wasserverband dagegen aussprechen. Die Gemeinden sind in ihrer Entwicklung also ausgebremst. Das konterkariert streng genommen den Umstand, dass sich die Landesregierung ja wünscht, dass Tesla eine Sogwirkung entfaltet, Zuzügler, aber auch andere Unternehmen anlockt.

Manuela Hoyer erzählt von einer Bekannten keine zwei Kilometer von dem Tesla-Werk entfernt. »Sie wollte an ihr Häuschen einen kleinen Anbau machen, aber das wurde ihr verboten. Begründung: Das Haus steht in einem Wasserschutzgebiet.«

Viel Wasser für Tesla, wenig für die Allgemeinheit

Im Hitzesommer 2022 eskaliert die Situation, und der WSE sorgt unfreiwillig für bundesweite Schlagzeilen. Denn mit Blick auf die absehbaren Engpässe in überschaubarer Zukunft ändert die Verbandsversammlung die WSE-Satzung dahingehend, dass, wer als Privatperson neu in das Verbandsgebiet zieht, nur noch 105 Liter Wasser pro Tag verbrauchen dürfe, gut 20 Liter weniger als der durchschnittliche Pro-Kopf-Verbrauch in Deutschland. Die Rationierung soll dann gelten, wenn das Wasser tatsächlich knapp wird. Wer trotzdem mehr benötigt, zahlt Extragebühr. »Eine reine Vorsichtsmaßnahme, damit wir zu jeder Zeit die Trinkwasserversorgung sichern können, schließlich ist das unsere Aufgabe«, sagt WSE-Sprecherin Ponesky. »Wir können nicht endlos Wasser rausgeben.«

Dass Tesla unter dem Gesichtspunkt der Wasserversorgung letztlich ein Projekt zulasten der Allgemeinheit sein könnte, kommt den Beamten im federführenden Landesamt für Umwelt in Brandenburg nicht in den Sinn. Das Bauvorhaben sei planerisch an dieser Stelle zulässig, schreiben sie in die Baugenehmigung, wenn die Erschließung gesichert sei. Zur Erschließung gehöre die Wasserversorgung, und die sei schließlich durch die Vereinbarung mit dem WSE gesichert. Na dann ist ja alles gut.

Auch etwaige unmittelbare Auswirkungen auf Grundwasser und Oberflächengewässer seien überprüft worden, so das LfU im Genehmigungsbescheid. »Im Ergebnis ist keine Verschlechterung des chemischen oder mengenmäßigen Zustands des Grundwassers zu erwarten«, schreibt das LfU. Auch »der Einwand, wonach das geplante Vorhaben im Wasserschutzgebiet das Trinkwasser von Millionen Menschen gefährdet und eine Verschmutzung des Grundwasserreservoirs eintreten könnte, trifft nicht zu«. Und im Übrigen könne der WSE ja »im Hinblick auf eine weitere demografische oder gewerbliche Entwicklung des Gemeindegebiets weitere Wasserressourcen erschließen und für deren Nutzung Zulassungen zu beantragen«. Flapsig formuliert: Der Wasserverband soll sich eben neue Quellen suchen.

Wenigstens räumt das LfU ein: »Durch die teilweise Versiegelung der Oberfläche ändert sich in versiegelten Bereichen die Grundwasserneubildung. Die Schutzgebiete könnten unmittelbar durch den lokalen Wasserhaushalt und die Grundwasserdynamik beeinflusst werden. Die größte Gefahr für die aufgeführten Lebensräume ist im Zusammenhang mit einer Änderung des Grundwasserspiegels ein Austrocknen der oberen Bodenschichten, was das Spektrum der im Lebensraum lebenden Arten verändern würde.« Doch das würden Tesla und die Behörden schon verhindern: »Es wird nahezu das gesamte gefasste Niederschlagswasser mit geringen Verdunstungsverlusten den Versickerungsbecken zugeführt. Die gefassten Niederschläge werden über fünf (vier) dezentrale Versickerungsbecken mit vorgeschalteter Regenwasserbehandlungsanlage versickert.«

Der Umstand, dass Tesla bereits 18 Tage nach der offiziellen Baugenehmigung in der Gigafactory in Grünheide das erste E-Auto ausliefert, lässt den Euphoriepegel der Politiker noch einmal anschwellen. »Wie ein Sonnenstrahl in dunkler Zeit«, sei die Elektroautofabrik, dichtet Ministerpräsident Woidke in Anspielung auf den erst wenige Tage alten Ukraine-Krieg. Und mit Stolz in der Stimme fügt er hinzu, nun sei der Osten »nicht mehr die verlängerte Werkbank des Westens«.

Das Brandenburger LfU, die Genehmigungsbehörde also, verhehlt nicht, dass wirtschaftliche Interessen eine große Rolle in der Gesamtbeurteilung gespielt haben. »Es ist neben der dem Klimaschutz dienenden Bedeutung zusätzlich davon auszugehen, dass die Ansiedlung zur Stärkung der Innovationskraft in Brandenburg beitragen wird«, heißt es in dem Bescheid. Schließlich habe das Land nur einen geringen Industrieanteil. Der Anteil des verarbeitenden Gewerbes an der gesamtwirtschaftlichen Bruttowertschöpfung habe 2018 in Brandenburg bei lediglich 14,2 Prozent gelegen, während der Bundesdurchschnitt 23,1 Prozent betragen habe. »Die Ansiedlung wird damit auch einen Beitrag zur Steigerung der Produktivität in Brandenburg leisten, zum einen, da der industrielle Sektor mit vergleichsweise höherer Produktivität an Gewicht gewinnt, und zum anderen, da die Produktivität innerhalb der Industrie aufgrund der modernen Produktionsanlagen in Grünheide steigen wird«, heißt es im Genehmigungsbescheid.

Er nennt auch ökonomische Daten. Die Arbeitsproduktivität, also die Bruttowertschöpfung pro Erwerbstätigem im verarbeitenden Gewerbe im Landkreis Oder-Spree und in Brandenburg sei verglichen mit jener in Deutschland insgesamt gering. Sie lag im Jahr 2017 im Landkreis Oder-Spree bei 78 041 Euro, im Land Brandenburg bei 70 596 Euro und in Deutschland insgesamt bei 90 567 Euro. Das läge daran, dass es in dem Landkreis, in Brandenburg und überhaupt in Ostdeutschland vor allem kleinere Betriebe gebe.

»Mit Tesla käme ein großes Unternehmen in die Region mit positiven Effekten auf die Unternehmensstruktur«, heißt es.

Und nachdem der Bevölkerungsstand im Landkreis Oder-Spree verglichen mit dem Jahr 1990 um 1800 Einwohner (oder 7,8 Prozent) niedriger läge und bis 2040 vermutlich um weitere 17,3 Prozent zurückgehen werde, gehe man davon aus, »dass mit der Ansiedlung eine Trendwende in der Bevölkerungsentwicklung zu erreichen wäre. Denn mit dem Vorhaben steigt der Anreiz für einen Zuzug insbesondere junger Menschen, die in einem innovativen Unternehmen arbeiten möchten. Dadurch könnte das Durchschnittsalter in der Region sinken und die Geburtenrate steigen. Der demografische Wandel wäre damit verlangsamt. Die Bevölkerungszahl würde steigen.«

Was nicht in dem Bescheid steht: Wenn diese Prognose stimmt, und in der Tat spricht manches dafür, bedeutet dies, dass in Grünheide und den Nachbarkommunen zusätzliche Wohngebiete ausgewiesen werden müssen, um den Zuzug aufzufangen. Es braucht dann aber auch Kindergärten, Schulen, Altenheime und weitere Einrichtungen. Und die brauchen alle Wasser. Wasser, das jetzt schon nicht ausreichend vorhanden ist, denn sonst würde der WSE ja nicht seit Veto einlegen, wann immer eine Gemeinde ihr Wachstum plant. Und es gehe stets ja nicht »nur« um die Wasserversorgung, sagt Sabine Löser, die Bürgermeisterin von Grünheides Nachbargemeinde Rüdersdorf: »Unsere Klärwerke sind nicht zuletzt auch durch die Tesla-Einleitungen randvoll. Das Abwasserproblem hängt eng mit dem Thema Wasserversorgung zusammen.«

Ihre Gemeinde habe ihr Stadtentwicklungskonzept »nicht ohne Grund mit ›Grenzen des Wachstums‹ überschrieben«, sagt Bürgermeisterin Löser. »Unser Ziel ist eine behutsame Entwicklung der Gemeinde Rüdersdorf bei Berlin. Nicht Investitionen um jeden Preis. Die Gegend muss ihren Lebenswert erhalten, und die soziale Infrastruktur muss mitwachsen können.« Und, wer weiß – »Probleme können auch positive Entwicklungen in Gang setzen«.

Das Problem Wasser aber ist ein grundsätzliches in Brandenburg. Es nur an Tesla festzumachen, griffe zu kurz. Im Juli 2022 warnten Wetterexperten unabhängig von jedweder Debatte um die Autofabrik: In Brandenburg fehle die Regenmenge eines ganzen Jahres. Wie groß die Wassernot in Brandenburg auch ohne Tesla schon ist, hat der Nabu in einer Langzeiterfassung akribisch zusammengetragen – ohne dass andere Experten die Erkenntnisse des Naturschutzverbands in Zweifel gezogen oder gar widerlegt hätten. Fast überall in dem Bundesland fehlt es an Wasser, und flächendeckend sinken die Pegel – mancherorts bereits seit Jahrzehnten. Gleichzeitig steige der Bedarf deutlich »für Industrieansiedlungen, die Trinkwasserversorgung und auch die vermehrte Bewässerung landwirtschaftlicher Kulturen«, heißt es in der Nabu-Dokumentation. »Wasser, das in den Brandenburger Haushalten aus dem Hahn kommt, wird zu über 95 Prozent aus Grundwasser gewonnen, was im Bundesvergleich viel ist.«

Überdies hat Brandenburg viele sandige Böden, die Wasser schlecht aufnehmen und speichern. Auf Hochebenen wie Prignitz, Fläming, Teltow oder Barnim dauert es, bis das Wasser einsickert. Im Landkreis Dahme-Spreewald sind die Grundwasserstände auf ein nach Ansicht von Fachleuten besorgniserregendes Tief gesunken.

Trotzdem sagt Peter Sczepanski, Vorstandsvorsitzender vom Märkischen Abwasser- und Wasserzweckverband (MAWV), in der *Märkischen Allgemeinen Zeitung*: »Nach allem, was uns derzeit an Daten und Prognosen vorliegt, muss sich um die Trinkwasserversorgung jetzt und in den nächsten Jahren niemand Sorgen machen.« Wirklich? Und wie lange ist das noch so?

Die allgemeine Wasserknappheit ist in Brandenburg vielerorts seit Jahren sichtbar. Zum Beispiel am Großen Seddiner See im Landkreis Potsdam-Mittelmark. Er speist sich hauptsächlich aus Grundwasser. Nach und nach fiel allen, die sich dort öfter bewegen, auf, dass sich etwas veränderte. Anwohner stellten fest, dass die Stege ihrer Seegrundstücke das Wasser nicht mehr erreichen und ihre Boote deshalb im Sand liegen. Die Badegäste registrierten, dass die Strände von Jahr zu Jahr breiter und der Weg ins schwimmtiefe Wasser immer länger wurde. Insgesamt zog sich die Uferkante um etwa 50 Meter zurück. Der örtliche Fischer machte immer weniger Fang; kein Wunder, wichtige Laichräume für Fische verschwanden. Nach Nabu-Angaben sank der durchschnittliche Normalpegelstand des Großen Seddiner Sees in den vergangenen Jahrzehnten kontinuierlich um anderthalb Meter.

Das Institut für angewandte Gewässerökologie (IaG) schätzt, dass etwa zwei Drittel der Ursachen für den generellen Wasserverlust klimabedingt sind. Das restliche Drittel habe mit immer stärkerer Nutzung zu tun. Zum einen durch Zuzügler, die naturgemäß Trinkwasser benötigen. Zum anderen durch eine ausgedehnte landwirtschaftliche Nutzung, wie den Anbau von Spargel und Blaubeeren. Und nicht zu vergessen, eine weitläufige Golfanlage am Seeufer. Dort werden die Grüns weiter bewässert als wäre nichts.

Ebenfalls im Landkreis Potsdam-Mittelmark liegt das Dorf Reppinichen, auf das die Ökologen hinweisen. Dort genehmigten die Behörden zuletzt 2018 einem landwirtschaftlichen Betrieb, jährlich 600 000 Kubikmeter Grundwasser aus einer Tiefe von bis zu 80 Metern zu entnehmen, um damit 460 Hektar Ackerflächen auf einer Hochfläche zu bewässern. Im Quellgebiet der Buckau, eines Nebenflusses der Havel. »In den Niederungen lassen sich bereits sinkende Grundwasserstände nachweisen, zumal dort seit über 30 Jahren Grundwasserförderungen stattfinden«, so der Nabu. Es sei deshalb »nicht auszuschließen, dass die Grundwasserentnahme auf das europäische Schutzgebiet ›Buckauoberlauf und Nebenfließe‹ negative Auswirkungen hat«. Eine Verträglichkeitsprüfung hinsichtlich der europäischen FFH-Richtlinie (Fauna Flora Habitat), die natürliche Lebensräume von wild lebenden Tieren und Pflanzen bewahren und bei Bedarf wiederherstellen will, fehle. Und die wasserrechtliche Erlaubnis berücksichtige nur die Grundwassersituation aus den Jahren 1981–2010.

Ebenso gravierend wie erkennbar sind die Folgen der zunehmenden Trockenheit am Wasserstand des in einem Moorgebiet im Landkreis Dahme-Spreewald gelegenen Luchsees. Er schrumpfte kontinuierlich über 25 Jahren hinweg, 2020 trocknete er komplett aus. Gutachter des Landesumweltamtes erklären dies mit der Klimakrise; die dadurch bedingte erhöhte Sonneneinstrahlung und fehlende Niederschläge seien die alleinigen Ursachen. Die Nabu-Experten zweifeln an dieser Darstellung und ließen ihrerseits ein Fachgutachten erstellen. Das kommt zu dem Ergebnis, »dass eine negative Beeinflussung der Grundwasserförderung der Wasserfassung Krausnick auf den Luchsee nicht ausgeschlossen werden kann«. Mit anderen Worten: Je mehr Wasser, zu welchen Zwecken auch immer, in Krausnick aus dem Boden geholt wurde, desto mehr Auswirkungen auf den Luchsee dürfte dies gehabt haben. Auch den Straussee bei Strausberg, im WSE-Einzugsgebiet und im Tesla-Landkreis Märkisch-Oderland gelegen, hat der Nabu als Problemzone identifiziert. Seit 2013 sei der Wasserpegel dort um einen Meter gesunken. »Ein Gutachten von 2020 weist auf eine Überlagerung mehrerer Faktoren hin. Neben der Abnahme des Niederschlags (insbesondere des Winterniederschlags) sowie der Zunahme der Sommertemperaturen und mit einer erhöhten Verdunstung wirken auch gestiegene Grundwasserentnahmen in der Region auf die Wasserstände des Sees.«

Je nach Wahrnehmungsweise ein Vor- oder ein Nachteil der Tesla-Fabrik in Grünheide ist auch, dass es bei ihr allein nicht bleiben wird. Legt man die Erfahrungen im Umfeld anderer Autofabriken zugrunde, werden sich im Umland Zulieferer, Logistiker und unternehmensnahe Dienstleister ansiedeln. Allein der US-Immobilienentwickler Panattoni plant ein Logistikzentrum im Ausmaß von 100 000 Quadratmetern.

Dabei geht jetzt schon nicht mehr alles –, und das hat nicht selten mit nicht ausreichenden Wasserressourcen zu tun. Ende 2021 scheiterten Pläne des US-Internetriesen Google, sein zweites großes Rechenzentrum in Deutschland nebenan in Neuenhagen im Landkreis Märkisch-Oderland zu bauen. Ausschlaggebend war die unsichere Wasserversorgung, weshalb der Konzern seine Pläne in Neuenhagen aufgab und sich anderweitig orientierte. Dabei schien das Industrie- und Gewerbegebiet Neuenhagen doch als optimaler Standort. Dort verläuft bereits eine Starkstromleitung, was vorteilhaft gewesen wäre angesichts der Server, die viel Strom verbrauchen.

Doch am Ende war es Medienberichten zufolge der Wasserverband Strausberg-Erkner, der das Projekt zu Fall brachte. Die Verbandsversammlung des Wasserversorgers machte sich die Entscheidung nicht leicht. Schließlich ging es auch um bis zu 300 Arbeitsplätze in dem Rechenzentrum. Einem rbb-Bericht zufolge diskutierte eine WSE-Verbandsversammlung das Thema Google, ohne den Namen des Unternehmens öffentlich zu nennen. Eine Vertreterin der Neuenhagener Bauverwaltung soll in der Sitzung explizit gesagt haben, dass es wegen der Wasserknappheit »nicht mehr möglich ist, ein Rechenzentrum anzusiedeln«. WSE-Verbandsvorsteher André Bähler bestätigte dies dem Sender: »Wir haben diskret eine Anfrage dazu erhalten und haben die abschlägig entschieden.« Dem Vernehmen nach ging es um 1,3 Millionen Kubikmeter Wasser jährlich. Das wäre fast noch einmal so viel gewesen, wie die Tesla-Fabrik in ihrer ersten Ausbaustufe verbraucht.

Wasserexperte Jan Fleckenstein vom Helmholtz-Zentrum in Leipzig rät dazu, »generell große Eingriffe in das Wassersystem immer genau zu betrachten«. Und dazu gehöre »auch die Grundwasserversorgung von Tesla in Grünheide«. Wobei: Der *MAZ* zufolge verbraucht das BASF-Chemiewerk in Schwarzheide (Oberspreewald-Lausitz), anderthalb Autostunden südlich von Grünheide, mit drei Millionen Kubikmetern fast doppelt so viel Wasser wie der US-Autobauer. Der größte Schlucker in Brandenburg ist jedoch der Braunkohlekonzern Leag mit jährlich 114 Millionen Kubikmetern Grundwasserentnahme.

Und wie wird es in und um die Tesla-Gigafactory weitergehen? Wie wollen die Verantwortlichen der zunehmenden Wasserknappheit konkret begegnen?

Kurz vor Weihnachten 2022 kündigt der Wasserverband Strausberg-Erkner an, bereits zum 1. Januar 2023 die Bezugspreise für Trinkwasser und für die Entsorgung von Schmutzwasser um durchschnittlich fünf Prozent anzuheben. Zum ersten Mal seit 1994 und der WSE begründet die Teuerung mit den steigenden Energiepreisen. 400 Wasserpumpen betreibt der Verband, die allesamt mit Strom betrieben werden. Und Strom sei nun mal als Folge des Ukraine-Kriegs massiv teurer geworden. Mit der Tesla-Debatte habe das nichts zu tun.

Auf einer Klausurtagung wollen sich die Bürgermeister der im WSE zusammengeschlossenen Gemeinden 2023 mithilfe von Experten Gedanken machen, wie sie die Wasserversorgung in ihrem Verbandsgebiet künftig sicherstellen können. Auch und gerade wegen Tesla. »Fernwasser ist prinzipiell natürlich eine Option – wenn man es nicht von zu weit holen muss, denn auch die Genehmigung und der Bau von Fernwasserleitungen brauchen Zeit. Es ist aber durchaus eine Option, dass benachbarte regionale Wasserversorger zusammenarbeiten und sich in einem Verbundsystem gegenseitig aushelfen«, sagt Sabine Löser, die Bürgermeisterin von Rüdersdorf. Sie fordert: »Die Wasserverteilung muss großräumig gedacht und daher von oben, von der Landesregierung, gesteuert werden. So kann man auch Verteilungskämpfe verhindern. Mir scheint das inzwischen in den Ministerien auch angekommen zu sein. Es muss sich da etwas bewegen, und zwar im gesamten Berliner Umfeld.«

Auch nach Ansicht des WSE »muss es in Brandenburg endlich eine übergeordnete, zentrale Steuerung geben«. An einem landesweiten Wassermanagement führe kein Weg vorbei, sagt Sprecherin Sandra Ponesky. »Wir sind nicht die Wasserbeschaffer, es ist Aufgabe des Landes, zu schauen, wo wie viel Wasser benötigt wird, und dafür zu sorgen, dass es dann auch dahin kommt.« Immer häufiger kommt angesichts von alledem die Idee auf, der WSE möge sich doch Wasser bei benachbarten Verbänden einkaufen. Im wasserreichen Oder-Gebiet weiter östlich, zum Beispiel. Etwa aus dem Raum Eisenhüttenstadt; eine

80 Kilometer lange Fernleitung ist im Gespräch. Aus der angeblich wasserreichen Oder-Region soll das Wasser also kommen.

Wie war das noch im Juli 2022?

Am 25. Juli erlässt die Stadt Frankfurt an der Oder wegen akuten Wassermangels ein Entnahmeverbot für Gewässer und schränkt die Nutzung des Grundwassers sowie Bewässerungszeiten ein. Damit ist die Entnahme aus oberirdischen Gewässern durch das Pumpen oder Ableiten nun in Frankfurt verboten, wie es von der Stadt heißt. Zudem dürfen Grün- und Gartenflächen bis zum 31. Juli nur noch in der Zeit von 20 bis 8 Uhr gegossen werden und zwischen dem 1. und 31. August lediglich zwischen 19 bis 9 Uhr. Das beziehe sich sowohl auf die Entnahme aus privaten Wasserbrunnen als auch auf Leitungswasser und gesammeltes Regenwasser. Das Ordnungsamt wird entsprechend kontrollieren; bei Verstößen drohen Bußgelder. Oberbürgermeister René Wilke (Die Linke) hat eine entsprechende Allgemeinverfügung erlassen. »Grund dafür ist der eklatante Wassermangel«, sagt sein Sprecher dem rbb. Frankfurt folge damit dem Beispiel anderer kreisfreier Städte und Landkreise Brandenburgs.

Ideale Voraussetzungen also, um dann auch noch andere Teile Brandenburgs mit Wasser zu versorgen.

Deutschlands größte Wasserschlucker

Die bei Weitem größten Wasserschlucker – an anderer Stelle dieses Buches ist das mit Zahlen unterlegt – sind die Energieversorger samt Bergbau, Industrie, verarbeitendem Gewerbe. Banal gesagt: die Wirtschaft hierzulande. Ihr das an sich vorzuwerfen, ist natürlich Unsinn. Unternehmen brauchen Wasser zur Produktion, vor allem aber zur Kühlung von Maschinen und im Fall der Energieversorger von Kraftwerken.

15,3 Milliarden Kubikmeter für Firmen

2019 verbrauchten die Betriebe in Deutschland nach Angaben des Statistischen Bundesamtes 15,3 Milliarden Kubikmeter Frischwasser. 13 Milliarden davon allein zur Kühlung von Produktions- und Stromerzeugungsanlagen. Die restlichen 2,3 Milliarden wurden für die Bewässerung in der Landwirtschaft verwendet, gingen in die hergestellten Produkte ein oder entfielen zudem auf sogenannte Belegschaftszwecke, zum Beispiel für sanitäre Einrichtungen oder den Betrieb von Kantinen.

Nur 2,9 Prozent ihres Wassers bezogen die Unternehmen aus öffentlichen Netzen, das meiste stammte aus eigener Wassergewinnung. 70,2 Prozent der Menge holten sie direkt aus Oberflächengewässern wie Flüssen, Seen oder Talsperren, der Grundwasseranteil lag bei 12,8 Prozent. Andere Quellen wie Uferfiltrat, Meer- und Brackwasser oder angereichertes Grundwasser spielten untergeordnete Rollen.

Die Frage ist – wie so oft, wenn man sich mit dem Thema Wasserversorgung und Wassernutzung beschäftigt – nicht das Ob. Sondern das Wie. Stimmen die Verteilungsmechanismen, die Balance zwischen Angebot und der verträglichen Nutzung des Angebots durch ein System, das allen Nutzern gerecht wird? Noch einmal zur Erinnerung und Einordnung: Fragen wie diese musste sich das sehr lange sehr nasse Deutschland, in dem Wasser doch stets im Überfluss vorhanden war, über Jahre nicht stellen.

Jetzt aber, im Zeitalter von Klimawandel und Schadstoffeinträgen ins Grundwasser, die Deutschland seit Jahren nicht in den Griff bekommt, ist das anders geworden. Der Verbrauch der Industrie, der Energieversorger und anderer Branchen ist in den vergangenen Jahrzehnten zwar zum Teil drastisch gesunken. Und trotzdem ist er noch exorbitant hoch. Die große Herausforderung wird es sein, eine gesunde »nachhaltige« – um das abgegriffene Modewort zu strapazieren – Balance herzustellen zwischen dem Allgemeinwohl und den privaten Interessen der Wirtschaft. Vielfach entnehmen Unternehmen aber immer noch das Allgemeingut Wasser, wir wissen es bereits, ohne adäquat dafür zu zahlen. Nur fünf von 16 Bundesländern planen, die entsprechenden Gebühren zu erhöhen. Was aber noch schwerer wiegt: Vor allem viele Großverbraucher verfügen nach wie vor zum Teil über fast unbeschränkten und unkontrollierten Zugang zu Wasser. Ihre mitunter enormen Mengen sind durch langfristige Entnahmerechte gesichert, und die Kontingente stehen auch dann nicht infrage, wenn sich die Bedingungen negativ verändern, wenn Wasser insgesamt knapp wird.

»Was passiert, wenn Wasser für alle immer knapper wird, aber große Industrien noch auf Jahrzehnte so viel davon schöpfen können wie heute?« Diese Frage warfen Annika Joeres, Katarina Huth und Gesa Steeger von *Correctiv* auf – und kamen zu teilweise beunruhigenden Antworten. Das ganze Jahr 2022 warten die drei Investigativ-Journalistinnen immer wieder mit fundierten Recherchen und entsprechenden Veröffentlichungen zum Thema Wasser auf. Was sie im November des Jahres publizieren, liest sich beunruhigend: Die Gefahr sei groß, dass das Wasser in Deutschland immer knapper werde (und dementsprechend die Sparappelle an Privathaushalte zunähmen), während gleichzeitig die großen industriellen Wasser-Abschöpfer wie Tagebaukonzerne oder Chemie- und Autofabriken weiter aus dem Vollen schöpften, als wäre da nichts. Weil sie sich häufig für Jahrzehnte Entnahmerechte aus Flüssen, Seen und Grundwasser gesichert hätten. »Diese Rechte könnten in Zukunft die Versorgung von Bürgerinnen und Bürgern gefährden, denn die Welt 2050 wird anders aussehen als heute: Wasser wird anders verteilt werden und vielerorts auch von schlechterer Qualität sein«, so ein Fazit der *Correctiv*-Autorinnen.

Fachleute fordern schon länger einen »Stresstest« für wasserintensive Industrien. »Die Genehmigungen zur Wasserentnahme und -nutzung müssen jetzt auf den Prüfstand gestellt werden«, zitierte *Correctiv* Dietrich Borchardt, Experte für Aquatische Ökosystemanalyse und Management an der Technischen Universität Dresden. Der Stresstest müsste einfache Fragen beantworten: Ist diese Genehmigung – für Landwirtschaft, Industrie, Energiewirtschaft und Haushalte – auch mit dem Klimawandel im Jahr 2030 und 2050 noch haltbar?

Um solche Fragen wirksam zu prüfen, bedarf es einer fachlichen Grundlage. Man muss wissen, wer überhaupt wie viel Wasser abschöpft und wie lange die entsprechenden Genehmigungen gelten. Transparenz wäre also ein erster, dringender Schritt. Doch damit ist es nicht weit her. Bei der breit angelegten Umfrage von *Correctiv* mauerten große Verbraucher wie etwa Volkswagen.

Sehr unterschiedlich antworten auch die Bundesländer auf die Frage, ob sie künftig weniger Entnahmerechte vergeben wollen. Einige Länder wollen die Rechte künftig sparsamer vergeben – auch sie sind geprägt von einem Sommer, in dem das Trinkwasser schon in einigen Kommunen rationiert werden musste.

Andere warten noch ab und riskieren damit künftige juristische Auseinandersetzungen um die einmal erteilten Rechte. Das schleswig-holsteinische Umweltministerium etwa gibt an, es gebe bislang »keine Überlegungen, erteilte Wasserrechte zu widerrufen oder einzuschränken oder neue Wasserrechte mit kürzeren Fristen zu erteilen«.

Correctiv schrieb alle 16 Bundesländer an und fragte nach den jeweils größten Wasserschluckern. Dabei stellte sich heraus, dass vor allem die Großindustrie bislang von Beschränkungen verschont wird, wie sie an immer mehr Orten in Zeiten von Dürre und anhaltender Trockenheit für Privathaushalte längst gelten. »Die Bundesregierung und ihre Vorgängerinnen haben es versäumt, Großkonsumenten wie RWE oder BASF zum Wassersparen zu verpflichten und ihren Verbrauch einzuschränken«, kritisiert *Correctiv*. Dabei würden »Kohle-Tagebaue, Chemiefirmen und die Nahrungsmittelindustrie insgesamt fast viermal so viel Fluss- und Grundwasser wie alle Bürgerinnen und Bürger zusammen verbrauchen – und können dies mit jahrzehntelangen Verträgen auch weiterhin tun«.

Das meiste Wasser hierzulande benötigt von allen Unternehmen der Chemieriese BASF: »Um ihre Lacke, Düngemittel und Kunststoffe herzustellen, müssen Rohstoffe erst erhitzt und schließlich mit Wasser abgekühlt werden«, haben Joeres, Huth und Steeger recherchiert. »Rund 1,2 Milliarden Kubikmeter Wasser aus dem Rhein und 20 Millionen Kubikmeter Grundwasser fließen durch die Anlagen des Werkes in Ludwigshafen. BASF dürfte theoretisch sogar noch mehr Wasser abpumpen: Seine Verträge billigen dem Unternehmen nach *Correctiv*-Informationen sogar 1,6 Milliarden Kubikmeter pro Jahr zu.« BASF selbst macht zu seinem konkreten Wasserverbrauch in Ludwigshafen keine Angaben. Nur so viel: Man führe einen Großteil des Wassers wieder zurück.

Natürlich ist BASF kein Einzelfall – die gesamte Chemieindustrie ist eine ziemlich durstige Branche. Im Chempark mit seinen Standorten Leverkusen, Dormagen und Krefeld-Uerdingen entsteht etwa ein Drittel der Chemieproduktion Nordrhein-Westfalens. 55 000 Menschen arbeiten hier in Unternehmen, Forschungseinrichtungen und bei entsprechenden Dienstleistern. Unter anderem stellt die Firma Bayer Medikamente und Kunstdünger her; andere Firmen produzieren Kautschuk, Farbstoffe und Silikone. Betreiber der gesamten Anlage ist die Firma Currenta mit Sitz in Leverkusen. Nach deren eigenen Angaben pumpt sie aus über 50 Brunnen pro Stunde etwa 20 000 Kubikmeter Wasser, um die Unternehmen an den drei Chempark-Standorten ausreichend zu versorgen. Um es anschaulich zu machen: Die Menge reicht, um in jeder Sekunde 30 Badewannen zu füllen. »Die jährlich an den drei Standorten bewegten Wassermassen wiegen zehnmal mehr als alle in Deutschland zugelassenen Pkw zusammen«, heißt es auf der Internetseite. 2022 beantragte Currenta erneut Entnahmerechte für den Rhein – am liebsten würde man aus dem Fluss 28 Millionen Kubikmeter jährlich entnehmen, bei einer Laufzeit von 30 Jahren.

Andere große Wasserverbraucher neben der Chemieindustrie sind *Correctiv* zufolge die Energieriesen. Allein 500 Millionen Kubikmeter Wasser pro Jahr benötigt der Kohle-Tagebau von RWE. Das ist in etwa so viel, wie elf Millionen Bürgerinnen und Bürger verbrauchen. Um es plastischer zu machen: Allein mit dem Wasserverbrauch im Kohle-Tagebau von RWE könnte man die neun größten deutschen Städte Berlin, Hamburg, München, Köln, Frankfurt, Stuttgart, Düsseldorf, Leipzig und Dortmund versorgen.

Sparen?

»Die größte Wassersparmaßnahme ist der Kohleausstieg«, lässt sich ein RWE-Sprecher zitieren. Mit jedem nicht mehr betriebenen Kraftwerksblock sinke der Bedarf. Der Kohleausstieg soll spätestens 2030 erfolgen. Bis dahin zahlt RWE maximal fünf Cent für einen Kubikmeter Wasser. Immerhin gibt RWE Auskunft über den eigenen Wasserverbrauch und die Kosten. Der Konkurrent, die Mitteldeutsche Braunkohlengesellschaft mbH (MIBRAG) in Sachsen-Anhalt, tut das nicht, beruft sich stattdessen auf Geschäftsgeheimnisse – und reagiert auf *Correctiv*-Nachfragen zunächst überhaupt nicht mehr.

Auch die Lebensmittel- und Getränkeindustrie gehört zu den besonders durstigen Branchen. Die »Zur Mühlen Gruppe« aus Böklund in Schleswig-Holstein, mit ihren Marken Böklunder, Zimbo oder Gutfried die deutsche Nummer eins bei SB-Fleisch- und Wurstwaren, benötigt *Correctiv* zufolge allein am Stammsitz eine Million Kubikmeter Wasser pro Jahr.

Die *Correctiv*-Rechercheure warfen auch die Frage auf, ob es einen Zusammenhang gibt zwischen den gewerblichen Vielschluckern auf der einen und der Entwicklung der jeweiligen Grundwasserstände auf der anderen Seite. Ihr Fazit: »Am stärksten verändert sich das Grundwasser in den Regionen, in denen Unternehmen wie RWE und Leag Kohle fördern.« In Nordrhein-Westfalen liegen sechs der 25 Messstellen mit dem größten Grundwasserverlust in der Nähe von Tagebauen. Im Tagebauland Sachsen registrierte rund die Hälfte der insgesamt 347 Messstellen zwischen 2018 und 2021 den tiefsten Grundwasserstand seit mindestens 30 Jahren, schreibt *Correctiv* und beruft sich dabei auch auf Recherchen des MDR.

Der Zusammenhang zwischen Kohleabbau und Grundwasserentwicklung ist sehr komplex. Professor Andreas Hartmann, Leiter des Instituts für Grundwasserforschung, erklärt ihn so: Um Kohle fördern zu können, müssen die Tagebaubetreiber das Grundwasser davon abhalten, in die Gruben zu fließen. Wird der Tagebau geschlossen, steigt das Wasser nach und nach wieder an – allerdings werden die ursprünglichen Wasserstände bei Weitem nicht erreicht. Grundsätzlich seien die Tagebaue »massive Eingriffe«, sagt Hartmann gegenüber *Correctiv*. Man könne »viel wiedergutmachen«, wenn man die Tagebaue schließe und flute. »Doch das Grundwasser vor Ort muss langfristig betreut werden.« Denn wenn die Pumpen unkontrolliert ausgeschaltet würden, fließe das Grundwasser einfach nach – und fehle dann woanders. Laut Wasserexperte Hartmann dauert es Jahrzehnte, bis Natur und Landschaft sich von der Kohleförderung erholten.

Ganz generell nehmen die Konflikte um Wasser zu, und nicht selten konkurrieren öffentliche Versorger mit der Privatwirtschaft. In Niedersachsen machen Waldbesitzer und Landwirte die öffentlichen Trinkwasserversorger dafür verantwortlich, dass die Grundwasserpegel mancherorts sehr stark gesunken sind. Der Vorwurf wird umgekehrt genauso laut. Niedersachsen weist die Besonderheit auf, dass der Wasserverbrauch der Landwirtschaft anteilig am Gesamtverbrauch höher ist als in den anderen Bundesländern. Unstimmigkeiten gibt es dort auch mit der Hansestadt Hamburg; der Stadtstaat saugt einen Großteil seines Trinkwassers in der Nordheide an.

Die Spekulanten und die Privatisierer

Von Brandenburg führt uns diese »Wasserreise« thematisch über den Atlantik nach Lateinamerika. Im April 2022 schlägt die Deutsche Welthungerhilfe Alarm. In deren Fachjournal *Welternährung* beschäftigt sich Autorin Sophia Boddenberg mit der Wasserversorgung in Chile. Einem Land, das auf Platz 18 der Staaten mit dem größten Wasserstress rangiert, der sich danach bemisst, ob regelmäßig mehr Wasser verbraucht wird, als auf natürlichem Weg nachkommt. Dazu muss man wissen: Das lang gezogene, schmale Land im Westen Südamerikas ist das einzige, in dem die Wasserversorgung vollständig privatisiert ist. 1981, während der Militärdiktatur des Augusto Pinochet, wurde der »Código de Aguas« erlassen. Das Gesetz definiert Wasser zwar als »öffentlich genutztes, nationales Gut«, erlaubt aber zugleich dem Staat, Wassernutzungsrechte auf unbegrenzte Dauer und kostenlos zu vergeben. »Für die heimischen Agrarkonzerne war es der Beginn eines Millionengeschäfts, für die Kleinbäuerinnen und Kleinbauern der Anfang vom Ende«, so das Fazit von *Welternährung* mehr als vier Jahrzehnte später.

2022 erlebt Chile eines der schwersten Dürrejahre seiner Geschichte. Wasser ist nicht erst in diesem Jahr zum knappen Gut geworden; das Land trocknet seit Jahren aus. Zum einen, weil es überhaupt nicht oder viel zu wenig regnet. Zum anderen, weil vor allem Agrarkonzerne die Wasserressourcen des Landes hemmungslos ausbeuten. Denn: 80 Prozent des chilenischen Wassers fließen in die exportorientierte Landwirtschaft; Chile beliefert hauptsächlich die USA, China und Europa mit Avocados, Äpfeln oder Trauben. Beispiel Petorca, 220 Kilometer nördlich der Hauptstadt Santiago de Chile gelegen. »Früher bauten Kleinbäuerinnen und -bauern hier Weizen, Bohnen und Kartoffeln für den Eigenbedarf an«, schreibt Boddenberg im Fachjournal der Welthungerhilfe. »Heute ist die Hälfte der landwirtschaftlich genutzten Fläche mit Avocados bepflanzt. Und die sind sehr durstig: Für ein Kilo Avocados sind zwischen 300 und 500 Liter Wasser notwendig. Etwa zwei Drittel der Produktion werden exportiert.« Weswegen die großen Avocado-Plantagen regelmäßig bewässert werden, die Felder der Kleinbauern aber verdorren, weil sie nicht genug Wasser haben. »Wasserknappheit verursacht Armut und soziale Probleme«, zitiert *Welternährung* Barbara Astudillo, Umweltaktivistin aus Petorca.

In dem kleinen Ort und der gleichnamigen Region offenbaren sich auf besonders drastische Weise die Folgen der 1981 eingeleiteten Wasserprivatisierung. »In Petorca besitzen 30 Agrarunternehmen 60 Prozent der Wassernutzungsrechte«, schreibt *Welternährung*. »Und wer die meisten Nutzungsrechte innehat, verbraucht am meisten Wasser – unabhängig davon, ob das Nachbardorf über Trinkwasser verfügt. Ein Prozent der Eigentümer von Wassernutzungsrechten in Chile verbrauchen 70 Prozent des verfügbaren Wasservolumens, hat eine Studie der Universidad de Las Américas ergeben.« Und es wird einmal mehr von einigen wenigen ordentlich Reibach gemacht mit dem flüssigen Gut, das eigentlich allen gehört.

Es ist überall so: Wo Wasser zur frei handelbaren Ware wird, blüht vor allem in trockenen Zeiten die Spekulation. In nassen Zeiten günstig eingekauftes Wasser, oder auch nur billig erworbene

Rechte, bestimmte Mengen Wasser zu fördern und zu nutzen, garantieren in knappen Zeiten bei Verkäufen hohe Gewinne. Es ist (auch) eine Frage der Kontrolle. In Chile beliefern absurderweise wenige internationale Konzerne wie Agbar mit Sitz in Spanien und Marubeni aus Japan 90 Prozent der Haushalte. »Die Preise für die Wasserversorgung diktiert allein der Markt. Wer die Rechnung nicht bezahlt, dem wird das Wasser einfach abgedreht«, so Welthungerhilfe-Expertin Boddenberg.

Mit Wasser ist viel Geld zu verdienen, nicht nur in Chile. Und dementsprechend wird es selbst und alles, was mit Wasser im weitesten Sinne zu tun hat, weltweit immer mehr zum Spekulationsobjekt. Dahinter steckt ein an sich simpler marktwirtschaftlicher Mechanismus: Wenn die Schere zwischen einem immer knapperen, immer weniger ausreichenden Angebot einerseits und einer steigenden Nachfrage andererseits immer weiter auseinanderklafft, steigen in der Folge die Preise – und damit die Gewinne derer, die über das knappe Gut verfügen können.

Beim Wasser ist es global betrachtet so: Das Angebot sinkt, zum einen infolge des Klimawandels, mancherorts aber auch, weil die Verschmutzung von Flüssen und Grundwasser schlimmer wird. Sei es durch chemische Einträge, aber auch dadurch, dass immer mehr Menschen auf dem Planeten leben und vielfach Hygiene- und Sanitäranlagen fehlen, in denen Abwasser gereinigt und aufbereitet wird. Dazu zwei Zahlen, basierend auf Erhebungen von Weltgesundheitsorganisation (WHO) und der Organisation für wirtschaftliche Zusammenarbeit und Entwicklung (OECD): Etwa 1,8 Milliarden Menschen haben ausschließlich kontaminiertes Wasser als Trinkwasser zur Verfügung. Alle zwei Minuten stirbt statistisch ein Kind an einer Durchfallerkrankung, die auf verschmutztes Wasser und schlechte Sanitärverhältnisse zurückgeht. Zu alledem kommt noch hinzu: Die Weltbevölkerung wächst. Mehr Menschen benötigen aber auch mehr Wasser. Der Klimawandel wiederum bewirkt, dass auch die Landwirtschaft immer mehr Wasser benötigt. Experten gehen davon aus, dass 2050 etwa 89 Prozent des Süßwassers weltweit für die Landwirtschaft benötigt wird – vorausgesetzt, am aktuellen Zustand ändert sich nichts. Bereits 2030 wird der Gesamtverbrauch an Wasser weltweit um 44 Prozent steigen.

Diese Zahlen haben Experten der Schweizer Bank Vontobel aufgearbeitet und analysiert. Und daraus lukrative Investments abgeleitet, die das Geldhaus an Anleger vermittelt. Denn Investitionen in Wasser und Spekulationen mit Wasser sind an den Finanzmärkten ein Megatrend, vergleichbar mit Elektromobilität oder künstlicher Intelligenz, und nichts weist darauf hin, dass sich daran etwas ändern wird. Gar vom »Blauen Gold« ist unter Börsenanalysten die Rede, wenngleich das abgedroschen und falsch ist, denn Wasser ist bekanntlich nicht blau.

Wobei man unterscheiden muss: Nicht jedes Investment in Wasser ist unethisch oder undemokratisch.

Wird in Unternehmen investiert, die Technik entwickeln, mit denen sich Wasser gerechter, gesünder und effektiver verteilen und managen lässt? Dagegen lässt sich grundsätzlich nichts sagen, denn solche Firmen leisten einen Beitrag, um einen Missstand in den Griff zu bekommen. Zum Beispiel den, dass Hochrechnungen zufolge 46 Milliarden Liter Trinkwasser jeden Tag (!) verloren gehen, weil Leitungssysteme marode sind. Eine Studie im Auftrag der Vereinten Nationen beziffert den Investitionsbedarf bei der Wasserinfrastruktur auf etwa 114 Milliarden US-Dollar – kurzfristig und pro Jahr. Viele Entwicklungsländer können, manche reicheren Länder wollen sich diesen enormen Aufwand nicht leisten. Das ist die bittere Realität – und der Nährboden für seriöse private Investoren, aber eben auch für Spekulanten.

Und es sorgt bei Anlegern ja auch für ein gutes Gefühl, in die Versorgung mit sauberem Trinkwasser und/oder die Abwasserentsorgung zu investieren, in Unternehmen, die dem Nachhaltigkeitsgedanken folgend an neuen Technologien arbeiten, um Wasser effizienter zu nutzen, etwa durch eine gezieltere, ressourcensparende Bewässerung von Obstplantagen und Gemüsefeldern. Oder um es aufzubereiten oder zu reinigen. Davon haben schließlich alle etwas, es trägt zur Gesundheit und Lebensqualität der Menschen bei. Und es ist ein hübsches Geschäft. Die WHO schätzt, dass jeder einschlägig investierte US-Dollar eine Rendite zwischen drei und 34 Dollar abwirft. Je nachdem, wo und in welche Technik er investiert wird. Der Börsenindex Global Water Index, der die weltweit 50 größten Wasseraktien umfasst, legte allein von 2019 bis 2022 um 50 Prozent zu. Einschlägige Unternehmen wie American States Water oder California Water Service gehören zu den dividendenstärksten Titeln weltweit. Letztgenannter Konzern ist der drittgrößte börsennotierte Wasserversorger in den USA, er verkauft Wasser an Privathaushalte, Industrie, Gewerbe und in den öffentlichen Sektor.

Seit Ende 2020 kann an einer der größten Börsen der Welt, der CME in Chicago, mit Wasser spekuliert werden. Es werden Termingeschäfte angeboten, sogenannte Futures, mit meist vierteljährlicher Laufzeit über jeweils 12,3 Millionen Liter. Käufer und Verkäufer verpflichten sich dabei, das Wasser zu einem bestimmten Zeitpunkt mit einem vereinbarten Preis zu handeln. Das sorge für längerfristig stabile und somit berechenbare Wasserpreise, zum Beispiel für die Gemüsebauern im trockenen

Kalifornien, sagen Befürworter. Allzu oft litten die Landwirte in Hitzeperioden unter schlagartig in die Höhe schnellenden Tarifen, was das Bewässern ihrer Felder verteuert.

Doch das ist ein halbseidenes Argument, denn diese als verlockender Köder in den Raum geworfene Preisstabilität und Preissicherheit setzen ja voraus, dass Wasser ein reines Handelsgut ist. Die Verfügbarkeit von Trinkwasser wird allein dem Grundsatz von Angebot und Nachfrage unterworfen, was im Ergebnis eben auch hohe Preise bedeutet. Das lässt wiederum den Grundsatz völlig außer Acht, dass Wasser allen gehört und frei zugänglich für alle sein muss. Und nicht nur für die, die möglichst viel dafür bezahlen (können).

Mit solchen Spekulationsgeschäften wird eine ethische Grenze auf menschenverachtende Weise überschritten. Noch einmal: Trinkwasser ist für das Überleben von allen Menschen unverzichtbar. Es darf nicht sein, dass reiche Investoren Einfluss darüber gewinnen, wer zu welchen Konditionen wann wie viel Wasser zur Verfügung hat. Konsequent zu Ende gedacht, könnten Spekulanten allein mit diesem Hebel politische Systeme stürzen, ganze Staaten dirigieren und über Leben und Tod von Mensch und Natur entscheiden. Mit dem Allgemeingut Wasser und Wasserrechten zu spekulieren, gehört global verboten.

Auch in diesem Zusammenhang lohnt sich der Blick nach Chile. Dort kauft der Staat bei Bedarf den Wasserfirmen absurderweise Wasser teuer ab, füllt es in Tankwagen und versorgt so die Bevölkerung. Allein in Petorca wurden einer Studie zufolge zwischen 2012 und 2018 fast eineinhalb Millionen Kubikmeter Wasser auf diese Weise gehandelt, was den chilenischen Steuerzahler umgerechnet neun Millionen Euro gekostet hat. Ein unerträglicher Zustand, aber beileibe kein Einzelfall. Überall, wo

Wasser privatisiert ist, finden sich Missstände. In Kalifornien etwa streiten sich Landwirte und Hedgefonds seit Jahren um die Landflächen, auf denen Quellen sprudeln oder unter denen nennenswerte Grundwasservorkommen existieren. Auch dort kennt man das Problem, dass als eine Folge des Klimawandels aus den Bergen im Frühjahr immer weniger Schmelzwasser in die Täler fließt, weil die Niederschläge im Winter zu gering ausfallen. Es kommt also zu wenig dort an, wo besonders viele Menschen leben und obendrein Landwirtschaft betrieben wird. In der Folge sinkt auch der Grundwasserspiegel.

Längst hat dies im US-amerikanischen Westen Investoren und Spekulanten angelockt. Sie kaufen dort Land nur der damit verbundenen Wasserrechte wegen. Denn Landbesitzer dürfen vielerorts Wasser auf und unter ihrem Grund weiterverkaufen, damit handeln also. Der *Weltspiegel* in der ARD hat das im Juli 2021 in einem Beitrag am Beispiel von Sullivan Grosz exemplarisch aufgearbeitet. Der Immobilienmakler aus Kalifornien stammt selbst von einem Bauernhof, verdient mit wassergetriebenen Landspekulationen aber längst viel mehr Geld, als es ein landwirtschaftlicher Betrieb einbringen würde. Hunderte Farmen hat Grosz seit Anfang 2020 verkauft, je besser die Wasserrechte, desto höher der Preis. In eine dieser Farmen lud er das ARD-Team ein. Originalton des Maklers: »Diese Farm hier ging für zwölf Millionen Dollar weg. Sie hat Zugang zu einem Fluss und das Recht, Wasser von dort zu entnehmen. Dazu guter Boden und ein guter Grundwasserpegel. Mit so einer Ranch erzielt man Premiumpreise.«

Immer mehr kalifornische Farmer verkaufen, vor allem an Agrarkonzerne und immer häufiger auch an Hedgefonds. Klar, denn vor allem Landwirte mit vergleichsweise kleinen Betrieben können sich die durch Wasserspekulation hochgetriebenen Preise schon längst nicht mehr leisten. »Hedgefonds sind schreckliche Nachbarn«, klagte ein kalifornischer Bauer im *Weltspiegel*. Sie und anderen Investoren würden nur darauf spekulieren, »dass unsere Gerichte entscheiden, dass sie das Wasser nicht nur nutzen dürfen, sondern dass es ihr Eigentum ist. Sie wollen das Wasser fördern, wie Öl. Manche Investoren kommen, um das Wasser zu verkaufen. Und damit berauben sie das Land allen Lebens. Sie sehen keine toten Pflanzen – die sehen nur Geld. Ich hoffe, dass wir die Regeln schnell genug ändern können, um Farmland fürs Gemeinwohl zu retten. Wir müssen doch alle essen.«

Auch in Chile gingen in den vergangenen Jahren immer wieder Tausende Demonstranten auf die Straße, warfen den Konzernen Plünderung der Wasservorräte vor und forderten das Ende der Privatisierung in diesem Sektor. Eine gerechte Verteilung des lebenswichtigen Allgemeinguts sei zuvörderst eine Frage sozialer Gerechtigkeit. Doch für »einen strukturellen Wandel in der Wasserpolitik und -gesetzgebung sowie eine Umverteilung« brauche es eine Verfassungsänderung, heißt es im Fachjournal der Welthungerhilfe. Und die Wirtschaftslobby in dem Land sei »mächtig und eng mit der Politik verflochten«, die Agrarlobby wehrt sich gegen die Wegnahme ihrer Wasserrechte, die einer Enteignung gleichkäme.

Die Debatte über die Privatisierung von Wasserversorgung und Abwassernetzen wird immer und überall mit denselben Argumenten geführt wie bei allen anderen öffentlichen Wirtschaftsfeldern. Die Befürworter behaupten, Privatunternehmen würden flexibler, schneller und im Ergebnis wirtschaftlicher, effizienter und profitabler arbeiten als staatliche. Die Kritiker warnen jedoch davor,

Aufgaben der allgemeinen Grundversorgung aus der (öffentlichen) Hand zu geben. Außerdem verweisen sie darauf, dass privatwirtschaftlich organisierte Unternehmen, profitorientierte also, anders als öffentliche Unternehmen Gewinne erwirtschaften müssen.

Gerade das Thema Wasser/Abwasser ist eine solch elementare Aufgabe des Gemeinwesens, dass sie meiner festen Überzeugung nach gerade auch nach den Recherchen für dieses Buch niemals aus der Hand gegeben werden dürfen. Zumindest nicht mehrheitlich. Die Versorgung von Wasser und die öffentliche Hygiene sind elementare Bestandteile menschlichen Lebens. Sie dürfen nicht einem wie auch immer gelagerten Zwang zum Profit geopfert werden. Die Eisenbahn zu privatisieren, die Post oder das Telefonnetz – all dies hat im schlimmsten Fall nicht ähnlich verheerende Auswirkungen, wie wenn einige wenige bestimmen und regulieren können, ob Menschen genug Wasser zum Trinken, für ihre tägliche Hygiene oder zum Anbau von Nahrungsmitteln haben. Wasser ist eben nicht nur ein Investment, und es darf auch nie eines werden. Das ist eine ethische, gesellschaftliche und politische Frage ersten Ranges – und eine ganz praktische dazu.

In diesem Zusammenhang lohnt ein Blick ins europäische Ausland. Nach Großbritannien etwa, wo die Wasserversorgung von London bereits in den 1990er-Jahren privatisiert wurde. Die neuen Eigentümer schoben dringend notwendige, aber teure Reparaturen am Wassersystem auf – allzu hohe Ausgaben für Instandsetzung könnten ja die gute Laune von Investoren verderben und in den Bilanzen unschöne Bremsspuren hinterlassen. Die Folge einer solchen Sparpolitik in London: Rohrbrüche noch und nöcher, schätzungsweise bis zur Hälfte des Leitungswassers versickerte im Boden und kam gar nicht erst bei den Verbrauchern an.

In Frankreich hat eine private Wasserversorgung eine Tradition, die ins 19. Jahrhundert zurückreicht. Von Anfang an waren meist börsennotierte Unternehmen in den Auf- und Ausbau von Wasserverteilungssystemen involviert, die nicht selten auch den jeweiligen Wasserpreis festsetzen können. Was erklärt, weshalb sich in Frankreich gleich mehrere Konzerne entwickelt haben, zu deren Portfolio ganz maßgeblich auch Wassergeschäfte gehören. Veolia zum Beispiel, ein Unternehmen, das auch hierzulande aktiv ist.

In Deutschland gibt es eine Reihe von öffentlichen Wasserversorgungen, die zumindest teilprivatisiert sind. Das ist meistens dann der Fall, wenn private Investoren an Stadtwerken beteiligt sind, die in den jeweiligen Kommunen wiederum auch das Wasser- und Abwassernetz betreiben. In der Regel jedoch liegt die Mehrheit der Anteile an den Stadtwerken nach wie vor bei der Kommune, ist also unter öffentlicher Kontrolle. Es gibt auch andere Beispiele wie in Kiel, wo seit 2004 der in Mannheim ansässige, jedoch international tätige und börsennotierte Konzern MVV Energie mit 51 Prozent die Mehrheit an den Stadtwerken hat – und damit im Zweifel auch das Sagen. Die MVV übrigens ist auch an zahlreichen anderen Stadtwerken beteiligt – als Minderheitsgesellschafter. So in Offenbach oder Ingolstadt.

Lehrstück Stuttgart

Die einzige deutsche Großstadt, die ihre Wasserversorgung, aber auch die komplette Infrastruktur im Energiebereich vollständig privatisiert hat, ist Stuttgart. Ein Umstand, der sich zu einem Fiasko für die Kommune entwickelt hat – und gleichzeitig zu einer unendlichen Geschichte. Das Drama begann in den 1990er-

Jahren, dem Jahrzehnt einer euphorischen Privatisierungswelle in Deutschland, das obendrein von einer besonders aggressiven Form des Neoliberalismus geprägt wurde. Im ersten Schritt verkaufte die Landeshauptstadt von Baden-Württemberg ihr Abwassernetz samt mehreren Kläranlagen an nicht näher genannte US-Investoren – und leaste es im Anschluss zurück. Das half dem Unternehmen in seinem Heimatland Steuern sparen; den Betrag teilte man sich mit Stuttgart.

Von den hohen Einnahmen aus Verkauf und Lease-Back-Geschäft berauscht, verkaufte Stuttgart 2002 seine Stadtwerke komplett an den drittgrößten deutschen Energieriesen EnBW mit Sitz in Karlsruhe. Die Entscheidung fiel bei nur vier Gegenstimmen mit überwältigender Mehrheit quer durch die Rathausparteien. Oberbürgermeister Wolfgang Schuster (CDU) feierte dies als »Entscheidung von durchaus historischer Dimension«, schließlich verabschiede sich die Kommune nicht nur von ihrer Zuständigkeit als Energieversorger, sondern definiere zugleich das Verhältnis vom Bürger zu seiner Stadt um in das eines Kunden zu einem Unternehmen. Na, wenn das kein Fortschritt ist ...

Eine nennenswerte öffentliche Debatte über diese für Stuttgart fundamentale Entscheidung, die bis heute tief in das Leben der 600 000 Einwohnerinnen und Einwohner eingreift, fand nicht statt. Die Bevölkerung bekam von den Verkaufsgesprächen und -debatten lange nichts mit, erfuhr darüber erst aus der Zeitung – oder interessierte sich einfach nicht dafür. Wenigen, allerdings hartnäckigen Kritikern gegenüber behaupten die Stuttgarter Verantwortlichen allen Ernstes, sie hätten das Wasser doch gar nicht verkauft, es gehöre nach wie vor allen. Sondern nur die Infrastruktur. Das ist schlechterdings eine absurde Argumentation, schließlich kann Trinkwasser nicht sauber zu den Menschen kommen ohne Leitungen, Pumpwerke und so weiter. Wasser und Infrastruktur kann man nicht voneinander getrennt sehen, sie hängen eng zusammen.

Was in Stuttgart 2002 vonstattengeht, ist nicht weniger als ein Komplett-Ausverkauf nach der Devise: Alles muss raus. Das Wassernetz mit seinen insgesamt 1500 Kilometer langen Leitungen, etwa 50 Speichern, Pumpwerken, Filterstationen, Wasserkraftwerken, Immobilien sowie große Beteiligungen an der in den 1950er-Jahren von den Stuttgarter Stadtwerken maßgeblich mit aufgebauten Bodensee-Wasserversorgung (von dort kommt hauptsächlich das Wasser für Stuttgart) und der Landeswasserversorgung, aber auch Stromversorgung, Gas, Fernwärme-Kraftwerke gelangen aus öffentlichen Stuttgarter in private EnBW-Hände. Die Landeshauptstadt Baden-Württembergs wird vollständig abhängig vom Karlsruher Energieriesen. Noch im selben Jahr gründen entsetzte Bürgerinnen und Bürger das »Stuttgarter Wasserforum«. Seitdem kämpfen sie darum, den »Ausverkauf wie in keiner anderen Stadt in Deutschland oder in Europa« rückgängig zu machen, wie es auf ihrer Internetseite http://www.hundert-wasser.org/ heißt.

Es kommt genauso, wie Kritiker und Warner vorhergesagt haben. EnBW fährt den Personalstand bei den Stadtwerken zurück, um Kosten zu sparen. Der Wasserpreis wird erhöht – bis das Kartellamt eingreift. 2009 stößt die Bürgerinitiative ein Bürgerbegehren an, das von Erfolg gekrönt ist. Der Gemeinderat entscheidet daraufhin ebenfalls, dass Stuttgart die Wasserversorgung wieder selbst übernehmen will; ab 2014, heißt es zunächst. Doch daraus wird nichts, denn was die Stadt will, ist das eine. Etwas völlig anderes ist, was EnBW plant. Für kolportierte 160 Millionen Euro hat der Energieriese einst die Stadtwerke übernommen. Genauso viel bietet die Stadt nun für einen Rückkauf.

Doch EnBW lehnt ab und verlangt anfangs angeblich zwischen 650 und 700 Millionen Euro. Der Streit landet vor dem Landgericht. Das empfiehlt als Kompromisssumme 348 Millionen Euro Kaufpreis, doch EnBW fordert 480 Millionen, derweil die Stadt weniger als 200 Millionen bezahlen will. Das ist der Sachstand – seit Jahren. Ende 2022 wartet Schusters Nach-Nachfolger als Oberbürgermeister, der CDU-Mann Frank Nopper, mit einem neuen Vorschlag auf: Die Stadt solle EnBW die Netze bis 2042 überlassen, im Gegenzug für eine kleine Beteiligung und den ein oder anderen Aufsichtsratsposten, ehe das Netz wieder an die Stadt zurückverkauft würde. Stuttgart würde zudem Vorkaufsrechte sowie eine Reihe von Mitwirkungs- und Informationsrechten erhalten. Im Gegenzug verzichte die Stadt auf eine Klage auf Herausgabe des Netzes bis 2042. Auf 20 Jahre also, was manche grübeln lässt. »Dann wären ja mehr als 30 Jahre seit dem Bürgerbegehren vorbei«, rechnet SPD-Fraktionschef Stefan Conzelmann zahlensicher nach, will den Vorschlag aber auch nicht grundsätzlich verdammen. Zeige der Vorgang doch, wie gesprächsbereit EnBW sei. Unterdessen hat EnBW den Wasserpreis immer wieder erhöht; zuletzt mit Wirkung zum 1. Januar 2023 um 9,8 Prozent.

All das zeigt, wie kompliziert es ist, eine Privatisierung von Wassersystemen rückgängig zu machen. Und wie fatal die Auswirkungen für ein Gemeinwesen sind, wenn es nicht mehr uneingeschränkten Zugriff auf seine Wasserversorgung, nicht mehr das Sagen hat: Es wird abhängig von profitgetriebenen Interessen.

In der Europäischen Union ist und bleibt mit Sicherheit auch in Zukunft die Privatisierung der Wasserversorgung ein großes, wiederkehrendes Thema. Es gibt starke Kräfte aus verschiedenen

Ländern und von Teilen der Energiewirtschaft, eine entsprechende Liberalisierung durchzusetzen. Die deutschen Regierungen, jene von Angela Merkeln ebenso wie die amtierende von Olaf Scholz, halten dagegen. Ebenso wie Millionen Bürgerinnen und Bürger der EU. Massive Proteste und der Widerstand aus Berlin sind letztlich die Gründe, weshalb Michel Barnier, zur fraglichen Zeit EU-Kommissar für Binnenmarkt und Dienstleistungen, im Juni 2013 die Wasserversorgung EU-weit aus einer geplanten Konzessionsrichtlinie ausnahm.

Obwohl das Risiko, dass über diese Konzessionsrichtlinie die Trinkwasserversorgung zu privatisieren, nach seinen Worten »niemals bestand«, hätten »die Bürgerinnen und Bürger in der Tat diesen Eindruck gewonnen und ihre Sichtweise zu diesem Thema sehr klar zum Ausdruck gebracht. Deshalb wäre es meiner Ansicht nach am besten, die Wasserversorgung vom Anwendungsbereich der Konzessionsrichtlinie auszunehmen«, so Barnier. Trotz vieler Änderungen sei er »zu der Auffassung gekommen, dass der derzeitige Text zur Wasserversorgung niemanden zufriedenstellt: Er vermittelt nicht die von den Bürgerinnen und Bürgern erwarteten Garantien und würde obendrein zu einer Fragmentierung des Binnenmarkts führen«, so der Franzose.

Mit seiner Konzessionsrichtlinie verfolgte Barnier den Plan, in der gesamten EU einheitliche Regeln zur Vergabe von Konzessionen für Dienstleistungen zu schaffen, um Wettbewerb und Chancengleichheit zwischen Firmen, aber auch eine bessere Kontrolle über die Verwendung von Steuergeldern zu erlangen. In erster Linie ging es um die Vergabe öffentlicher Aufträge im Bereich Energie und Wärme; man wolle Mauscheleien bei öffentlichen Aufträgen verhindern, hieß es seitens der EU.

Hauptsächlich in Deutschland hatten die Pläne Befürchtungen

ausgelöst, dass Barniers Richtlinie dazu führen könnte, dass Kommunen die Versorgung ihrer Bürger mit Trinkwasser an private Unternehmen abgeben müssen und dadurch die Kontrolle über Preis und Qualität verlieren. Wasser sei schließlich nicht irgendeine Ware, »sondern unser wichtigstes Lebensmittel«, argumentierte die zuständige Bundesministerin Ilse Aigner (CSU). Die Wasserversorgung sei ein Kern kommunaler Daseinsvorsorge, über den auch auf kommunaler Ebene entschieden werden solle.

Doch was alles fällt überhaupt unter den Begriff »kommunale Daseinsvorsorge«? Dazu bedarf es eines kleinen historischen Exkurses. Den Begriff definierte der Staatsrechtler Ernst Forsthoff in den 1930er-Jahren. »Forsthoff bezeichnete Daseinsvorsorge als die Abhängigkeit des verstädterten Bürgers von öffentlichen Versorgungsleistungen und nannte beispielhaft die Versorgung mit Strom und Wasser«, erklärt Oliver Rottmann, Geschäftsführer des Kompetenzzentrums Öffentliche Wirtschaft, Infrastruktur und Daseinsvorsorge in Leipzig, im *Deutschlandfunk*. »Aber sein Verständnis von Daseinsvorsorge und Daseinsverantwortung ging darüber hinaus. Er implizierte auch Postdienste, hygienische Dienste, Gas, Elektrizität, Telefonie, beispielsweise, auch die Vorsorge für Alter, Invalidität oder Krankheit. Also, der Begriff war sehr breit angelegt, das ist er teilweise auch heute.« Ende des 20. Jahrhunderts kamen Glasfaser- und Funknetze dazu, deren Nutzung für die Menschen im modernen Alltag unverzichtbar geworden sind.

Doch Daseinsvorsorge hin oder her – auf der in den 1990er-Jahren allgemeinen Privatisierungswelle schwimmend, begann die EU damit, den Rahmen für Privatisierungen neu zu setzen und diese zu ermöglichen. Als Erstes war der Strommarkt dran.

Stadtwerke können seither Strom auf dem freien Markt kaufen. Auch andere öffentliche Sektoren erfasste die Welle. In Deutschland entstanden beispielsweise aus der staatlichen Post die Deutsche Post DHL Group und die Deutsche Telekom AG. Und ohne Zweifel waren und sind die Folgen von Privatisierungen nicht nur negativ. Im Telekommunikationssektor zum Beispiel wurden die Tarife dank größerem Wettbewerb von Anbietern viel günstiger.

Und auch Bund, Länder und Kommunen rieben sich die Hände. Sie bauten ihren Personalstand hierzulande von fast sieben Millionen Beschäftigten auf knapp viereinhalb Millionen zu Beginn der 2010er-Jahre ab.

Dass die Wasserprivatisierung auf EU-Ebene (vorerst?) scheiterte, war auch einer Aktion der Europäischen Bürgerinitiative Right2Water (Recht auf Wasser) zu verdanken, die einen Aufruf für einen freien Zugang zu Wasser und zur sanitären Grundversorgung startete und gegen die EU-Pläne zur Liberalisierung der Wasserwirtschaft protestierte. Ihren entsprechenden Aufruf unterzeichneten anderthalb Millionen Menschen quer durch die EU. Das waren mehr als die geforderte eine Million Menschen in sieben EU-Ländern, ab derer die Kommission darauf reagieren musste. Entsprechend feierte es Right2Water als eigenen Erfolg, als die EU die öffentliche Wasserversorgung explizit aus ihrer Konzessionsvergaberichtlinie ausnahm.

Das bedeutet allerdings nicht, dass das Thema auf immer und ewig vom europäischen Tisch ist. Mit unschöner Regelmäßigkeit kommt es neu auf; die weitgehend parteiübergreifende Sorge in Deutschland hält sich. Nicht umsonst sprach bei einem Führungskräftetreffen bayerischer Wasserwirtschaftler 2019 in Erding mit Uwe Brandl, dem Vizepräsidenten des Deutschen Städte- und

Gemeindebundes, einer der ranghöchsten kommunalen Vertreter das Thema an. »Im Zuge internationaler Debatten hat auch die Privatwirtschaft ein Auge auf den Wassermarkt geworfen«, sagte er. Brandl verwies auf England als Negativbeispiel mit üblen Erfahrungen, weil private Wasserversorger dort Gewinne abgeschöpft hätten, während sie die Netzwerke verlottern ließen.

In Teilen von Politik und Öffentlichkeit fand in den vergangenen Jahren wieder ein Umdenken statt, nicht zuletzt auch ausgelöst durch die Erfahrungen in der Corona-Pandemie. Viele Menschen realisierten, wie wichtig eine funktionierende Daseinsvorsorge ist, gerade in Krisenzeiten. Egal, ob funktionierende Krankenhäuser oder leistungsfähiges Breitbandnetz oder eben ein funktionierendes Wasser- und Abwassernetz, dessen Betreiber nicht nach maximalen Gewinnen streben, sondern nach einer bestmöglichen Versorgung aller Menschen. Auch auf europäischer Ebene entwickelte sich eine regelrechte Bewegung für die Rekommunalisierung von Wasser, Energie oder Abfallentsorgung.

Fakt ist: Der generelle Abbau der öffentlichen Daseinsvorsorge, aber auch deren Renaissance in öffentlicher Hand spiegeln sich beim Personalstand wider. Nach dem Rückgang von sieben Millionen Beschäftigten auf viereinhalb Millionen arbeiten inzwischen wieder fünf Millionen Menschen hierzulande im öffentlichen Dienst.

V

Was getan werden muss

Es ist spät, aber noch nicht zu spät

Es ist alles so einfach und bequem. Wir drehen, ohne darüber groß nachzudenken, den Hahn auf, und Trinkwasser fließt, das essenziellste aller (Über-)Lebensmittel. In beliebiger Menge, rund um die Uhr, in hygienisch einwandfreier Qualität und zu ziemlich günstigen Preisen. In den Geschäften ist Mineralwasser, von Markensorten abgesehen, Ramschware, auch wenn es ein Zigfaches dessen kostet, was wir für Leitungswasser bezahlen. Wir werden also nicht verdursten. Jetzt nicht und auch in Zukunft nicht. Gemessen am Weltmaßstab geht es uns gut. Und trotzdem: Die Selbstverständlichkeit, die alledem innewohnt, geht zu Ende. Schuld daran ist nicht nur, aber vor allem der Klimawandel. Wir müssen heute etwas dafür tun, damit wir auch in Zukunft genug und ständig verfügbares, sauberes Trinkwasser haben.

Das zeigten uns die vergangenen Jahre, vor allem die Hitzesommer mit ihren großen Dürren, aber auch das verheerende Flutjahr 2021 mit der Katastrophe im Ahrtal. Immer mehr kreuz und quer über die Republik verstreute Gemeinden riefen den Wassernotstand aus, manche mussten sogar Tanklastzüge organisieren, um die Bevölkerung mit frischem Wasser zu versorgen. Das Gießen von Gärten und Grünanlagen wurde verboten, Gartenpools durften nicht mehr befüllt und Autos nicht mehr gewaschen werden. Das alles waren lediglich die spürbaren

Symptome einer aufziehenden Krise, die – im wahrsten Sinne des Wortes – tiefer geht.

Die Grundwasserstände sinken, wobei die oberflächennahen Schichten mit Nitrat oder anderen Substanzen belastet und damit unbrauchbar sind für die Trinkwasserversorgung. Die Ausbeutung von teilweise Zehntausende Jahre altem Tiefengrundwasser nimmt schädliche Ausmaße an. Wasserspiegel von Flüssen und Seen nehmen in heißen, trockenen Monaten zum Teil dramatisch ab; also genau dann, wenn Mensch und Natur eigentlich besonders viel Wasser bräuchten. Und einher mit alledem gibt es immer mehr Verteilungskämpfe, zwischen Bevölkerung und Mineralwasserherstellern, zwischen Landwirten und Behörden, zwischen Wasserversorgern und anderen Wassernutzern. Wie es eben ist, wenn ein Angebot (in diesem Fall sogar das eines überlebenswichtigen Gutes) immer knapper wird, die Nachfrage aber immer größer.

Am Anfang dieses Buches habe ich geschrieben, dass ich nach langen Recherchen fest davon überzeugt bin, dass Wasserversorgung nach Strom und Gas das dritte große Thema der Daseinsvorsorge in Deutschland werden wird. Nicht in kürzester, aber in absehbarer Zeit. »Wie dringlich das Problem ist, ist nur schwer vorhersehbar«, sagt Martin Weyand, Geschäftsführer Wasser und Abwasser beim Bundesverband der Energie- und Wasserwirtschaft. »Das hängt nicht nur davon ab, wie viele trockene, heiße Sommer es gibt und wie lang diese sind. Sondern ganz wesentlich auch davon, wie viel es im Winter regnet.« Er hat recht. Die Tendenz jedoch geht klar in Richtung Versorgungskrise. Noch ist Deutschland nicht im Wasserstress, aber das Angebot an sauberem Grund- und Oberflächenwasser, der Grundlage unserer Trinkwasserversorgung, wird knapper. Forscher um den Amerikaner James, genannt Jay Famiglietti haben herausgefunden, dass Deutschland überproportional viele seiner Wasserreserven verliert; in den vergangenen 20 Jahren in einem Volumen, das der Wassermenge im Bodensee entspricht.

Es regnet zu wenig, die Niederschläge kommen zu Unzeiten oder sind so heftig, dass die Natur die Wassermassen nicht verarbeiten kann, wobei nicht selten viele Menschen Schaden nehmen, siehe 2021 die Flut im Ahrtal. Die große Herausforderung wird es sein, Angebot und Nachfrage in ein verträgliches, nachhaltiges (um ein arg strapaziertes Modewort zu verwenden) Gleichgewicht zu bringen. Wir alle müssen die Regenerationsfähigkeit des Wassersystems erhalten und die Übernutzung von Wasserressourcen verhindern. Das wird nicht einfach. Nicht in Zeiten des Klimawandels.

Man muss handeln, wir müssen handeln, Politik und Behörden müssen handeln – und zwar jetzt. Es ist eine vielfältige und vielschichtige Aufgabe. »Wir müssen uns mit dem Thema der künftigen Sicherheit unserer Wasserversorgung auf verschiedenen Ebenen intensiv beschäftigen«, verlangt BDEW-Hauptgeschäftsführer Weyand zu Recht. Es braucht heute Entscheidungen und vor allem konkrete Schritte, um die Trinkwasserversorgung der Zukunft sicherzustellen. Dazu gehören auch bestmögliche Abwassersysteme, die den Schadstoffeintrag in Grundwasser und Flüsse idealerweise auf null minimieren. Dazu gehört auch Hochwasserschutz angesichts von Unwettern, bei denen immer häufiger in zwei oder drei Tagen die Niederschlagsmenge eines durchschnittlichen Jahres niedergehen, die Flüsse gefährlich über die Ufer treten und außer Kontrolle kommen lassen.

Zwei große Herausforderungen gibt es. Erstens, eine mentale: Anders als die Energie- und Verkehrswende hierzulande, die nur mühsam und schleppend vorankommt (was viel an der Politik, aber häufig auch an der Trägheit saturierter Bürgerinnen und Bürger liegt, die Veränderungen blockieren, vor allem vor ihrer Haustür), braucht es ein durchsetzungsstarkes, strategisches Vorgehen. Dieses muss – Herausforderung Nummer zwei – penibel orchestriert werden. Es gibt beim Thema Wasserversorgung nicht einen roten Knopf, den man drückt, und alles wird gut. Es gibt auch nicht die eine politische Ebene, die allein verantwortlich ist und alles regeln kann. Es braucht das ausgeklügelte Zusammenspiel vieler Entscheider und relevanter Institutionen, letztlich der gesamten Gesellschaft. Um die Trinkwasserversorgung in Deutschland auf Dauer zu sichern, muss vieles ernsthaft hinterfragt werden. BDEW-Lobbyist Weyand nennt beispielhaft »die Frage, ob jeder in Deutschland an fast jeder Stelle bauen darf. Meiner Ansicht nach wird dies in Zukunft nicht mehr möglich sein.«

Zehn Handlungsfelder, ohne Anspruch auf Vollständigkeit:

1. Die öffentliche Versorgung muss klaren Vorrang erhalten vor privatwirtschaftlichen Interessen
Zwischen Oktober 2018 und Oktober 2020 trafen sich Fachleute aus der Wasserwirtschaft sowie zufällig ausgewählte Bürgerinnen und Bürger immer wieder zu einem sogenannten Nationalen Wasserdialog. Angestoßen hatte ihn die Bundesregierung, die Umsetzung lag beim Bundesumweltministerium und dem Umweltbundesamt. Mal getrennt, mal gemeinsam skizzierten die Teilnehmerinnen und Teilnehmer die Herausforderungen in der Wasserwirtschaft, sie diskutierten Handlungsfelder und definierten daraus Handlungsbedarf, formu-

lierten strategische Ziele und empfahlen Lösungen. Das Ergebnis ist eine »Nationale Wasserstrategie«, welche die Grundlage für das Wassermanagement in Deutschland werden soll. Meere sollen besser geschützt und das Bewusstsein für die Ressource Wasser geschärft werden. Wasser-, Energie- und Stoffkreisläufe sollen besser miteinander verbunden, Wasserinfrastrukturen klimaangepasst weiterentwickelt oder Gewässer nachhaltig bewirtschaftet werden. Das sind nur einige der wesentlichen Punkte im Strategiepapier.

Manches klingt floskelhaft und ohnehin auf der Hand liegend, ist deswegen aber nicht falsch. Die Nationale Wasserstrategie weist in die richtige Richtung. Was aber fehlt (zumindest im letzten Entwurf des Strategiepapiers, das diesem Buch zugrunde liegt): Der Vorrang der öffentlichen Trinkwasserversorgung vor allen anderen Nutzungen ist nicht klar und unmissverständlich festgeschrieben. Genau das muss aber sein.

Es genügt nicht, den Grundsatz als allgemein und unverbindlichen Glaubenssatz unterschwellig zugrunde zu legen. Das war er nämlich bisher auch schon – und trotzdem bedienten sich Energieversorger und Industrie, Mineralwasserhersteller und Landwirtschaft reichlich ungeniert und mit dem Segen allzu sorgloser Behörden am Allgemeingut Wasser. Die Vorrangstellung der öffentlichen Trinkwasserversorgung muss bundesweit festgeschrieben werden. So, dass lokale Genehmigungsbehörden, aber auch Gerichte sich bei ihren Entscheidungen darauf stützen können. Wenn man so will, etwas Klares, Praktisches für den täglichen Gebrauch.

Die Nationale Wasserstrategie beschäftigt sich mit der Zukunft. Das ist Stärke und Schwäche zugleich. Ihre Ziele sind auf 30 Jahre ausgelegt, und es ist richtig zu definieren, wohin man langfristig will. Die Verteilungskämpfe haben jedoch bereits begonnen. Folgerichtig braucht es auch kurzfristige Zielvorgaben und ein Instrumentarium, um sofort entscheiden und strategisch handeln zu können. Und nicht erst 2050.

2. Die Wasserversorgung darf nicht privatisiert werden
Es ist an der Zeit, aus Fehlern der Vergangenheit zu lernen. Der Strommarkt wurde liberalisiert, also dem freien Spiel der marktwirtschaftlichen Kräfte unterworfen. Die Entwicklungen der vergangenen Jahre und speziell die energiepolitischen Verwerfungen seit dem Überfall Russlands auf die Ukraine führen jedoch die Schwächen des Systems vor Augen. Wenn es darum geht, Probleme im Sinne der Allgemeinheit zu lösen, ist von den Profiteuren der Liberalisierung nichts mehr zu sehen und zu hören. Dann muss der Staat plötzlich eingreifen, mit Milliarden Steuergeld. Daraus leitet sich die banale, aber entscheidende Erkenntnis ab, dass Privatunternehmen nicht alles automatisch besser können als öffentliche Versorger.

Die Trinkwasserversorgung aber ist elementarer Bestandteil öffentlicher Daseinsvorsorge, mindestens so sehr wie die Strom- und Energieversorgung. Man darf sie nicht dem freien Spiel privater Kräfte überlassen, nicht Investoren und Profitmaximierern, gewinnorientierten Unternehmen. Wasser ist ein derart elementares Gut menschlichen Daseins, dass es nicht marktliberalen Mechanismen unterworfen werden darf. Nicht Wettbewerb, sondern funktionale Sicherheit müssen im Vordergrund stehen. Wir brauchen ein öffentliches, staatliches bzw. kommunal betriebenes Versorgungssystem für Trinkwasser, das auch im Krisenfall stabil und resilient ist.

Es gibt kein einziges Beispiel dafür, wo ein Privatinvestor im Bereich der Daseinsvorsorge Verantwortung übernommen hat, wenn ein System nicht mehr funktionierte. Die Energieriesen haben jahrzehntelang mit Gas aus Russland oder Atomstrom Milliardengewinne eingefahren. Den Umbau der Systeme, die Kosten für deren Versagen, finanziert jedoch der Staat, die Allgemeinheit. Bestes Beispiel ist das Milliardendrama um Uniper, jene börsennotierte Gesellschaft, die 2016 als Abspaltung des ebenfalls börsennotierten Energieriesen E.On entstanden ist. Als Uniper im Zuge des Ukraine-Kriegs und des damit verbundenen Lieferstopps von russischem Gas in die Bredouille geriet, musste der Bund das als systemrelevant eingestufte Unternehmen mit Milliardenhilfen aus dem Steuersäckel stützen. Im Dezember 2022 wurde Uniper verstaatlicht.

Vor allem die Städte und Gemeinden stehen in der Verantwortung. Sie müssen ihre eigene Wasserversorgung sicherstellen – bei Bedarf auch mit Nachbargemeinden zusammen; es gilt das Solidarprinzip. Das in diesem Buch beschriebene Beispiel Chile und (wem das zu weit entfernt ist) das Beispiel Stuttgart zeigen, dass es fatale Folgen hat, wenn Wasserversorgung aus der öffentlichen Hand gegeben wird. Kommunen und Staat müssen sie dominieren. Alles andere erzeugt Preisdruck und Geiz-ist-geil-Mentalität und lockt Glücksritter an, die an Dürre schnelles Geld verdienen wollen.

3. Das Land braucht eine umfassende Wasserschutzagenda
Ressourcenschutz fängt nicht erst an, wenn es im konkreten Einzelfall darum geht, einen übermäßigen Wasserausbeuter in die Schranken zu weisen. Er beginnt viel früher. Wir brauchen

einen Paradigmenwechsel, eine andere Herangehensweise mit dem Ziel, Wasser im Boden zu halten. Dafür zu sorgen, dass es nicht so schnell abfließt. Mit konsequentem Gewässerschutz, Investitionen in Leistungssysteme und Wasseraufbereitungsanlagen, aber auch, indem die Flächenversiegelung begrenzt, mehr Wasserschutzgebiete ausgewiesen und insgesamt das Bewusstsein für sorgfältigeren Umgang mit der Ressource Wasser geschärft wird. Das Thema kommt einer Allensbach-Umfrage von 2022 zufolge immer mehr in der Bevölkerung an; drei von vier Deutschen gaben an, bewusster und sparsamer mit Wasser umzugehen als früher.

Wassersparen hilft, aber das allein reicht nicht. Sümpfe, Moore und andere Feuchtgebiete müssen geschützt werden, die Versiegelung der Landschaft durch Wohn- und Gewerbegebiete, Straßen und andere Baumaßnahmen muss insgesamt reduziert werden. Wir brauchen im Einzelfall mehr Dachbegrünungen, aber auch Bauverbote in Gebieten mit Überschwemmungspotenzialen. Die Versickerung von Wasser an Ort und Stelle muss erleichtert werden.

Auch der Grundwasserschutz muss verbessert werden. Experten der Vereinten Nationen sind überzeugt, dass aktuelle und künftige Wasserkrisen nur mithilfe des Grundwassers zu bewältigen sind. »Eine bessere Nutzung des Grundwassersystems könne zur Klimaanpassung beitragen«, heißt es im UNESCO-Weltwasserbericht 2022. So sei es etwa möglich, saisonale Überschüsse von Oberflächengewässern in Grundwasserleitern zu speichern. So könnten nämlich Verdunstungsverluste verringert werden, »wie sie etwa bei Stauseen auftreten«.

Eine sinnvolle umfassende Wasserschutz-Agenda beginnt

schon bei der Erfassung aktueller Daten. Beim Streit um die im Buch beschriebenen Mineralwasserpläne von Coca-Cola in Lüneburg hat sich auf drastische Weise offenbart, wie veraltet häufig die Daten sind, auf deren Grundlage die zuständigen Behörden Wasserkontingente oft auf Jahre hinaus vergeben. Ferner muss eine Wasserschutz-Agenda schärfere Regelungen zum Schutz vor Verunreinigungen etwa durch Nitrat und Pflanzenschutzmittel beinhalten. Das Herumlavieren, mit dem sich Deutschland in der beschriebenen Weise seit Jahren um die konsequente Einhaltung schärferer EU-Vorgaben drückt, muss ein Ende haben. Auch die Landwirtschaft muss umdenken.

Schadstoffeinträge müssen verringert, Wasserschutzgebiete ausgeweitet und das Thema Wasserversorgung nicht punktuell, sondern flächendeckend strategisch angegangen werden. Politisch erwächst aus alledem die Notwendigkeit, für die Wasserressourcen relevante Entscheidungen transparent und offen darzustellen und rechtzeitig zu kommunizieren. Das erfordert ein Umdenken. Jahrzehntelang interessierten sich für die Wasserwirtschaft nur ein überschaubares Fachpublikum und Kommunalpolitiker. Das ändert sich gerade, immer mehr Menschen nehmen Anteil. Sie wollen informiert und beteiligt werden. Zu Recht, denn die Trinkwasserversorgung ist eine ökologische und gesellschaftliche Gesamtaufgabe.

Es braucht in topografisch und landschaftlich geeigneten Stellen Rückhaltesysteme, in denen Starkregen und heftige Niederschläge gesammelt werden – ehe sie Schaden anrichten können und mit Blick auf die künftige Trinkwasserversorgung. Dabei gibt es dann zwei Möglichkeiten: Entweder man speichert das Wasser und führt es dem öffentlichen Netz zu.

Oder man lässt es kontrolliert im Boden versickern, um damit die Saugfähigkeit des Bodens und die unterirdische Grundwasserneubildung zu fördern.

4. Privilegien für Großverbraucher abschaffen
Bayern, Hessen und Thüringen verzichten bislang auf ihn, und in den anderen 13 Bundesländern ist er marginal bemessen. Die Rede ist vom Wassercent, im Behördendeutsch: dem Wasserentnahmeentgelt. Richtigerweise muss es jeder bezahlen, der sich am Allgemeingut bedient, um es für seine privatwirtschaftlichen Zwecke zu verwenden. Mineralwasserhersteller, Landwirte, Energieversorger, Industriebetriebe – bisher profitieren alle großen Schlucker von einer fatalen Nulltarif- oder Kostet-fast-nichts-Mentalität hierzulande. Wenn es um die Bedürfnisse von Unternehmen geht, waren die Behörden, die Landesregierungen und die Kommunalpolitiker vor Ort stets sehr großzügig, wenn es um Entnahmemengen oder langfristige Laufzeiten bei Entnahmerechten geht. Das muss gestoppt werden. Behörden müssen die Mengen und die Laufzeiten begrenzen und unter den Vorbehalt stellen, dass sie in Dürrezeiten bei Bedarf auch unterbrochen oder stärker kontingentiert werden können. Und vor allem: Das jahrhunderte-, bisweilen sogar jahrtausendealte und besonders reine Tiefengrundwasser muss weitaus strenger geschützt werden. Übrigens nicht nur vor den Entnahmen gewerblicher, sondern auch öffentlicher Nutzer.

Ein probates Mittel ressourcenschonender Wasserbewirtschaftung wäre es, private und gewerbliche Nutzer gleichzustellen. Ihnen dieselben Gebühren abzuverlangen, wenn sie aus dem öffentlichen Netz schöpfen, und keine Rabatte für

Großabnehmer mehr zu gewähren. Überdies müssen all jene spürbarer als bisher zur Kasse gebeten werden, die eigene Brunnen oder Wasserfassungen nutzen. Der Wassercent darf im Sinne der Allgemeinheit gerne ein Wassereuro werden. Die Wirtschaft im weitesten Sinne braucht Wasser, ohne Frage, und sie soll es auch in Zukunft bekommen. Dass Firmen für Wasser kaum oder fast nichts bezahlen, setzt keinerlei Anreize, um sich über Einsparungen, interne Wasserkreisläufe, Wasserrecycling oder Brauchwassersysteme Gedanken zu machen. Wir brauchen eine Gebührenpolitik, die genau solche Anreize schafft.

Hier sind vor allem die Landespolitiker gefordert, bei denen das Thema bislang nicht angekommen ist. 2022 kündigten bei einer Umfrage der investigativen Rechercheplattform *Correctiv* nur fünf Bundesländer an, die Wassergebühren für die Industrie zumindest überarbeiten zu wollen, nämlich Sachsen, Hamburg, Bremen, Saarland und Mecklenburg-Vorpommern. Bayern, Hessen und Brandenburg formulierten vage, sie würden eine Überarbeitung der jetzigen Wasserpreise für die Industrie zumindest in Erwägung ziehen. Die anderen sechs Bundesländer (Sachsen-Anhalt, Baden-Württemberg, Nordrhein-Westfalen, Schleswig-Holstein, Thüringen und Rheinland-Pfalz) teilten *Correctiv* mit, dass sie nicht vorhaben, die angesetzten Wasserpreise für industrielle Nutzer anzupassen. Auch Überlegungen zu verpflichtenden Vorgaben oder konkreten Einsparzielen gibt es dort nicht. Berlin und Niedersachsen ließen die *Correctiv*-Anfrage unbeantwortet.

Geradezu unerträglich ist es, wenn, wie im Fall Tesla in Brandenburg, ein Unternehmen in einer trockenen Region angesiedelt wird und zig Milliarden Liter Wasser zugeteilt bekommt, während ringsum Gemeinden keine Wohngebiete und Schulen mehr planen können, weil das notwendige Wasser fehlt. Es kann auch nicht sein, dass einer damit der Trinkwasserbedarf von Privatpersonen im Bedarfsfall eingeschränkt und Mehrbedarf finanziell sanktioniert wird, während die Versorgung der Großfabrik nebenan Priorität genießt.

5. Tröpfchen für die Landwirtschaft

In Israel und Kalifornien gibt es längst, was auch Deutschland flächendeckend braucht: Unterirdisch auf Wurzelhöhe werden Leitungen verlegt, welche die Pflanzen punktgenau mit Wasser versorgen. Anstatt Felder – wie in Deutschland meistens der Fall – großflächig nach dem Gießkannenprinzip (im wahrsten Sinne des Begriffes) mit Wasser zu besprühen, wobei (je nach Witterung) ein Großteil davon verdunstet oder unnötig versickert.

Israelische Firmen sind nicht von ungefähr Weltmarktführer in Sachen moderner Bewässerungstechnik; in dem Land regnet es in vielen Jahren von Frühjahr bis Herbst keinen Tropfen. Zum Teil wird Brauchwasser, etwa Abwasser aus Duschen, aufgefangen, aufbereitet und über ein eigens geschaffenes Pipeline-System sogar aus Tälern in höhere Lagen gepumpt, wo es für die Bewässerung verwendet wird. Bei den modernen Systemen zeigen Sensoren an, wie viel Wasser genau bei welcher Pflanze ankommt. Der Prozess ist durchdigitalisiert und teilweise per Mobiltelefon-App steuerbar.

Ziel muss es sein, mit weniger Wasser auszukommen. Wir müssen, wenn man so will, stattdessen aus jedem Tropfen das Maximum herausholen. Auch wenn die Investitionen in solche Systeme enorm sind. Es bedarf komplett neuer Bewässerungsstrukturen, die nicht von Berlin oder Landeshauptstädten heraus ohne Weiteres angeordnet werden können, sondern vor Ort entwickelt werden müssen. Und zwar hauptsächlich von den Landwirten selbst. Staat, Länder und Kommunen müssen die Entwicklung unterstützen, wobei es aber auch nicht Aufgabe des Staates ist, allein die technischen Voraussetzungen dafür zu schaffen, dass Landwirte (also Privatunternehmer) anschließend Gewinne erzielen. Subventionen ja, dort, wo sie sein müssen. Eine vollständige Finanzierung durch den Staat – nein.

Die Landwirtschaft ist ein weites Feld, wenn es um das Wassermanagement geht. Rein rechnerisch verbrauchen Landwirtinnen und Landwirte anteilig nur einen niedrigen, einstelligen Prozentanteile des Frischwassers in Deutschland. Doch diese Statistik verzerrt, denn niemand weiß, wie viel Landwirte aus eigenen Quellen und Brunnen schöpfen, sofern es ihre eigenen sind. Was nichts daran ändert, dass sie auch so an einem Allgemeingut partizipieren. Klar ist, dass die Landwirtschaft infolge des Klimawandels mit immer mehr Dürren kämpfen muss. Im Umkehrschluss also mehr Wasser für die Versorgung ihrer Felder benötigen wird. Experten gehen davon aus, dass künftig viermal so viele Anbauflächen bewässert werden müssen. Die Zeit der Entwässerungsgräben ist definitiv vorbei. Es braucht Konzepte, um das Wasser zu halten.

Ein probates Mittel könnte es sein, bevorzugt wassersparender Kulturen anzubauen. Also keine Gemüsesorten, die es nass und sumpfig wollen, wie Blumenkohl oder Süßkartoffeln. Dafür mehr Zwiebeln, Kartoffeln, Möhren, die weniger Durst haben. Wobei sich in diesem Zusammenhang nicht nur die Bauern, sondern vor allem Handel und hauptsächlich wir Verbraucher bewegen müssen. Indem wir beispielsweise auch weniger perfekt in der Form ausgebildeten Karotten oder kleineren Krautköpfen eine Chance geben müssen. Bislang nämlich setzt der Lebensmitteleinzelhandel den Gemüsebauern zu detaillierte Vorgaben bezüglich Größe, Gewicht und Aussehen von Obst und Gemüse.

Das führt uns zur Verantwortung all derer, die jeden Tag beim Einkaufen entscheiden, wofür sie ihr Geld ausgeben, was sie essen. Um zu sensibilisieren und aufzuklären, könnte es sich als hilfreich erweisen, ähnlich den Kalorienangaben auf Süßigkeiten anzugeben, wie groß der Wasserfußabdruck des jeweiligen Gemüses ist. Wie viel Wasser also aufgewendet werden musste, um die Frucht großzuziehen. Braucht es wirklich Avocados, wenn doch für eine dieser Früchte etwa 400 Liter Wasser benötigt werden, ehe sie reif ist? Noch dazu in ohnehin trockenen Anbauregionen wie Chile?

Und last but not least: Der Schadstoffeintrag der Landwirtschaft muss drastisch reduziert werden. Wir dürfen unsere Quellen und das Grundwasser nicht länger verschmutzen, die Nitrateinträge der Landwirtschaft in den Boden müssen drastisch sinken. Gleichzeitig muss der Gewässerschutz forciert werden.

6. Die Kraft des Wassers nutzen

Die Zahlen sind beeindruckend und für Otto-Normalenergieverbraucher auch überraschend. Weltweit werden 15 Prozent des Stroms aus Wasserkraft gewonnen. Damit ist sie, und nicht etwa Sonne oder Wind, die bedeutendste erneuerbare Energiequelle. In Norwegen werden fast 100, in Brasilien etwa 90 und in unserem Nachbarland Österreich noch mehr als die Hälfte des Stroms durch die Kraft von fließendem oder fallendem Wasser erzeugt, das von Turbinen oder Laufrädern in elektrische Energie umgewandelt wird. Und in Deutschland? Sind es gerade einmal 3,5 Prozent, wobei 4000 der etwa 7000 bundesweit installierten Wasserkraftwerke in Bayern (wo etwa 15 Prozent der gesamten Stromerzeugung auf Wasserkraft zurückgehen) und etwa 1300 in Baden-Württemberg entlang großer Flüsse oder in abfluss- und gefällereichen Regionen installiert sind.

Das Potenzial der Wasserkraft ist hierzulande noch nicht ausgeschöpft, sagen Experten. In einem – allerdings mehrere Jahre alten – Gutachten schätzte das Bundesumweltministerium vorsichtig, man läge bei 80 Prozent der auf diese Weise möglichen Energiegewinnung. Doch in Wirklichkeit dürfte der ungenutzte Anteil größer sein, da der technische Fortschritt bewirkt, dass die Effizienz und die Wirkungsgrade sowohl von Kleinwasser-, als auch von Speicher- und Laufwasserkraftwerken immer besser werden. Obwohl eine erneuerbare Energie par excellence, sehen Naturschützer Wasserkraft skeptisch. Sie fürchten um das Leben von Fischen, beklagen künstliche Eingriffe in natürliche Wasserläufe und warnen vor mikroorganismischen Fehlentwicklungen in der Gewässerökologie. Auf all dies jedoch scheint die Wasserkraftbranche inzwischen probate (technische) Antworten gefunden zu haben.

Wasserkraft zu nutzen ist für sich genommen keine Maßnahme, um Ressourcen zu schützen – insofern fällt das Thema an dieser Stelle scheinbar aus dem Rahmen. Aber: Diese Form der Energiegewinnung hilft dabei, die Folgen des Klima-

wandels abzufedern, der wiederum Ursache für die zunehmende Wasserknappheit ist. So hängt eben vieles miteinander
zusammen.

7. Meerwasser entsalzen

Die Entsalzung von Meerwasser muss vorangetrieben werden.
Dabei wird Salzwasser – vereinfacht erklärt – erhitzt, um Kon-
denswasser zu gewinnen. Diese Methode eignet sich naturgemäß vor allem für Meeresanrainer und deren unmittelbares
Hinterland. In den vergangenen 50 Jahren hat die Meerwasserentsalzung vor allem in trockenen Regionen von Küstenanrai-
nern an Bedeutung gewonnen. Experten schätzen, dass weltweit knapp 10 000 entsprechende Anlagen betrieben werden.

In Deutschland ist die Meerwasserentsalzung vergleichsweise unterentwickelt. Auf Helgoland und nahe Osnabrück gibt
es Unterlagen aus dem Deutschen Bundestag zufolge zwei
nennenswerte Anlagen. Deutsche Unternehmen verfügen diesbezüglich über international gefragtes Know-how. Umso un-
verständlicher, dass es hierzulande bislang so wenig genutzt
wird. Ländern wie den Niederlanden, wo die niedrigen Küsten-
gebiete durch steigende Meeresspiegel bedroht sind, könnten
entsprechende Anlagen über die Trinkwasserversorgung hinaus
von Nutzen sein. Meerwasser zu entsalzen, ist technisch aufwendig und energieintensiv. Allerdings ist es möglich, Wind-
kraft und andere alternative Energieträger dafür einzusetzen.

8. Bessere Leitungen und Netze

Einem Bericht des europäischen Branchenverbands der Wasserversorger und Abwasserentsorger (EurEau) zufolge versickert in Europa knapp ein Viertel des Trinkwassers in maroden,

undichten Leitungen. In Deutschland sollen es etwa zehn Prozent sein – zumindest schätzen das Experten wie der Erlanger Professor Johannes Barth von der dortigen Friedrich-Alexander-Universität. Der Geologe ist Präsident der deutschen Sektion der International Association of Hydrogeologists (IAH). Die genaue Menge, wie viel Trinkwasser auf dem Weg vom Wasserwerk zum Hahn verloren geht, kennt niemand, denn sie ist auch nicht einfach zu ermitteln. »Man muss fairerweise dazusagen, dass bei diesen Verlustzahlen auch eine Restdifferenz mitgedacht werden muss«, so Barth in einem Interview mit Deutschlandfunknova. Denn es gibt viele potenzielle Fehlerquellen: Defekte oder fehlende Wasseruhren zum Beispiel. Exakt erfasst wird nur, wie viel Wasser das Wasserwerk verlässt. Lecks in den Leitungen seien kein ökologisches Problem, sagt Experte Barth. Schließlich sickere das dadurch verlorene Wasser wieder ins Grundwasser. Es gehe mehr um die Kosten und die Energie, die nötig war, um dieses Wasser vorher aufzubereiten. »Rohrleitungsverluste sind erst mal ein ökonomischer Verlust«, so der Professor in dem Radiointerview. »Man verliert Wasser, das kostbar aufbereitet wurde.«

Auch wenn Kommunalwahlen gemeinhin mit Versprechen etwa neuer Kindergartenplätze oder Schulen gewonnen werden – mehr denn je muss die Wasserversorgung und das Abwassersystem in Zukunft ein großes Thema in den Rathäusern sein. Bestehende Versorgungsnetze müssen optimiert werden, sie brauchen fortlaufend immer neue Updates. Jede Kommune trägt vor allem anderen Verantwortung für die Wasserversorgung und die Abwasserentsorgung. Auch dieses Thema muss schnell und umfassend angegangen werden, »denn der Bau neuer Systeme, etwa von Fernwasserleitungen, geht nicht von heute auf morgen, das braucht Zeit«, sagt BDEW-Hauptgeschäftsführer Martin Weyand, dessen Organisation viele öffentliche Versorger angehören. »Also kann und darf man auch nicht warten, bis die Situation sich so verschärft, dass man unter Zeitdruck gerät. Man muss jetzt damit anfangen, vorausschauend zu planen und zu handeln, zumal nicht unerhebliche Summen investiert werden müssen.« Es werde in bestimmten Regionen die Notwendigkeit zu einem stärkeren Fernwasseranschluss geben, vor allem dann, wenn Verbrauchsspitzen abgefedert werden müssen.

Ein weiteres probates Mittel sind Brauchwassernetze. Für einzelne Hausbesitzer und Häuslebauer sind solche Systeme eines zweiten Wasserkreislaufs finanziell nur schwer zu stemmen. Bei Großbauten sieht es etwas anders aus – warum in Gebäudekomplexen nicht über separate Wasserkreisläufe nachdenken?

Roland Seel, Bürgermeister der in diesem Buch beschriebenen, weil von Wassernot geplagten Gemeinde Grävenwiesbach in Hessen, kann sich Hauswasserwerke zum Trinkwasserrecycling gut vorstellen, ebenso wie Regenwasserzisternen. Man müsse auch über modernere Techniken für die Rückführung von Klärwasser nachdenken, sagt er. Auch brauche es eigene Netze für Brauchwasser, gespeist etwa aus Wasserfassungen, die zwar kein sauberes Trinkwasser liefern, aber solches, das für andere Zwecke ausreicht. Zum Beispiel für Feuerwehren: »Warum muss man Brände mit sauberstem Trinkwasser löschen«, fragt Seel. »Egal, was wir tun, es geht nicht von heute auf morgen.« Er sieht den Gesetzgeber gefordert. Der müsse Trinkwasser neu und schärfer definieren »als das Wasser, das nur in und an den Körper kommt«.

9. Sparen, aber bitte sinnvoll

Um es auf den Punkt zu bekommen: Die Trinkwassernot ist ebenso wenig wie der Weltfrieden oder die Klimakrise eine Aufgabe, die der Einzelne allein lösen kann, wenn er sich nur entsprechend verhält. Also darf man es auch nicht dergestalt privatisieren, dass der Einzelne allein Verantwortung trage. Frieden, Klima, Wasser – all das erfordert politische Lösungen, nicht selten internationale und sogar globale. Was natürlich nicht heißt, dass der Einzelne überhaupt nichts tun kann.

Vom bewussten Einkaufen war bereits die Rede. Auch auf Rasensprenger zu verzichten, bringt etwas. Einer allein versprüht nach Angaben des Brandenburger Wasserverbands WSE durchschnittlich etwa 800 Liter pro Stunde, was mehr als fünf Badewannenfüllungen entspricht. Auch bei Toilettenspülungen gibt es da noch die ein oder andere technische Möglichkeit.

Wasser sparen allein ist aber auch kein Selbstzweck. Um etwa die Hygiene sicherzustellen, braucht man eben auch gewisse Grundmengen Wasser zum Spülen, damit sich in den Abwasserkanälen und Leitungen keine schädlichen Säureablagerungen und Gase bilden. Abgesehen davon ist Abwasser an sich wichtig, denn wenn es die Kläranlagen durchlaufen hat, fließt es ja wieder in den Wasserkreislauf. Es gibt Flüsse in Deutschland, die hätten ohne in heißen Sommern fast keine Wasserführung mehr, da sind bis zu 80 Prozent der Wasserführung Klärwasser.

10. Wir brauchen ein integriertes Wassermanagement

Bei der Wasserversorgung, diesen Eindruck kann man gewinnen, wurstelt man vielerorts vor sich hin. Kommunen, Bundesländer, der Bund, einzelne Wasserversorger, Zweckverbände und Fernwasseranbieter. Nicht immer weiß der eine, was der andere gerade tut oder plant. »Wir brauchen ein umfassendes, bundesweites System des Wassermanagements«, fordert Martin Weyand vom Versorgerverband BDEW völlig zu Recht. »Dazu gehört Wasserbewirtschaftung ebenso wie bauliche Maßnahmen. Da muss es auch darum gehen, Überschwemmungsgebiete festzulegen und Naturkatastrophen möglichst zu verhindern. Vor allem in engen Tälern ist nichts, was den Regen auffängt, da ist man gefährdet, wie die Flutkatastrophe 2021 gezeigt hat. Wir müssen integrativ denken und handeln. Und wir brauchen in den einzelnen Regionen jemanden, der sich kümmert. Jemanden, der die Expertise hat, alle Beteiligten zusammenzuführen. Deshalb schlagen wir die Einrichtung von ›Regenwasseragenturen‹ vor. Wenn es nicht gelingt, integratives Wassermanagement zu betreiben, sind auch mit Blick auf Überflutungen die nächsten Katastrophen vorprogrammiert.«

Gerade das im Buch ausführlich beschriebene Negativbeispiel Tesla in Brandenburg zeigt, wie dringend notwendig es ist, dass übergeordnete Behörden und die politischen Ebenen, an denen sie angehängt sind, steuernd eingreifen. Sie müssen steuern und organisieren, eine Strategie und ein Konzept entwerfen, wie die Wasserversorgung – beispielsweise in einem Bundesland – dauerhaft gesichert werden kann und soll. Von der Ausweitung von Wasserschutzgebieten bis zur Ausbeutung regionaler Ressourcen braucht es einen übergeordneten Plan. Einen, der alle Interessen im Blick hat, sie bei Bedarf ausgleicht und auch korrigierend eingreift. Das große Ganze, darum muss es beim Wassermanagement gehen. Denn vieles lässt sich lokal und regional nicht entscheiden. Wasser richtet seinen Fluss nicht nach Gemeinde oder Landesgrenzen aus. Es fließt, unterirdisch genauso wie oberirdisch, dorthin, wo es will.

Die große Aufgabe in Zukunft wird es sein, die Wasserversorgung aktiv zu managen. Wenn es eine klimabedingte Verknappung des Wasserangebots gibt, und die gibt es, dann müssen wir auch künftig systemisch denken und handeln. Und zwar nicht mehr ausschließlich von der Nachfrage her, nach dem Motto: Wie viel wird benötigt? Statt einfach nur zu liefern und den Bedarf zu decken, muss gemanagt werden, muss die Wasserversorgung als großes System gesehen werden. Man muss beispielsweise mit den großen Schluckern darüber reden, wie sie auf Trinkwasser in Zukunft verzichten können. Welche technischen Lösungen es gibt (zum Beispiel bei Brauchwassersystemen) – und das Problem verstärkter Wasserknappheit kann nur aus zwei Ansätzen gelöst werden: mit mehr Vernunft im Umgang mit der Ressource und mit Technik.

Die ortsnahe Wasserversorgung muss das Primat der Wasserpolitik bleiben. Das ist auch eine Frage der Verantwortung, denn sonst ist es allzu einfach, sich auf Fernversorger zu verlassen. Überregionale Versorgungssysteme sind wichtig und werden auch in Zukunft die Versorgung selbst in knappen Zeiten sicherstellen. Sie können und dürfen aber kein vollständiger Ersatz werden. Kommunalpolitiker stehen auch in der Verantwortung, wenn es darum geht, in der Bauleitplanung stärker als bisher Wasser zu berücksichtigen.

Einher mit alledem muss das Bewusstsein für den Wert der Ressource und ihre Knappheit gesteigert werden – eine gesamtgesellschaftliche Aufgabe. Die auf Sorglosigkeit (es ist ja ohnehin stets genug da) basierende Gleichgültigkeit muss auf allen gesellschaftlichen Ebenen einer Wertigkeit folgen. Wasser muss als das wahrgenommen werden, was es ist: ein lebens-, ein überlebenswichtiges Gut.

Zu jeder Jahreszeit ausreichendes Wasser in hervorragender Qualität zu haben, ist nicht mehr die Selbstverständlichkeit, an die wir uns gewöhnt haben. Die Dinge ändern sich rasant. Wasser rückt als wichtigstes Ressourcenproblem auch im reichen, hoch entwickelten und klimatisch gemessen an sehr vielen Regionen der Welt bevorzugten Deutschland in den Mittelpunkt.

Und trotzdem: Wir schaffen das! Aber nur, wenn wir sofort mit der Arbeit beginnen.

Dank

Der Gedanke, ein Buch über die zunehmende Wassernot in Deutschland, ihre Ursachen, Folgen und die aus alledem resultierenden Verteilungskämpfe zu schreiben, trieb mich schon einige Jahre um. Genau gesagt, seit mir 2019 bei Recherchen für die *Süddeutsche Zeitung* die Dringlichkeit des Themas klar wurde. Dass aus der Idee tatsächlich ein Buch wurde, ist der Hartnäckigkeit und dem Enthusiasmus von Florian Fischer zu verdanken, Sachbuchlektor im Penguin Verlag. Er hat mich dazu motiviert, ihm danke ich für seine Überzeugungskraft und seine behutsame Umsicht bei der Betreuung dieses Buches.

Es gibt darüber hinaus einige Menschen, die mir mit besonders inspirierenden Gesprächen oder ihrem kundig-kritischen Blick auf das Manuskript sehr geholfen haben. In alphabetischer Reihenfolge waren dies »Wassermann« Erhard Bendig, Roman Deininger, mit außerordentlichem Text- und Sprachgefühl gesegneter Chefreporter der *Süddeutschen Zeitung*, André Goldfuß-Wolf, ein ausgewiesener Kenner der Materie mit Weitblick, sowie die blitzschnelle und aufmerksame Lektorin Nina Schnackenberg.

Beim Penguin Verlag waren und sind Programmleiterin Julia Hoffmann, Heidrun Gebhardt, Franziska Föste und Tabea Jung engagierte Unterstützerinnen. Ich danke der Chefredaktion der

SZ, namentlich Wolfgang Krach, Judith Wittwer, Alexandra Fö-
derl-Schmid und Uli Schäfer, sowie Marc Beise und seiner Nach-
folgerin Lisa Nienhaus an der Spitze des Wirtschaftsressorts dafür, dass sie Qualitätsjournalismus fördern und selbst aufwendige
Recherchen unterstützen. Gleiches gilt auch für ihre Stellvertreter,
die früheren und die aktuellen.

Vor allem aber danke ich Elisabeth, Marie-Claire, Céline, Emil
und Holly. Für ihre Geduld mit mir und für vieles mehr.

Uwe Ritzer,
Februar 2023

Quellen

Diesem Buch liegen außer eigenen Recherchen vor Ort und Interviews mit Experten auch viele wissenschaftliche Expertisen zugrunde. Dazu gehören zahlreiche relevante Veröffentlichungen von Institutionen wie dem Umweltbundesamt, dem Helmholtz-Zentrum für Umweltforschung (Dürremonitor), der UNESCO, von diversen Landes- und Bundesministerien sowie von deren nachgeordneten Behörden. Ihre Internetseiten sind jedem zu empfehlen, der sich noch tiefer mit der Materie auseinandersetzen will. Besonders wichtige Quellen waren für mich zudem journalistische Beiträge in unterschiedlichen Medien. Es gibt zahlreiche Kolleginnen und Kollegen, die zum Teil schon seit Jahren fundiert und hartnäckig über das Thema Wasser berichten. Allen voran möchte ich die gemeinnützige Rechercheplattform *Correctiv* nennen. Zudem aber auch überregionale Sender, Magazine und Zeitungen wie *Deutschlandfunk, BR, rbb, ZDF, FAZ, Handelsblatt, Spiegel, Zeit, Wirtschaftswoche, Süddeutsche Zeitung, Die Welt, Lebensmittelzeitung, Tagesspiegel*. Aber auch viele Regionalzeitungen wie die vorbildlich hartnäckige *Main-Post* und die *Märkische Oderzeitung*, machen in Sachen Wasser-Berichterstattung einen hervorragenden Job. Journalistischen Standards und Gepflogenheiten folgend, habe ich dann, wenn ich aus solchen Beiträgen zitiert habe, die Quellen unmittelbar im Buchtext genannt.

Literatur:

Werner Bätzing: *Die Alpen. Das Verschwinden einer Kulturlandschaft*, München 2015.

Dieter Gerten: *Wasser. Knappheit, Klimawandel, Welternährung*, München 2018.

Gunther Hirschfelder, Angelika Ploeger, Volker Pudel, Gesa Schönberger (Hrsg.): *Purer Genuss? Wasser als Getränk, Ware und Kulturgut*, Frankfurt 2009.

José L. Lozán, Hartmut Graßl, Ludwig Karbe, Peter Hupfer, Christian-D. Schönwiese (Hrsg.): *Warnsignal Klima. Genug Wasser für alle?*, Wissenschaftliche Auswertungen des Climate Service Center Germany, eine Einrichtung des Helmholtz-Zentrums Geesthacht, Hamburg 2005.

Terje Tvedt: *Wasser. Eine Reise in die Zukunft*, Berlin 2013.